KASACHSTAN
Balchasch-see
Aral-see
Kaspisches Meer
USBEKISTAN
ALMATY
BISHKEK
7439
Pik Pobeda
TASCHKENT
TURKMENISTAN
ASCHCHABAD
7495
Pik Kommunismus
Pamir
Amudarja
Rescht
Elbursgebirge
5604
Damavand
TEHERAN
7707
Tirich Mir
Hindukusch
8611
K2
8125
Nanga Parbat
Quom
Wüste Lut
KABUL
ISLAMABAD
Zagrosgebirge
IRAN
AFGHANISTAN
PAKISTAN
Esfahan
Yazd
Lahore
Amritsar
Kerman
Punjab
Basra
Shiraz
Zahedan
Quetta
Multan
DELHI
KUWEIT
Bam
Belutschistan
Indus
Persischer Golf
Rajasthan
Agra
RIAD
Golf von Oman
Karatschi
INDIEN
MASKAT
SAUDI-ARABIEN
Bombay
Arabisches Meer
N
Bangalore
Golf von Aden
0
500 km

Christoph von Toggenburg

bike for help

Inhalt

Träume kommen und gehen.
Dieser kam und ging nicht mehr.

Wer die Welt verändern möchte,
der sollte mit den ganz kleinen Dingen beginnen.
Er wird so verstehen lernen,
dass in unscheinbaren Handlungen
die Kraft großer Veränderungen liegen kann.«

Christoph von Toggenburg,
26. Februar 2002 Yazd, Iran

Vorwort

Zeichen setzen und aktiv handeln

Bärli alias Christoph Graf Toggenburg – ihn einzuordnen fällt schwer. Er hat mir das Vorwort angetragen. Dass ich es gern übernommen habe, bedarf jedoch einer Erläuterung.

Der Zeitpunkt meiner ersten Begegnung mit Bärli, wie ihn seine Freunde liebevoll nennen, liegt über zwei Jahre zurück. Damals schrieb er mir, er plane Spendengelder für den Kampf gegen die seit dem Mittelalter gefürchtete, aber bis ins letzte Jahrhundert hinein nicht heilbare Lepra zu sammeln. Er hatte über Freunde gehört, dass ich seit 1985 Lepra- und Poliostationen in Nord- und Südindien einrichtete. Als Student der Medizin war ich in Beijing vor dem 2.Weltkrieg als Pfleger mit Leprapatienten in Berührung gekommen – und der Gedanke an die von der Gesellschaft Ausgestoßenen und Vergessenen hatte mich seitdem beschäftigt.

Lepra! Aussatz! Worte, die Menschen erschaudern lassen. Eine Krankheit, die in tropischen Ländern noch immer weit verbreitet ist, eine Krankheit, die mit der heutigen Medizin geheilt, aber noch nicht verhindert werden kann.

Menschlichkeit bleibt in unserer, von wirtschaftlichen Erwägungen beherrschten Welt leider allzu oft auf der Strecke – und darunter leiden die Schwächsten, die Armen und Kranken. Sie warten auf ein Zeichen der Menschlichkeit. Christoph hat sein Zeichen gesetzt. Und wie wir den Menschen helfen können, wollte Christoph in Kambodscha und auf meinen Lepra-Stationen in Nord- und Südindien erfahren.

Und so tauchte er denn im Winter 2001 auf meiner Station im Bundesstaat Rajasthan auf und begleitete mich später zur Station Tara Parbat (Sternberg) am Fuße des Himalaya, um anschließend noch zwei meiner Projekte im südlichen Bundesstaat Tamil Nadu zu besuchen. Wir wurden Freunde.

Der Besuch in den Leprosorien hat Christoph tief erschüttert und in seinem Vorhaben bestärkt, mit *Bike for Help* ein Zeichen zu setzen und aktiv zu handeln, wo Mitleid allein nicht genügt.

Denn nichts ist dem Leiden, der Verzweiflung und Hoffnungslosigkeit desjenigen vergleichbar, der aus der menschlichen Gesellschaft ausgestoßen ist und keine Möglichkeit hat, für sich selbst zu sorgen.

Als Bärli schließlich von Indien mit seinem Rad aufbrach, gab ich ihm den gälischen Gruß mit auf seinen langen Weg: »Mögen dir die Straßen entgegenkommen, möge der Wind stets in deinem Rücken sein. Möge dir die Sonne warm ins Gesicht scheinen. Und bis wir uns wieder treffen, möge Gott dich im Schutz seiner Hand halten.«

Und so hat Christoph mit seiner Aktion *Bike for Help* gezeigt, dass Träume sich mit Tatkraft erfüllen lassen und er hat die Spendengelder gesammelt, die dringend benötigt werden, um das Werk im Kampf gegen Lepra fortzusetzen.

Gerhard Fischer

Einleitung

Ist all dies nur ein sonderbarer Traum?

Es ist der 12. Februar 2002, nahe Bam, Wüste Lut, Iran ... Schweiß tropft mir von der Stirn und verschwindet im Nichts. Ich kann nicht mehr klar denken und meine Beine sind nur noch zwei gefühllose Fleischbrocken. Der Sand zerkratzt mir die Augen und ich kann meine Umgebung nur noch durch kleine Schlitze wahrnehmen. Seit Stunden kämpfe ich mich bereits durch diesen Sandsturm. Meine Durchschnittsgeschwindigkeit sinkt unter 10 km/h und meine Moral noch tiefer.

Warum tue ich all dies? Würde ich nicht viel lieber das Leben in der sicheren, vertrauten Heimat genießen?

Plötzlich, ich weiß nicht, wie mir geschieht, verliere ich die Kontrolle über mein Rad. Eine Windböe hat mich erfasst und mich wie durch eine mächtige Ohrfeige in den Straßengraben katapultiert. Ich falle auf den rauen Untergrund und schürfe mir das rechte Bein auf. Feuerrotes Blut tropft in den bräunlichen Sand. Dieser bedeckt sogleich seine Beute.

Ich raffe mich auf und stoße das Rad zurück auf die holprige Straße. Leider hat der Radständer den Sturz nicht überlebt. Er ist unter der Gewalt des Windes und dem großen Gewicht meines »fahrbaren Lebens« zerbrochen.

In den vergangenen Monaten bin ich etlichen Feinden verschiedenster Art begegnet: Räubern, Kriegern, Giftschlangen, Bakterien, korrupten Polizisten... dieser jedoch ist anders. Er ist der hinterlistigste und bösartigste von allen: Der Wind ist da und doch nicht da. Er ist physisch spürbar und doch unsichtbar. Er hat so manchem das Licht des Lebens ausgeblasen. Kurz darauf lässt er seine Opfer unterm Sand, dieser Decke der Wüste verschwinden. Er ist die Waffe der Wüste, unbesiegbar.

In solch extremen Momenten stellt man sich sonderbare Fragen. Der nackte Kampf ums Überleben verleiht den müden Gliedern ungeahnte Kräfte. Der Geist ist hellwach und man darf in Tiefen vordringen, die einem bislang verborgen blieben. In diesen Momenten scheint man das Leben anfassen zu können. In diesen scheinbar endlosen Augenblicken erlebt man ein sonderbares Glück, welches einen lehrt, dass das Leben wundervoll ist...

Auf einmal muss ich laut lachen. Während ich den Mund aufreiße, spüre ich den Sand, der Zuflucht in meinen Zahnzwischenräumen sucht.

In einer eigenartigen Stimmung, schwankend zwischen »tödlicher« Trauer und »orgiastischer« Freude, denke ich daran zurück, wie all dies begonnen hat. Plötzlich sehe ich einzelne Bilder und Momente vor mir aufflammen. Mein Leben scheint an mir vorüberzuziehen.

Ist all dies nur ein sonderbarer Traum, aus welchem ich bald aufwachen werde?

Was ist mir eigentlich in den Kopf gefahren, in einer der wildesten Wüsten der Welt im Sandsturm zu verschwinden? Musste ich so weit kommen, um mir und der Welt etwas zu beweisen?

1 LONDON

Ein Traum wird geboren

Aktivität statt Lethargie

Alles hat vor 15 Monaten in London begonnen, an einem drückend heißen Sommertag des Jahres 2000 ... Es ist schwül und ich atme schwer, als ich den Picadilly hinunterfahre. Ich trete fest in die Pedale, denn ich bin spät dran. Eigentlich bin ich immer spät dran, während meiner drei Jahre hier scheint mir diese Stadt keine Verschnaufpause gelassen zu haben. Oder bin ich es, der sich nie Zeit nimmt? Mit rasantem Tempo manövriere ich mich durch die stehende Kolonne durch. Autos links, rechts, Fußgänger, Doppeldeckerbusse, Motorradkuriere, Lastwagen ... Die Sinne und der Körper sind voll angespannt. Jeden Moment muss ich mit einer Überraschung rechnen. Das unerwartete Aufreißen einer Autotüre oder ein unachtsamer Fußgänger könnten meine rasche Fahrt abrupt und schmerzhaft beenden. Ich weiß, wie es sich anfühlt, mit voller Wucht auf dem Kopf aufzuschlagen oder sich die Haut an einer Autotüre aufzuschlitzen. Glücklicherweise trage ich stets einen Helm – dieser hat mich schon mehrfach vor schlimmen Verletzungen bewahrt.

In dieser Straßenschlacht, diesem »Kampf« mit den stählernen Panzern fühle ich mich seltsam frei. Auf dem Rad habe ich die Möglichkeit, all den optischen Reichtum zu entdecken und zu genießen. In der U-Bahn steckt man nur in einer dunklen Röhre und ist erst beglückt, wenn man diese wieder verlassen kann. Diejenigen, welche das Auto bevorzugen, haben zwar ihren kleinen Freiraum, jedoch nur bis zur nächsten Stoßstange. Diese markiert bereits das Ende der Freiheit in dieser sich kaum bewegenden Blechmasse.

London wirkt auf mich wie ein Labyrinth mit engen Straßen, die sich scheinbar zufällig durch die Stadt schlängeln. Ich mag diese Stadt. Ich liebe ihre tausend Gesichter und ihre bunte Vielfalt an Menschen. So kann ich mit einem Pedaltritt noch bei »Queen Elizabeth« vorbeifahren und bin zehn

Minuten später bereits in der Türkei, dann geht's weiter nach Jamaica, Italien oder Indien und zum Schluss erlebe ich England pur in allen sozialen Schichten. Alles kann man sehen, erleben und finden in dieser Ansammlung von 12 Millionen Menschen.

Mittlerweile habe ich den bunt blinkenden »Picadilly Circus« überquert, fahre an einer Gruppe japanischer Touristen vorbei und verlasse das Zentrum. Kurze Zeit später überschreite ich eine unsichtbare Grenze. Ich begebe mich ins so genannte »East End«, dem Armenhaus Londons, welches direkt an die reiche »City«, das Finanzzentrum Englands, grenzt. Hier lebe ich, wie viele Künstler, unter einfachen Bedingungen. Das ist auch gut so, denn ich liebe es, das Leben so unverfälscht wie möglich zu genießen. Das »East End« ist voller Menschenfarben: braun, weiß, schwarz, rötlich; Afrikaner, Asiaten, Europäer; lang, kurz, jung, alt, schön und hässlich; ein Fest für die Augen und die Sinne.

Entlang der Hackney Road geht es weiter in Richtung Osten. Nach weiteren 20 Minuten erreiche ich »Hackney – Central«. Erleichtert atme ich auf: nur zehn Minuten Verspätung. Es sei hier noch erwähnt, dass in London Verspätungen bis zu 15 Minuten als normal erachtet werden und höflich toleriert werden. Rechts biege ich in einen alten Friedhof ab. Auf einer Parkbank sitzen drei Männer in Lumpen und nippen an Bierdosen, welche sie in kleine Papiersäckchen gehüllt haben. Ich halte an und frage, ob sie später auch in die Gruppe kämen.

»Hey, Mate, Bier zuerst ... wir wollen nichts verschwenden.«

Nach weiteren hundert Metern steige ich schließlich vom Rad, da ich in der »St.John's Auffangsstation für Obdachlose« angekommen bin. Hier werden Menschen versorgt, die auf der Straße leben und solche, denen das Leben in der Gesellschaft schwer fällt. Hauptprobleme sind Alkohol und Drogen, doch in St. John's sind diese strengstens verboten. Hier in diesen muffigen Räumen kommen sie alle zusammen, die Verstoßenen, die Verrückten, die Aussteiger und die Einsamen. Zu den Letzteren zählt John (75), welcher mir jede Woche dieselbe Geschichte vom Bombenangriff der Deutschen im Zweiten Weltkrieg erzählt. Jede Woche höre ich ihm zu, denn es macht ihn glücklich – er hat sonst niemanden. Er ist eine der vielen verlorenen Seelen, die jeden Tag kommen, um eine warme Mahlzeit zu bekommen, sich ärztlich versorgen zu lassen oder die einfach unter Leuten sein wollen. Hier fühlen sich alle sicher und verstanden. Hier sind sie nicht die schmutzigen Vagabunden und Aussätzigen der Wohlstandsgesellschaft. London, das ist eine einsame Metropole.

Ich komme jeden Donnerstag und versuche ein wenig Farbe in das Leben dieser Menschen zu zaubern. Meine Aufgabe ist es nämlich, diesen Menschen mit der Kunst und der Fotografie zu helfen. An besonders schönen Tagen gehen wir auch nach draußen und fotografieren die Umgebung oder die Leute.

Manchen gelingen ausgesprochen gute Bilder. Da ist zum Beispiel Brenda (56), welche mit Vorliebe Blätter und Bäume fotografiert. Ihre Bilder sind gut, ihr Kopf jedoch vollkommen verwirrt. Sie ist nicht in der Lage, mit der Gesellschaft in Einklang zu kommen. Wäre sie nicht auf der Straße, so hätte man sie ins »Irrenhaus« gesteckt.

Ich schenke diesen Menschen gerne ein wenig meiner Zeit. Es scheint mir wichtig, dass man versucht, jenen Menschen eine Stütze zu sein, welche einer bedürfen. Die jahrelange Erfahrung mit den Obdachlosen hat mir klar gemacht, dass die meisten innerlich sehr zerrissen sind und nicht stark genug, dem Leben in die Augen zu schauen.

Just, als ich am Ende des Tages durch die große hölzerne Türe ins Freie trete, höre ich Schreie aus dem Inneren. Ich renne zurück und finde zwei Angestellte auf dem Boden, zusammen mit einem »Besucher«. Er ist scheinbar so erbost gewesen, dass die Suppe zu Ende war, dass er kurzerhand mit »Stuhlgeschossen« seiner Frustration freien Lauf gelassen hat. Szenen wie diese sind normal und gehören hier zum Alltag.

An manchen Tagen habe ich das Gefühl, etwas in diesen Menschen wecken zu können und an anderen scheinen alle Türen verschlossen zu bleiben. Heute war so ein Tag. In solchen Momenten stelle ich mir immer wieder die Frage: Was kann Kunst wirklich bewirken? Wie kann ich sie einsetzen, dass sie Menschen zu innerer Freiheit verhilft? Ich selbst bezeichne mich als Künstler und versuche die Welt sowohl in Fotos als auch mit dem Pinsel fest zu halten, ja, sie auch ein wenig besser verstehen zu können. In den Fotos versuche ich die Realität fest zu halten, einen Moment des Lebens einzufangen, der uns eine Geschichte erzählen kann. In meiner Malerei, die sehr bunt und geometrisch ist, möchte ich die Komplexität der menschlichen Emotionen in einem Meer von Farben ausdrücken. Ich nenne diese die »Farben deines Herzens«. Die Pinselei verhilft mir zu innerer Ruhe, denn mein Hang zur Perfektion verlangt höchste Konzentration.

Es geht mir bei all diesen Tätigkeiten um die Suche nach Lösungen und Antworten. Aber diese, denke ich, sind so wenig absolut, wie ein Bild je perfekt sein kann. Perfektion in der Darstellung existiert nicht, denn nur das Leben ist vollkommen.

Auf meiner Heimfahrt von St. John frage ich mich ernsthaft, was ich tun könnte, um Menschen wirklich zu helfen. Als ich nach Hause komme, nehme ich einen Atlas zur Hand und blättere ziellos durch die Welt. Plötzlich muss ich an einen alten Traum denken. Vor einigen Jahren bereiste ich Asien. Damals war ich ein typischer »Backpacker«, der die Welt mit einem einfachen Rucksack erkunden wollte. Ich hatte gerade die Matura (= Abitur) geschafft. Zum ersten Mal in meinem Leben war ich wirklich frei und mir schien, als würde das Leben förmlich aus mir herausspringen. Damals wurde ein Traum in mir geboren: Mit einer alten Enfield von Indien in die Schweiz zu fahren. Meine Erfahrungen während dieser Reise prägten mich. Ich sah viel Glück, viel Schönheit, aber auch viel Leid und Armut. In Indien sah ich Lepra zum ersten Mal. Damals ging ich voller Mitleid daran vorüber. Ich sah die Aussätzigen am Straßenrand, die Krüppel mit ihren Stummeln, die Einsamsten aller Einsamen. Damals überfiel mich ein Gefühl der Sinnlosigkeit, eine Reise zur persönlichen Belustigung oder »Horizonterweiterung« genügte mir plötzlich nicht mehr. Erst später habe ich verstanden, dass Schuldgefühle und Mitleid der falsche Weg sind. Es geht nicht darum, sich für sein eigenes Wohlergehen schuldig zu fühlen. Es geht darum, die eigenen physischen, mentalen und finanziellen Möglichkeiten einzusetzen, um Menschen zu helfen. Das Schlagwort heißt nicht reden, sondern tun – Aktivität statt Lethargie.

Plötzlich ist die Idee da. Mit meinem Blick unverändert auf der Karte, durchfahre ich in Gedanken die Strecke von Indien nach Europa. Warum soll ich nicht mit dem Rad diese Route bewältigen, um Spenden für Leprakranke zu sammeln? In diesem Moment wird *Bike for Help* geboren. An diesem heißen Augusttag des Jahres 2000 ist ein Traum entstanden, der nach Realisierung schreit. Noch kann ich nicht wissen, dass *Bike for Help* mein Leben verändern wird.

Kommunikation ist meine einzige Waffe

Wenige Tage nach jenem schicksalhaften Augenblick setze ich mich vor den Computer und beginne eine kurze Beschreibung des Projektes zu verfassen. Die Idee steht mir klar vor Augen, aber es fällt mir schwer, diese Gedanken zu Papier zu bringen. Ich grüble darüber, wie ich mein Vorhaben am besten angehen soll. Die Antwort ist letztlich simpel: »Kommunikation« – ich muss mein Anliegen bekannt machen, denn ich bin jung, unbekannt und doch noch sehr »grün hinter den Ohren«. Nach ersten Startschwierigkeiten beginnt sich das Rad allmählich zu drehen. Zunächst rufe ich alle meine Freunde und Verwandten an, diese wiederum die ihren und so weiter. Die Nachricht zieht immer weitere Kreise, auch im Ausland wird sie bald bekannt.

Bike for Help ist für mich jedoch nicht das erste Projekt dieser Art. Im Sommer 1998 habe ich ein Projekt mit dem Namen *Run for Help* auf die Beine gestellt. Damals rannte ich 270 km – im Alleingang in fünf Tagen über die Alpen mit einer Gesamthöhendifferenz von 5500 m. Immerhin gelang es mir damit, die ansehnliche Summe von 35000 Euro zu sammeln. *Run for Help* unterstützte die Projekte von Pater Sporrschill für obdachlose Kinder in Bukarest, Rumänien.Im September 1998 fuhr ich dann nach Bukarest, um mir ein Bild des Elends als auch der geleisteten Hilfe machen zu können. Ich war bewegt und schockiert zugleich. Die Lebensumstände der Kinder waren tragisch. Viele von ihnen lebten in der Kanalisation, um Unterschlupf zu finden und im Winter nicht zu erfrieren. P. Sporschill und Ruth, seine zweite Hand, waren rund um die Uhr im Einsatz auf der Suche nach diesen Kindern. Oft waren sie in einem fürchterlichen Zustand, krank, lösungsmittelabhängig und unterernährt.

Als wir bei einem gemeinsamen Mahl saßen, sagte P. Sporschill zu mir: »Ich könnte jeden Tag dutzende von Kindern mitnehmen, so viele sind es. Aber ich kann nicht, denn in unserem Haus ist nicht genug Platz.« Das machte mich betroffen und tief in meinem Innersten wusste ich schon damals, dass *Run for Help* nicht mein letztes derartiges Projekt gewesen war. Der Erfolg dieser so einfachen Idee beeindruckte mich.

Für *Bike for Help* beginne ich nun, zum ersten Male in meinem Leben, das Internet einzusetzen. In diesem Reich der unendlichen Informationen finde ich interessante Anregungen und schließlich auch Leute, welche mir in technischen Fragen weiterhelfen können. Je weiter die Planung fortschreitet, desto mehr verstehe ich, dass ein Projekt dieser Dimension nicht einfach zu realisieren ist. Es gibt so viele Aspekte, an die man denken muss. Außerdem kommt hinzu, dass ich zur selben Zeit meine Prüfungen zum »Masters in Fine Art« (= angewandte Kunst) am Chelsea College of Art mache – eben erst habe ich meinen Bachelor in »Communications and Fine Art« (Kommunikationswissenschaften und Kunst) an der London Guildhall University abgeschlossen. Nun muss ich es also schaffen, das Projekt parallel zum Studium zu planen.

Lange Arbeitsabende und am Schreibtisch verbrachte Wochenenden sind die Folge. Aber das kann ich wegstecken, denn ich bin sehr glücklich mit dem, was ich tue. Im Laufe der Vorbereitungen schreibe ich tausende von Briefen und E-Mails und vergesse, auf meine Telefonrechnungen zu achten. All dies ist Teil eines langen Weges voller Hindernisse, aber auch Erfolgserlebnisse.

Die anfängliche Durststrecke ist länger als erwartet. Monate vergehen, bis die Menschen mein Projekt wirklich zur Kenntnis nehmen. Verständlich, denn viele andere haben auch gute Ideen, scheitern aber an deren Ausführung. Man will wohl sehen, ob ich es auch ernst meine. Aber ich glaube an diesen Traum, gebe nicht auf, schreibe und rede und rede. Ich denke, bei diesem Projekt verhält es sich so wie mit vielen Dingen im Leben. Was zählt, ist Durchhaltewillen, Disziplin und Idealismus, woran es mir glücklicherweise nicht mangelt.

Das Prinzip der Spendensammlung ist denkbar einfach: Jeder Spender setzt einen bestimmten Betrag auf die erfolgreiche Beendigung meiner Aktion. Das ist so eine Art Wette, bei der erst bezahlt wird, wenn ich die 9300 km von Indien in die Schweiz mit dem Rad geschafft habe. Das soll auch für mich eine »Energiespritze« sein, denn so muss ich mich durchkämpfen und kann nicht einfach mittendrin aufgeben: ohne Fleiß kein Preis.

Die Finanzierung des Projektes findet nicht durch Spendengelder statt.

Ich möchte nicht, dass die Leute sich fragen, ob ich diesen Zirkus nur aufziehe, um meinen »Egotrip« mit Spendengeldern zu finanzieren. Dieser Vorsatz ist gut, aber ich merke schnell, dass ich all das nicht aus eigener Kasse finanzieren kann. Es geht nicht nur darum, sich ein geeignetes Fahrrad zu besorgen. Es gilt auch Bereiche wie Büromaterial, Computerausrüstung, Logistik, Internet, Fotomaterial und -ausrüstung, Flüge, Mobiltelefon, Bekleidung etc. abzudecken.

Die Anforderungen scheinen größer und größer zu werden, doch das Budget ist klein. Glücklicherweise finde ich eine stattliche Anzahl von freiwilligen Helfern sowie Sponsoren, die mir helfen. Alle stehen mir zur Seite, meine Freundin Marie, Familie und Freunde, jedoch weiß niemand so recht, wo das Ganze hinführen soll. Auch ich frage mich das manchmal, verliere jedoch nie den Glauben an mein Ziel – *Bike for Help.* Ansprüche stelle ich nur wenige, insofern wird jede positive Überraschung zu einem Freudenfest.

Im August 2001 mache ich meinen Masters und bin bereits im Endspurt für *Bike for Help* – noch zwei Monate und ich werde weg sein.

Ein Scheck für die Welt und ein kleiner Aufbruch

Dann kommt ein Moment, welcher die Welt verändern wird – der 11. September 2001. Eben bin ich in der City, dem Bankenviertel von London unterwegs, als mit einem Male die Leute in ihren feinen Anzügen auf die Straße rennen. Viele schreien ganz verstört und als ich kurz darauf bei einem Fernsehgeschäft Trauben von Menschen sehe, verstehe ich, warum. Eben werde ich Zeuge, wie eine Passagiermaschine in den zweiten Turm des »World Trade Centre« kracht. Kann ich bitte einen normalen Film ansehen und keinen brutalen Actionfilm? Aber leider ist dies Realität und kein aufwändiger Hollywood-Film. Dieser Moment ist der Auslöser einer ganzen Welle von Gewalt, unglaublichem Leid und einem globalen Erwachen aus einem Dornröschenschlaf.

Wenige Tage nach diesen dramatischen Ereignissen beginnt das Telefon zu klingeln. Man sorgt sich um mich und stellt mein Vorhaben infrage, doch ich bleibe bei meiner Ansicht. Noch ist es zu früh, Urteile zu fällen oder wichtige Entscheidungen zu treffen. Dazu muss ich erst einmal vor Ort sein. Die ohnehin schon große Ungewissheit wird nun noch größer.

Schließlich kommt der 30. Oktober 2001, der Tag meiner Abreise aus der Schweiz. Es ist ein kalter und schöner Spätherbsttag. Die heimatlichen Berge sind mit weißen Hüten geschmückt und der Boden mit Raureif bedeckt. Auf der Fahrt zum Flughafen sitzen mein Vater und ich schweigend im Auto. Was gibt es denn schon zu sagen? Ich glaube, wer vertraut, der kann auch gehen lassen. Sich krampfhaft an einer Sache oder Menschen festzukrallen hat viel mit Egoismus zu tun. Meine Lieben verstehen dies gut und haben wohl eingesehen, dass es sinnlos ist, gegen meinen »Dickkopf« anzukommen.

Zwei Stunden später sitze ich bereits im startenden Flugzeug.. Die Maschine wird schneller und schneller, bis sie schließlich den Kontakt mit dem Boden verliert. Es geht los – nun gibt es kein Zurück mehr. Innerlich bebe ich, geschüttelt von Ungewissheit und Neugierde.

Als wir gerade in 10000 Meter Höhe über der Türkei schweben, muss ich daran denken, dass ich für die Strecke, die ich nun in fünf Stunden überbrücke, über fünf Monate zurück brauchen werde. Aber welch ein Verlust wäre es, all die Menschen und Landschaften nicht kennen lernen zu können.

2 KAMBODSCHA

Erste Begegnung mit Lepra

Menschen eine Stimme geben, die keine haben

Mein erster Zwischenaufenthalt ist Indien. Nur zwei Tage bleibe ich. Meine Radausrüstung wird beim Schweizer Konsul Amberg in Delhi untergestellt und so fliege ich leicht bepackt weiter nach Phnom Penh.

Noch wird es zwei Monate dauern, bis ich »losstrample«, da ich zunächst mehr über Lepra vor Ort erfahren möchte. Bei meinem Projekt *Bike for Help* geht es ja nicht nur darum, Spenden zu sammeln, sondern auch darum, die Lepraproblematik zu verstehen und diese auch anderen bewusst zu machen. So ist es mein Ziel, jenen Menschen »eine Stimme zu geben, die keine haben«.

Leichter gesagt als getan, denn Lepra kenne ich im Grunde nur aus Büchern und vom Bildschirm. Meine Erfahrung beschränkt sich auf einige Bettler, die ich vor fünf Jahren in Indien gesehen habe. In meinen Gedanken flammen Bilder von abgefaulten Gliedmaßen, Verkrüppelungen und entstellten Gesichtern auf – wird dieser Anblick und die Nähe der Leprakranken wohl schwer zu ertragen sein?

Ich möchte mir aber nicht nur von der Krankheit, sondern auch von der Arbeit der Lepraorganisationen ein Bild machen, die von *Bike for Help* unterstützt werden sollen. Ich möchte sicherstellen, dass gute Arbeit geleistet wird und kein Geld unnötig vergeudet wird. Heutzutage hört man ja immer wieder von Betrügereien. Leider machen diese vereinzelten Fälle die Arbeit für die vielen ehrlichen Hilfsorganisationen schwerer.

Plötzlich werde ich durch Rüttelei aus meinen Gedanken gerissen. Die Bremsklappen werden ausgefahren und wir setzen zur Landung an. Unter mir erblicke ich weitläufige Reisfelder, aus denen Palmen wie Streichhölzer emporragen. Der Himmel ist in tiefstes Blau getüncht, dessen Unendlichkeit nur durch kleine weiße Wolken eine Begrenzung erfährt. Als ich kurze Zeit später ins Freie trete, werde ich von der Hitze fast erschlagen.

Hier herrschen 36 Grad, Tag und Nacht, bei einer Luftfeuchtigkeit von über 90 Prozent.

Während der ersten Tage in Phnom Penh werde ich in das Lepraprogramm von Ciomal (eine Hilfsorganisation der Malteser) eingeführt. Gemeinsam mit dessen Mann vor Ort, Francis Junod, geht es bald in die Lepraklinik »Kien Khleang«, welche außerhalb der Stadt unmittelbar am Mekong-Fluss liegt.

Auf unserer Fahrt glaube ich tausend Tode zu sterben. Der Verkehr ist das reinste Chaos. Regeln gibt es keine – oder sie werden kaltblütig ignoriert. Hier regiert das Recht des Stärkeren oder besser gesagt, der größere Wagen gewinnt die Schlacht. Nun ja, auch dies ist schließlich eine Regel, oder?

Auf unserem Weg erzählt mir Francis ein wenig von der Situation im Land. »Kambodscha ist ein sehr armes Land mit Zuständen wie in der Dritten Welt. Das Durchschnittseinkommen liegt bei weniger als 30 Dollar pro Monat.«

»Woher kommt es dann, dass so viele (moderne) Autos durch die Straßen fahren?«, möchte ich wissen.

»Bei den öffentlichen Stellen herrscht ein großes Problem mit der Korruption. Viele Gelder der öffentlichen Finanzen landen in den falschen Händen. Dazu kommt, dass rund 50% des Staatshaushaltes aus dem Ausland finanziert werden. Dank einer Vielzahl von Organisationen werden die nötigsten Hilfsmaßnahmen ermöglicht, ohne diese droht das staatliche System zusammenzubrechen.«

Mit einem Male wird unser Gespräch abrupt unterbrochen: quietschende Bremsen und ein ruckartiges Ausweichmanöver. Francis musste einem Fischhändler ausweichen, der einfach seitlich in die Straße gestochen ist. Der alte Mann schaut uns so gleichgültig an, als wäre nichts gewesen und Francis wirft die Arme in die Höhe:

»Was für ein Chaos!« Wir beide lachen.

Als wir weiterfahren, fährt Francis in seinen Ausführungen fort: »Die Tragik ist, dass die Armut natürlich immer die Verletzlichsten am härtesten trifft. Ohne unsere Arbeit hier gäbe es keine Hilfe für Leprakranke. Wir sind die einzige unabhängige Organisation, die ihnen hilft. Das staatliche Lepraprogramm wird praktisch von uns geleitet und wir hoffen es langsam auf einen Stand zu bringen, der unsere Anwesenheit hier in einigen Jahren überflüssig macht. Aber das ist noch ein langer Weg.«

Wenig später verlassen wir das Chaos auf der »Hauptstraße« und biegen in eine kleine Nebenstraße ein. Schließlich hält der Jeep vor einem kalkweißen Gebäude. Als wir aussteigen, kommt uns ein kleiner Junge entgegengehumpelt. Er trägt kurze Hosen. Seine Arme und Beine sind mit Narben und Hautfalten übersät. Mit einem Mal steht er vor mir, reicht mir die Hand und lacht übers ganze entstellte Gesicht: »My name Chan Ta.«

Chan Ta umschwirrt mich stetig, da ihm meine Kameras sehr gut gefallen. Besonders der kleine Bildschirm bei der Videokamera erntet seine volle Aufmerksamkeit. Er spielt ein wenig Theater, springt mir ins Bild und versucht sich in Schauspielkünsten. Sein Übermut ist gut zu verstehen, da er im Moment das einzige Kind hier ist.

Im Normalfall bleiben die Patienten zwischen drei bis fünf Wochen in der Klinik. In erster Linie werden hier Amputationen, Augenbehandlungen und Rehabilitationen ausgeführt. Das betrifft in erster Linie jene Patienten, welche nicht mehr ambulant oder zu Hause behandelt werden können.

Während meines Besuches habe ich auch die Möglichkeit, mit den weiblichen Patienten zu sprechen. Zu Beginn begegnen sie mir noch scheu und unsicher, doch dann sprudeln die Worte nur so aus ihnen heraus. Mit traurigen Augen erzählen sie mir von ihrem Leben. Auf meine Frage, welche Zukunft sie in ihrem Leben sehen würden, antworten die meisten nur mit Kopfschütteln.

Manchen geht es besser als anderen, da sie eine starke Familie haben, die hinter ihnen steht. Andere haben weniger Glück und stehen nun alleine im Leben, verlassen von ihrem Umfeld und bestraft mit einer grausamen Krankheit. Für die Frauen ist dies noch härter, denn sie werden in einer männerdominierten Gesellschaft sicher noch unausweichlicher auf dem Abstellgleis landen.

Bei lebendigem Leibe verfaulen

Wenig später erfahre ich vom leitenden Arzt Dr. Heng, dass der kleine Chan Ta an der starken Form der Lepra, mit Fachnamen MB (multi-bacilläre Lepra), leidet. Sie befällt 30% aller Leprakranken und zeichnet sich durch hohe Infektionsgefahr aus.

»Chan Ta kam leider sehr spät in die Klinik und ich fürchte, dass er seine Beine bald verlieren wird. Obwohl wir die Krankheit bei ihm medikamentös stoppen konnten, leidet er immer noch unter den Folgeerscheinungen der Lepra. Die Durchblutung der Beine und Arme ist sehr schlecht.«

Die restlichen 70% aller Leprafälle erkranken an der PB (pauci-bacilläre Lepra). Sie ist die schwächere Form der Krankheit, schreitet langsamer voran, ist kaum ansteckend und kann meist innerhalb eines halben Jahres geheilt werden.

Mit großem Interesse folge ich den Ausführungen von Dr. Heng, während wir durch die Räume der Klinik gehen – alles ist sauber, funktionell und einfach. Auf den Betten liegen Patienten und ruhen sich aus. An den Decken surren die Ventilatoren, denn ohne sie würde die Luft hier stehen. Die Räume sind geschwängert vom Geruch der Desinfektionsmittel.

Am Abend, als ich in meine einfache Unterkunft zurückkehre, schließe ich die dünne Holztüre hinter mir. Ich betrachte eine vorüberrasende Kakerlake, mein Blick schweift zu einem Kübel mit Wasser. Es ist heiß, beinah unerträglich schwül. Ich sitze hier, schwitze wie ein Schwein, ohne auch nur einen Finger zu rühren. Hinter mir Geschrei im Hof; ein Hund bellt. Der Lärm der Stadt verstummt nicht. Er tut dies auch nicht bei Nacht – diese Stadt schläft nie. In den nächtlichen Stunden erwacht ein anderes Phnom Penh. Dann sitzen die Alten in den Suppenküchen, rauchen Pfeife, während das Leben um sie nur so tobt. Auf den Straßen Jugendliche mit ihren Motorrädern, Prostituierte, die sich anbieten, Karren mit frischen Kokosnüssen, Leuchtreklamen. Aus den schmalen Hintergassen dröhnt ein Gemisch aus Kindergeschrei und den schrillen Klängen der Karaoke Bars. Kein Wunder, dass die Stadt auch in der Nacht lebt, bei dieser Hitze. Nur selten bringt der sinflutartige Regen die heiß ersehnte Abkühlung. Leider ist es danach meist noch schwüler. Ich drehe den Ventilator an und er surrt los. Der schwache Windstrom kühlt mein Gesicht und die erhitzten Gedanken ein wenig. Ich bin erschüttert, mein Herz tut mir weh – eine Mischung aus Hilflosigkeit und Melancholie.

Als ich später an jenem Abend in einem Straßenlokal meine »Chickensoup« schlürfe, muss ich über das Mitleid nachdenken. Einerseits bedrückt mich das Leid und ich verspüre Mitleid; aber andererseits sehe ich die »Sinnlosigkeit« des Mitleids. Mir wird klar, dass Mitleid niemandem hilft, weder dem Betroffenen noch dem Fühlenden. Mitleid macht erst dann

»Sinn«, wenn man es in praktische Hilfe umwandeln kann. Immer wieder sehe ich das entstellte Gesicht von Chan Ta vor mir, höre sein leises Lachen im Kopf und muss an die Bilder in der Klinik denken: verkrüppelte Gliedmaßen, ausgemergelte Körper, Amputationen, entstellte Gesichter und doch ein hoffnungsvolles Lächeln hie und da.

All dies möchte ich mit jemandem teilen, möchte diese Eindrücke jemandem erzählen, um sie selbst besser verstehen zu können. Doch niemand ist da, in dieser so fremden-exotischen Welt. Manchmal muss ich mich daran erinnern, dass ich für jene Menschen ja durchaus etwas tun kann. Ich bin gekommen, um auf das Schicksal dieser »Ausgestoßenen« aufmerksam zu machen und die Gelder zu sammeln, welche nötig sind, damit vielen von ihnen geholfen werden kann.

Plötzlich werde ich aus meinen Gedanken gerissen, als mir jemand auf die Schulter klopft. Ich drehe mich um und blicke direkt auf einen Berg frittierter Kakerlaken, Küken und Maden. Ein junges Mädchen, das mir ein großes Tablett unter die Nase hält, blickt mich auffordernd an. Ich winke freundlich ab, denn bei aller Liebe zur Exotik überschreiten diese Delikatessen dann doch auch meine »Gaumenexperimentierfreude«.

»Kann ich auch Lepra bekommen?«

Man sagt, dass Lepra die älteste Krankheit der Welt sei. Schriftlich wurde sie bereits »600 v. Chr. im indischen Sanskrit mit Kushtha (zerfressen) erwähnt und 200 v.Chr. im hebräischen Original des Alten Testaments als Tsaraath.« Schätzungen zufolge soll es über 15 Millionen Leprakranke weltweit geben, manche sprechen von mehr, andere von weniger. So oder so ist es sehr schwer, absolute Zahlen zu nennen, da viele Fälle unentdeckt bleiben, Erkrankte sich verstecken oder gar versteckt werden.

Hier zu Lande wie auch in den meisten anderen »Lepraländern« wird diese Krankheit von der Bevölkerung immer noch gefürchtet. Hinzu kommt, dass die Menschen durch eine Vielzahl von Mythen und Schauergeschichten vorbelastet sind. Sie wissen auch alle, was es bedeutet, an Lepra zu erkranken: Aussatz, visuelle Zeichnung, Verkrüppelung etc.

Aber nur wenige wissen, dass Lepra heutzutage heilbar ist. Die Angst, das Stigma und der Aussatz müssen nicht mehr sein. Seit über 60 Jahren gibt es Medikamente, mit welchen man die Krankheit behandeln kann. Aber je nach Schweregrad der Lepra kann sich die Heilung über mehrere Jahre hinziehen. Wenn Lepra in einem frühen Stadium entdeckt wird, kann die Krankheit ohne größere Folgeerscheinungen geheilt werden. Aber es gibt immer noch viele Menschen, die zwar Frühzeichen der Lepra an sich erkennen, diese jedoch ignorieren.

Dr. Veng erklärt mir später, dass viele solche Angst haben, als Leprakranke erkannt zu werden, dass sie nicht ins Spital gehen, bis es zu spät ist und die Krankheit sie ohnehin schon gezeichnet hat. Viele denken sich auch, dass die Krankheit bei ihnen nicht ausbrechen wird.

Das Auffinden, die Behandlung, Rehabilitation, Reintegration und Unterstützung eines (ehemaligen) Leprakranken erfordern langfristige und aufwändige Programme. Die Medikamente, die von Novartis frei zur Verfügung gestellt werden, sind dabei nur ein kleiner Teil des Problems. Die Behandlung dauert je nach der Schwere der Lepra entweder sechs bis zwölf Monate. Ausgelöst wird die Lepra durch das »Mykobakterium Leprae«. Die Übertragung von Lepra geschieht durch Tröpfcheninfektion z.B. bei Husten oder Niesen, ähnlich wie bei Tuberkulose. Vererbbar ist die Krankheit nicht. Die »Inkubationszeit« der Lepra beträgt normalerweise drei bis fünf Jahre, kann jedoch auch länger als 20 Jahre dauern.Außerdem weiß man, dass »nicht jede Person, welche Lepra ausgesetzt ist, an Lepra erkrankt. Offenbar ist das Immunsystem meist in der Lage, eindringende Leprabakterien unschädlich zu machen.«

Einmal, nach einem Besuch bei einem Leprapatienten, frage ich Dr. Saren: »Kann ich auch Lepra bekommen?« »Natürlich ist das möglich«, meint er, »die Wahrscheinlichkeit ist jedoch sehr gering. Du bist gesund, gut ernährt und hast ein starkes Immunsystem. Auch für uns besteht das Risiko der Ansteckung, aber falls das passiert, können wir das Medikament einnehmen.« Mit einem ironischen Lachen fügt er noch hinzu: »Wir kennen die Vorboten ja gut genug, oder?«

Ob denn immer noch keine Impfung möglich sei, frage ich ihn. »Nein, leider wurde bislang noch kein Impfstoff entwickelt. Außerdem wird die Forschungsarbeit dadurch erschwert, dass das ›Mykobakterium Leprae‹ nicht im Reagenzglas gezüchtet werden kann. Das macht die Forschung schwierig, denn man kann nur direkt am Kranken forschen und dies ist wiederum eine ethische Frage ...«

Je mehr ich über Lepra erfahre, umso mehr Leid ich sehe, desto mehr werde ich darin bestärkt, diesen Menschen mit meinen Mitteln zu helfen. Eines ist mir nun klar geworden: Lepra muss nicht mehr sein und für diesen Kampf werde ich alle meine Kräfte einsetzen.

Das Leprosorium Troeung

Begleitet von meinem Übersetzer Leena fahren wir mit dem Jeep tiefer ins Landesinnere, um das Leprosorium von Troeung zu besuchen. Als wir durch die üppig-tropische Landschaft fahren, frage ich mich, wie das wohl in so einem Leprosorium aussehen mag.

Nach einer dreistündigen Fahrt biegen wir in eine schmale baumbestandene Straße, bis wir schließlich auf einem kleinen Dorfplatz halten. Kinder rennen herbei und umringen den Jeep – man freut sich über die Besucher von Ciomal.

In Troeung leben rund 80 ehemalige Leprakranke gemeinsam mit »Gesunden«. Francis Junod hat mir im Vorfeld erklärt: »Leprosorien sind eigentlich Modelle der Vergangenheit. Heutzutage versuchen wir die Leute in ihren Dörfern zu behalten und zu behandeln. Wir wollen keine Endstationen, sondern Durchgangsstationen schaffen. Trotz allem ist Troeung ein Phänomen, da Leprakranke mit Gesunden Seite an Seite leben. Das ist ein großer Schritt, da dies bedeutet, dass die Ausgrenzung der Menschen überwunden werden konnte.«

Chin Yen, der Schuhmacher, führt uns durch den Ort und stellt uns den Leuten vor. Ich muss zugeben, dass ich mir ein Leprosorium ein wenig anders vorgestellt habe, bin jedoch positiv überrascht. Alles wirkt gepflegt, grün und wohl organisiert. Chin Yen erklärt mir, dass jede Person im Dorf ein Stück Land erhalte, um dort eine Behausung bauen zu können, Tiere zu halten und Gemüse zu pflanzen.

Während unseres zweitägigen Aufenthaltes im Leprosorium besuchen wir viele Leprakranke und hören deren Lebensgeschichten. Erstaunlicherweise stoße ich nie auf Verschlossenheit. Ganz im Gegenteil, die Leute sind froh, über ihr Leben sprechen zu können. Sonst interessiert sich ja niemand für sie.

Ganz besonders berührt mich die Geschichte von Eng und Matong, welche beide Lepra hatten. Sie haben sich hier in Troeung kennen gelernt, sich ineinander verliebt und erst kürzlich geheiratet. Nun leben sie gemeinsam in einer kleinen Hütte, die von einem Garten umgeben ist. Die Hütte dürfte kaum größer als zehn Quadratmeter sein und Eng hat sie eigenhändig auf Stelzen gebaut. Er erklärt mir, dass man so Wasser als auch Ungeziefer fern hält. Unter der Behausung leben Hühner und Hunde, die sich abwechselnd durch die Gemüsestauden jagen.

Matong steigt die Leiter hinauf und öffnet mir die Türe. Es knarrt, als sie ins Innere kriecht. Die Hütte ist eng und man kann nicht aufrecht stehen. Unterteilt ist sie in eine Küche mit Vorratsraum sowie ein Schlafzimmer. Es herrscht gedämpftes Licht, denn die Sonnenstrahlen können nur durch das enge Bambusgeflecht der Wände eindringen und werfen eine kunstvolle Streifenverzierung in den Raum.

Darauf bitte ich Matong, für mich in der Küche zu werkeln, damit ich das filmen kann. Immer wieder denke ich mir, wie wichtig es ist, die Bilder von diesen Menschen und ihrem Leben in die Welt zu tragen. Mir ist auch durchaus bewusst, dass nicht einmal der beste Text die Kraft der Bilder übertreffen kann.

Für einige Zeit lassen mich die beiden Teil ihres Alltags werden. Eng erledigt Dinge im Garten und Matong reinigt den Reis. Es ist beeindruckend zu sehen, mit welchem Geschick die beiden ihre Hände verwenden, deren Finger auf einige Stummel reduziert sind. Als Eng mit dem Holz fertig ist, erklärt er mir, dass er jeden Tag einen kleinen Geldbetrag von Ciomal bekäme, um Saatgut kaufen zu können. Das ermögliche seiner Frau und ihm das Überleben.

Leena und ich verlassen das Paar und überqueren den Dorfplatz. Eine Schar lachender Kinder spielt mit einem alten Fahrradreifen. Am Hebel des Dorfbrunnens hängt ein kleiner Junge und versucht seinen Eimer zu füllen. Sosehr er sich auch an den Hebel hängt, sein Gewicht ist zu gering, die Pumpe zu betätigen. Im Schatten eines Baumes hockt eine Frau und stillt ihr Kind. Sie lacht mich an und es scheint ihr wirklich nichts auszumachen, dass ich sie fotografiere – natürlich habe ich sie vorher um Erlaubnis gefragt.

Am anderen Ende des Dorfplatzes sitzt eine Frau in einem roten Hemd vor ihrer Hütte. Als wir näher kommen, kann ich ihr entstelltes Gesicht und die Prothese an ihrem Bein erkennen. Ei Hurn (39), wie ich wenig später erfahre, hat es besonders schwer gehabt. Als sie vor einigen Jahren Lepra bekam, wurde sie von ihrem Dorf »Ma Ha Soun« vertrieben. Sie ist fürchterlich gezeichnet – Finger hat sie keine mehr, die Ohren sind zur Hälfte abgefault, ihre Füße verkrüppelt und ihr Gesicht durchzogen von tiefen Narben. Das Reden fällt ihr nicht leicht und ich merke, wie ihre Augen feucht werden. »Ich versuchte mich umzubringen. Die Situation war unerträglich. Jetzt lebe ich hier im Leprosorium mit meiner Mutter und es geht mir besser. Viele teilen dasselbe Schicksal hier.«

Ei Hurn kann nur dank spezieller Schuhe gehen. Als ich sie frage, woher diese kommen, zeigt sie auf eine Baracke unter den Bäumen. Nach einer kleinen Weile verlassen wir die Frau und gehen zur Schuhwerkstatt, wo Chin Yen arbeitet.

Im Innern riecht es nach Leder und die Holzdielen am Boden knarren unter unseren Füßen, als wir durch die Räume gehen. Als wir Chin Yen treffen, erzählt er: »Früher war dies hier die Klinik, aber dann baute man eine neue und ich konnte hier mit der Produktion von Spezialschuhen beginnen. Fachleute aus der Schweiz haben mir gesagt, wie man die Schuhe herstellt.«

Wie viele Schuhe er hier anfertige, frage ich. »Jeder Bewohner erhält zwei neue Paare im Jahr. Schwierig ist nur, dass ich jeden Schuh individuell anfertigen muss. Bei den einen haben die Füße mehr unter der Krankheit gelitten als bei anderen. Somit gleicht kein Schuh dem anderen.« Er deutet auf ein Gestell im Hintergrund hin. Darauf liegen fein säuberlich nummeriert eine Vielzahl von Gipsabdrucken. »Von jedem Fuß erstelle ich ein Modell und kann so die Schuhe ganz genau anpassen.«

Nach zwei Tagen verlassen Leena und ich das Leprosorium. Im Laufe dieser Zeit habe ich einen guten Einblick in den Alltag dieser Menschen, ihre Bedürfnisse und Gedanken bekommen. Ich nehme wieder tragische Bilder und Eindrücke mit, spüre jedoch auch die Kraft dieser Menschen, doch Ja zum Leben zu sagen.

Nach der Rückkehr bleiben mir einige Tage in Phnom Penh, um Arbeit nachzuholen, zu organisieren und ein wenig die Stadt zu erkunden. Meine Tage beginnen bereits um fünf Uhr. Das ist auch die einzige Zeit, ein wenig Sport zu treiben, da die Temperatur noch etwas angenehmer ist. Zwischen Pfützen, Hunden und Abfallbergen jogge ich im Slalom, in der Nase eine Mischung aus Abgasen, Nudelsuppe und dem süßlichen Verwesungsgeruch der Abfälle.

Für die Kambodschaner scheint meine morgendliche Aktion ein heiteres Schauspiel zu sein. »Warum rennen Sie wie ein verrücktes Huhn durch die Straßen?«, fragt mich ein Zeitungsverkäufer. Seine Frage ist verständlich, denn hier zu Lande würde niemandem einfallen, so grundlos herumzurennen … Nun ja, ganz grundlos ist mein Bewegungsdrang nicht, denn in rund sechs Wochen werde ich in Delhi auf mein Rad steigen müssen …

Delfin-Stopp

Bald darauf fahre ich mit den hiesigen Ärzten Dr. Saren und Dr. Veng in den »wilden« Norden, um dort Leprakranke im Urwald zu finden und zu behandeln. Mit einem Hochgeschwindigkeitsboot rasen wir den Mekong stromaufwärts. Diese Boote sehen ein wenig wie Pfeile aus … »Concordes« des Wassers. Obwohl ich drinnen einen Sitzplatz habe, bevorzuge ich es, auf dem Dach zu sitzen. Es ist drinnen eng und außerdem ermöglicht mir mein Sitzplatz draußen die Flucht von einem »ohrenbetäubend-lautem kambodschanischen Liebesfilm. Hier zu Lande scheinen die Leute den Lärm zu lieben.

Außerdem hat man mir vor der Abreise erzählt, dass vor Jahren eines dieser Boote im seichten Wasser auf einen Stein aufgelaufen und darauf umgefallen sein soll. Alle seien ertrunken, bis auf diejenigen, welche auf dem Dach gesessen hatten. An Notausgänge hat bislang noch niemand gedacht.

Der Mekong zieht sich wie ein breites braunes Band durchs Land. Die Landschaft ist wild und der Urwald grenzt wie eine undurchdringliche Wand direkt ans Ufer des Flusses. Aus der Ferne kann man die schrillen Geräusche der Tiere im Urwald vernehmen. Immer wieder ziehen wir an einem langen Einbaum vorüber. Es sind Fischer aus nahen Dörfern, welche sich ihr Essen fangen. Manchmal winken sie, obwohl sie wenige Augenblicke später von der von unserem Boot ausgelösten Welle erreicht werden, was so manches Mal dazu führt, dass ihr schmales Gefährt umkippt.

Mit einem Male beginnt der Motor zu stottern. Unsere »Concorde« wird langsamer und schließlich setzt der Motor ganz aus. Wilde Aufregung unter den Schiffsjungen. Einige rennen an mir vorüber, zurück zum Maschinenraum. Trotz der Panne geht es weiter, langsam, aber stetig. Nach einer weiteren Stunde erreichen wir Kratie, wo das Boot zur Reparatur bleiben soll.

So stranden wir in diesem kleinen Ort und erfahren, dass erst am kommenden Tag ein Ersatzboot kommen wird. Vielleicht ein glücklicher Zufall, so denke ich mir. Kratie ist nämlich bekannt für die Irrawaddy Süßwasserdelfine. Experten glauben, dass es nur noch etwa 60 Exemplare dieser vom Aussterben bedrohten Art gibt.

Der Abend kommt und mit ihm ein fürchterlich schönes Gewitter. In nur wenigen Augenblicken füllen sich die Straßen mit Wasser und werden zu reißenden Sturzbächen. Ich stehe auf der Veranda unserer einfachen Unterkunft. Draußen scheint der Himmel herabzustürzen und die Kinder springen übermütig durchs Wasser. Nachdem das Gewitter vorübergezogen ist, hört man nur noch das Geräusch der herabplätschernden Regentropfen.

Dr. Saren kommt zu mir und fragt mich, ob ich am Abend in eine Karaoke Bar gehen wolle. Die Kambodschaner lieben Karaoke, wo sie zur Instrumentalmusik eines Schlagers den Text mitsingen können. Als ich ihn genauer frage, meint er: »Viele Männer gehen in eine Karaoke Bar. Man kann dort singen und Frauen treffen. Es kann aber auch noch weiter gehen. Eine Frau kann sich dort einen Mann aussuchen und mit ihm ›Spiele treiben‹. Zum Schluss kann man mit ihr gehen und bezahlt etwas dafür.«

»Funktioniert das dann nicht wie in einem Bordell?«, frage ich ihn.

»Nein, denn es ist den Frauen überlassen, die Wahl zu treffen. Die Prostituierten haben diese Freiheit nicht.« Er lacht, sippt an seiner Flasche »Angkor-Bier« und fügt hinzu: »Für viele kambodschanische Männer ist das ganz normal, und bei euch?«

Nun ja, ich bevorzuge einen nächtlichen Spaziergang, der Regen hat etwas Abkühlung gebracht.

Am kommenden Tag mieten Dr. Saren, Dr. Veng und ich einen Einbaum mit Fahrer, um die scheuen Delfine zu sehen. Dazu muss man auf die andere Flussseite. Dort, im Schutz der Bäume und Sträucher, die aus dem Wasser wachsen, ist ihr Revier. Als wir näher gekommen sind, wird der Außenbordmotor ausgeschaltet und wir rudern behutsam weiter. Plötzlich, ein leiser Aufschrei, in der Ferne kann man zwei Delfine sehen. Nur für Momente tauchen sie auf, um sogleich wieder zu verschwinden. Lange sitzen wir dann still da und beobachten das Spiel dieser friedlichen Tiere, die neugierig ihre Kreise um das Boot ziehen.

Von Pillenschachteln und löchrigen Dächern

Als wir nach Kratie zurückkehren, fährt soeben das Ersatzboot ein, welches aus Phnom Penh gekommen ist. Nun kann unsere Fahrt weitergehen. In Stung Treng, der nächsten Stadt, steigen die Ärzte und ich in kleine Boote um. Diese sind hier die einzige Möglichkeit voranzukommen, da es kaum Straßen und Brücken gibt. Außerdem ist der Urwald undurchdringlich.

Nun werden wir tiefer ins Landesinnere vordringen. Vom Lärm des Außenbordmotors förmlich eingehüllt, bläst uns der Wind durchs Haar und die »grüne Hölle« zieht vor unseren Augen vorüber. Niemand spricht ein Wort. Jeder scheint vom hypnotischen Grün der Wälder gefangen zu sein.

Bis vor wenigen Jahren wurde dieses Gebiet immer noch teilweise von Khmer Rouge-Rebellen kontrolliert. Obwohl das Khmer-Rouge-Regime Ende der Siebziger Jahre offiziell zu einem Ende kam, konnten sich hier oben im Urwald Separatisten halten. Für die Ärzte war das gefährlich, oft wurden sie angehalten, mussten einen Wegzoll entrichten, wurden beraubt oder gar entführt. Nicht alle überlebten diese Übergriffe.

Mit einem Male wird der Motor gedrosselt. Der kleine Bootsjunge, welcher die ganze Zeit vorne am Bug gehockt ist, springt auf und packt die Taue. Der Bootsführer steuert direkt auf das Ufer zu und setzt das flache Boot in den weichen Sand am Ufer. »Wir sind in Kandhal«. Dr. Saren und Dr. Veng nehmen ihre Arztkoffer und springen aus dem Boot.

Kandhal ist ein kleines Dorf, welches tief im Dschungel verborgen liegt. Wir folgen einem langen, schmalen Pfad und erreichen schließlich den Dorfplatz. Die Dorfbewohner sind sehr neugierig. Ich bin der erste Weiße, den sie je zu Gesicht bekommen haben. Manche kommen und berühren meine Haut. In der Mitte des Platzes hat man einen großen Tisch hingestellt. Dr.Veng öffnet seinen kleinen Aktenkoffer und entnimmt diesem einige Papiere und Bücher.

In der Zwischenzeit hat Dr. Saren, unter Mithilfe des Dorfvorstehers, die Leute zusammengetrommelt. Bei ihrem letzten Besuch entdeckten die Ärzte zwei Neuerkrankungen. Als alle versammelt sind, wundert sich Dr.Veng, weshalb ausgerechnet diese beiden Männer fehlen. »Sie sind auf dem Feld und arbeiten«, kommt es vom Dorfvorsteher. Dr.Veng ist verärgert, denn man hat vergessen, den Besuch der Ärzte anzukündigen. Die

ike for Help – *Ölbild von Christoph von Toggenburg, Juni 2001*

*or einem harten Tag in den Bergen und mit geschwol-
nen Knien, Christoph von Toggenburg am 3. Tag von*
un for Help *in Susch, Schweiz, August 1998*

25 kg Übergepäck und ein trauriger Abschied, Flughafen Zürich Kloten, Schweiz, 30. Oktober 01

Christoph von Toggenburg im Straßenchaos von London, Picadilly Circus, Sommer 2001

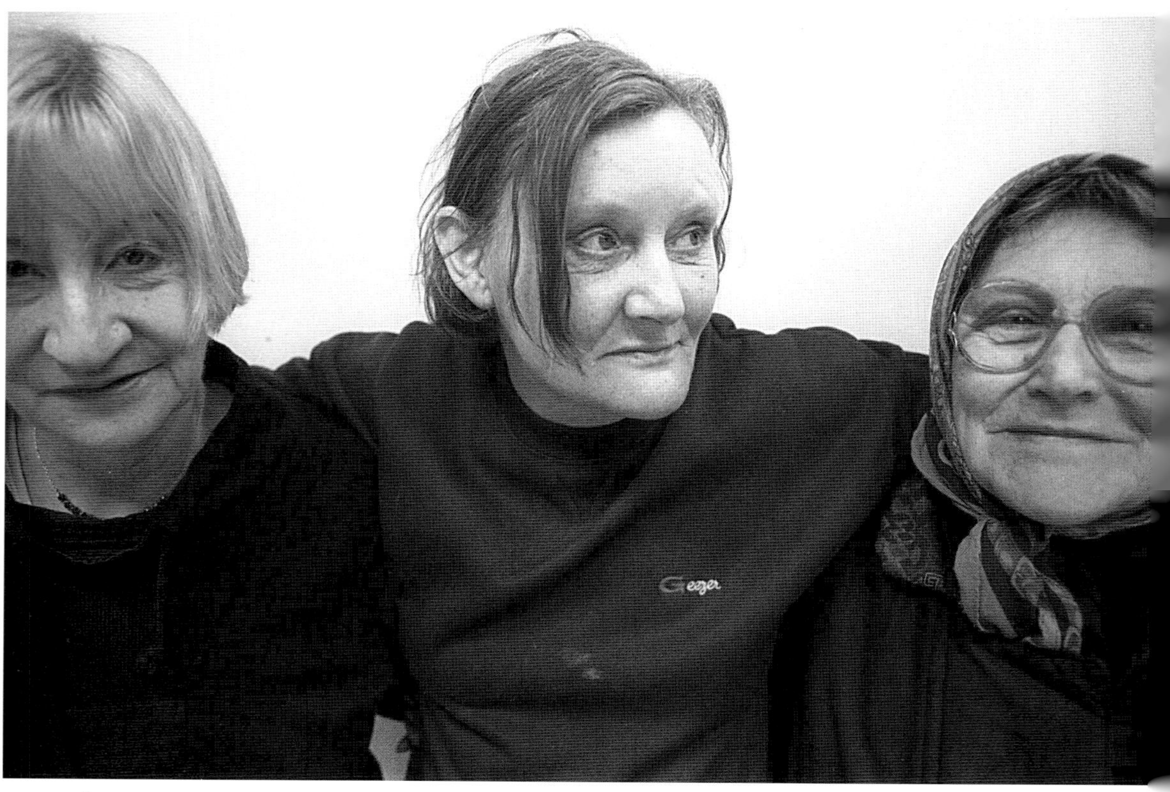

Vom Leben vergessen: Brenda (links) mit zwei obdachlosen Frauen im Odachlosenheim St'John, London, Sommer 2000

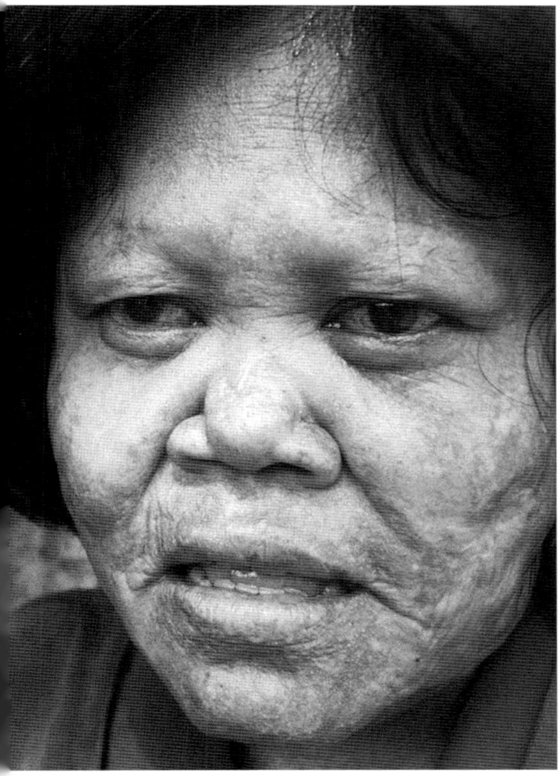

Lepra hat mein Leben zerstört«, Eam Thun, Leproso-
um Troeung, Kambodscha, November 2001

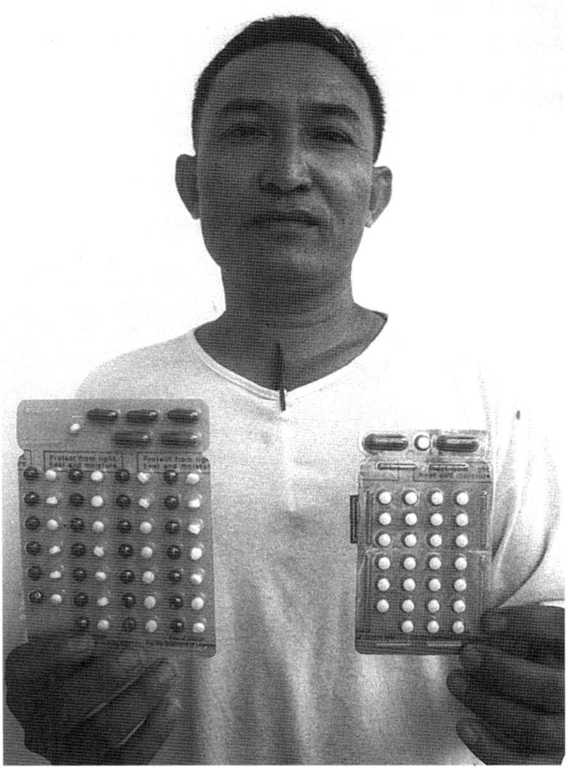

Lepra kann geheilt werden! Chin Yen mit Lepramedi-
kament MDT im Leprosorium Troeung, Kambodscha

n Lächeln sagt mehr als 1000 Worte. Mädchen aus Stung Treng, Kambodscha, November 2001

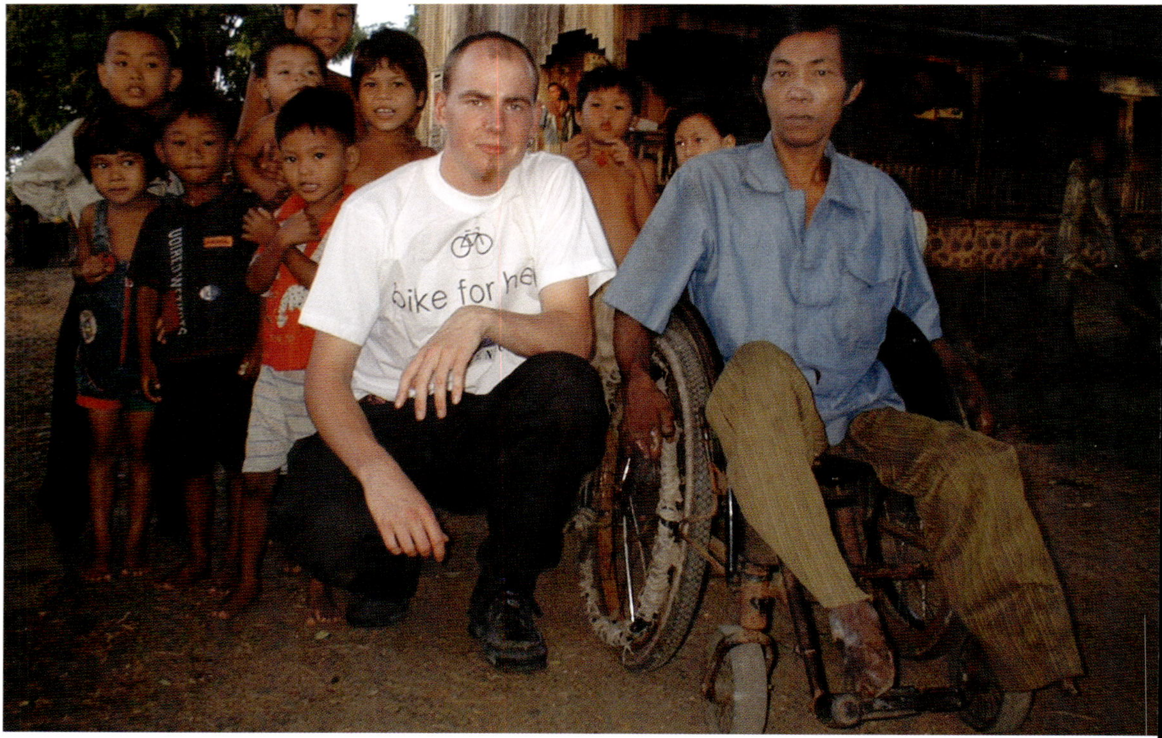

Das Leprosorium lebt. Leprakranker Aint Sokmeng (46) mit Kindern in Leprosorium Troeung, Kambodscha, November 2001

Große Liebe. Eng und Matong im Leprosorium Troeung, Kambodscha, November 2001

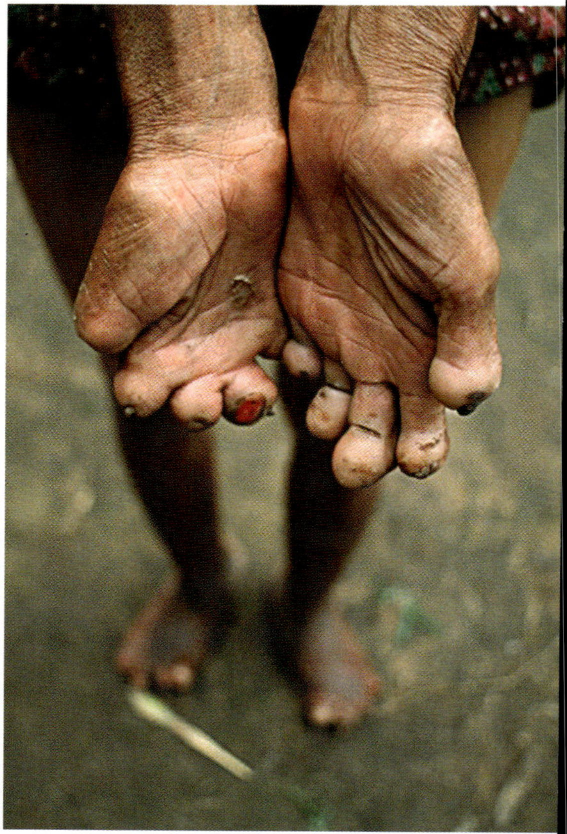

Lepra frisst den Körper langsam auf. Hände und Füße von Eam Thun, Leprosorium Troeung, Kambodscha

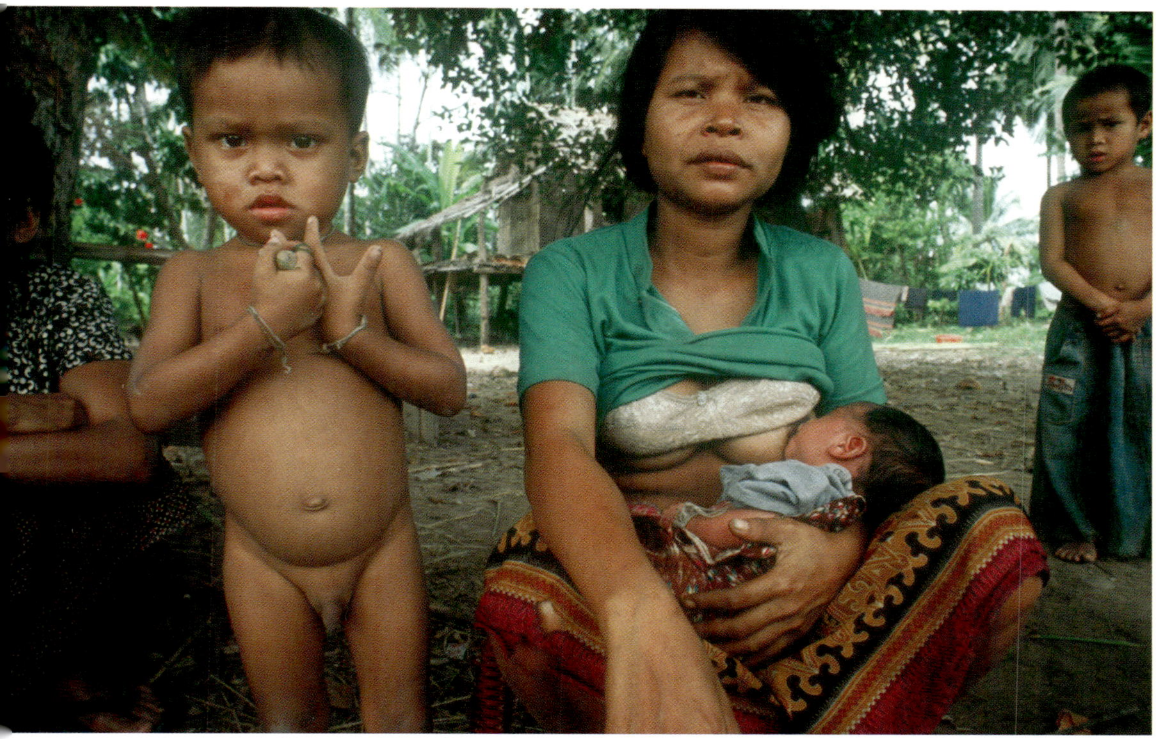

·ben in Einklang mit der Natur. Leprosorium Troeung, Kambodscha, November 2001

der von Häftlingen im Konzentrationslager S-21, Phnom Penh, Kambodscha, November 2001

Es trifft immer die Verletzlichsten. Kind vor Wohnbauten in Phnom Penh, Kambodscha, November 2001

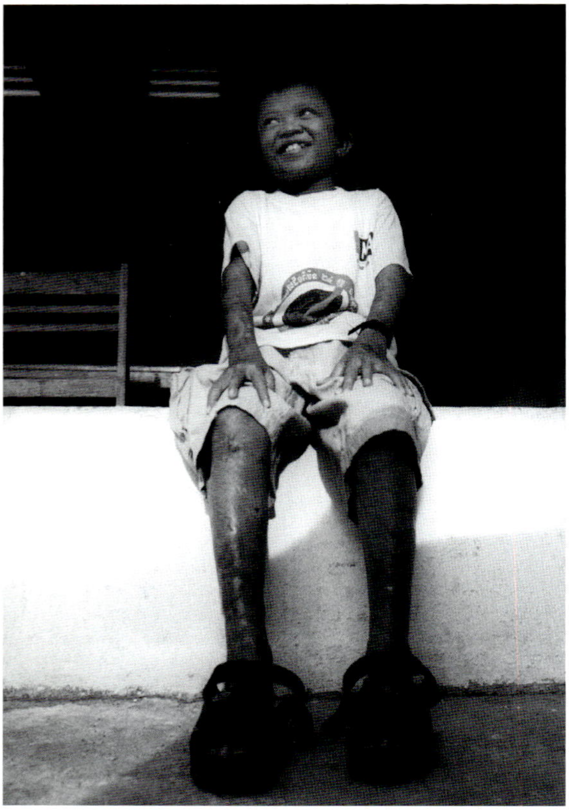

Mein kleiner Freund Chan Ta in der Lepraklinik Kien Khleang Kambodscha, November 2001

Spezielle Schuhe für leprageschädigte Füsse. Leprose rium Troeung, Kambodscha, November 2001

medizinischer Mission unterwegs. Dr. Saren (r), Dr. Veng (Mitte) und Christoph von Toggenburg nahe Stung
eng auf Patientenvisite, Kambodscha, November 2001

eder ein Leben gerettet: Ärzte konnten bei San
un (21, mit ihrem Baby) früh genug Lepra diagnosti-
ren. Stung Treng, Kambodscha, November 2001

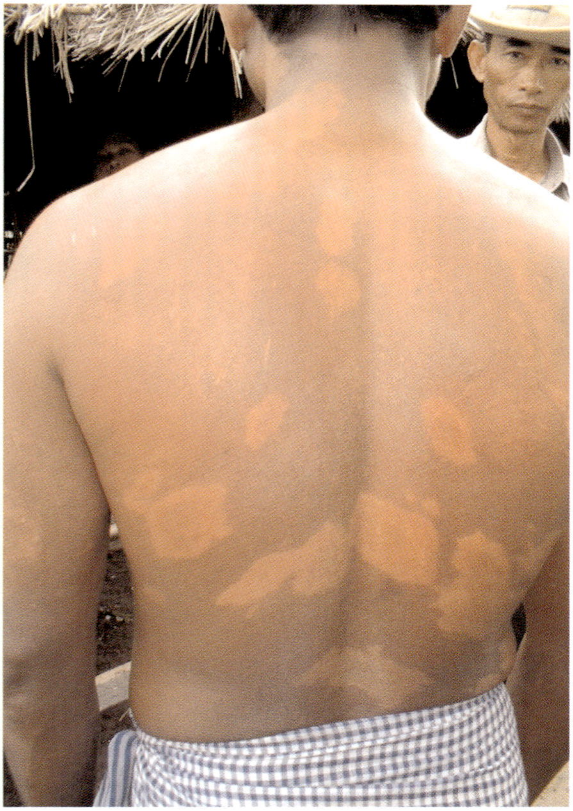

So beginnt die Krankheit – weiße Flecken als Vorboten.
Stung Treng, Kambodscha November 2001

Der Dschungel holt sich sein Eigentum zurück. Ta Prohm Tempel, Ruinen von Angkor, November 2001

Männer haben das Dorf schon in den frühen Morgenstunden verlassen, um auf die fernen Felder zu gelangen.

Nun beginnen die Ärzte alle Leute zu untersuchen. Das ist gar kein so leichtes Unterfangen, da sich viele Leute schämen. Und besonders bei den Kindern muss all dies in eine humorvolle »Show« verpackt werden. Während Dr. Saren einen nach dem anderen untersucht, zeigt Dr. Veng den Dorfbewohnern anhand von bebilderten Büchern, wie Lepra aussieht. Speziell hier draußen sind Bilder der einzige Weg, den Menschen die Krankheit näher zu bringen. Die wenigsten können lesen oder schreiben.

Nach seiner Präsentation erklärt mir Dr. Veng, dass er das Wort Lepra dabei nie in den Mund nimmt. Wenn er den Menschen von der Lepra erzähle, so spreche er immer von einer »schweren Hautinfektion.« »Die Angst vor der Krankheit sitzt zu tief in den Menschen. Für einen Betroffenen wären die Konsequenzen fast immer Ausschluss aus Dorfgemeinschaft und Familie.«

Die Ärzte werden dieses Mal wieder fündig. Die junge San Chun (20) hat einige helle Flecken am Arm. Dr. Veng bittet sie, am Rand des Dorfplatzes zu warten, während er weitere Dorfbewohner untersucht. Sie setzt sich und beginnt ihr vier Monate altes Baby zu stillen. Das Bild ist malerisch – ein trügerisches Idyll.

Diese weißen Flecken sind meist die ersten Vorboten der Lepra. Das Besondere ist, dass diese Stellen gefühllos sind. Der Test ist einfach: Dr. Saren nimmt den Arm der Frau, bittet sie wegzusehen und streicht mit einer feinen Feder über die Hautstelle.

Er fragt sie: »Spürst du etwas?« Sie verneint – die Nerven sind taub.

»Die Methode ist nicht 100%ig sicher. In dieser Gegend gibt es viele Hautkrankheiten und wir müssen aufpassen, keine voreiligen Schlüsse zu ziehen. Morgen wird man einen Abstrich machen und eine Diagnose stellen, aber ich bin mir sicher, dass es Lepra ist.«, meint Dr. Saren.

Während er sich mit weiteren Untersuchungen beschäftigt, fährt er in seinen Ausführungen fort: »Als Frühsymptome treten Gefühllosigkeit, Hautausschlag und Nervenverdickung auf. Dadurch kommt es zu einem gestörten Kommunikationsfluss zwischen dem Gehirn und den Extremitäten. Diese Störung führt dazu, dass das Gehirn die Existenz der betroffenen Extremitäten nicht mehr wahrnimmt, worauf sich der Körper der »nicht existierenden« Extremitäten entledigt. So beginnt ein langsamer und grausamer Abstoßungsprozess. An sich steckt darin eine gewisse Ironie, denn der Körper funktioniert nach dem Gesetz der Ökonomie: Weg mit überflüssigen Dingen. Im wahrsten Sinne des Wortes verfault der Mensch bei lebendigem Leibe.«

Dr. Saren, dieser kleine, fröhliche Kambodschaner, weiß, wovon er spricht. Er zählt zu den besten Lepraärzten im Land. Er überlebte das Khmer-Rouge-Regime, da er seinen Bildungsstand für sich behielt und den Mund hielt. Als diese Epoche vorüber war, landete er in einem Flüchtlingslager an der Grenze zu Laos, wo er mehr über Lepra erfuhr. Dann schickte man ihn nach Indien, wo er sich auf Lepra spezialisierte.

Manchmal scheint es jedoch schwierig, den Menschen den Sinn und Nutzen der Medikamente verständlich zu machen. Als wir noch am selben Tag in ein Dorf weiter oben am Fluss kommen, treffen wir einen Patienten (in Behandlung), welcher die Pillenschachteln dazu verwendet hat, die Löcher in seinem Dach zu stopfen. Sicherlich auch ein nützlicher Aspekt, jedoch nicht ganz sachgerecht.

Trotz so mancher Schwierigkeiten scheinen die Menschen hier zufrieden zu sein. Die Natur versorgt sie mit allem, was sie brauchen. Das Leben der Menschen hat sich der Umwelt angepasst. Man rodet ein wenig den Urwald, lässt die Palmen stehen und wartet, bis die Kokosnüsse vom Himmel fallen. Übrigens gehört dies zum Begrüßungsritual: Kommt ein Gast, so klettert eines der flinken Kinder wie ein Äffchen auf eine Palme, die sich 20 Meter in die Höhe streckt und schlägt einige frische Kokosnüsse herunter. Dann schlägt man den oberen Teil vorsichtig mit einer Machete auf und trinkt den leicht säuerlichen Inhalt: köstlich.

In dieser Gegend leben viele Wildtiere wie Tiger, Schlangen, Elefanten, Nashörner, Spinnen und allerlei anderes »Krabbeltier«. Auch sind tropische Krankheiten wie Malaria und Dengue-Fieber weit verbreitet – auch für die mutigen Leprahelfer kein ungefährliches Umfeld.

Als wir an diesem Abend mit unserem »Pfeil« das Wasser teilen, verschwindet die Sonne, in feuriges Rot getüncht, hinter der Wand dieser »grünen Hölle«. Die Landschaft ist einfach atemberaubend und man hat das Gefühl, in einer anderen Welt zu sein – hilflos, ausgesetzt und doch Teil einer grandiosen Schöpfung.Im Rauschen des Motors und des Wassers denke ich über die berührenden Begegnungen des Tages nach und darüber, dass diese Ärzte heute wieder Menschen retten konnten.

Kambodscha: bewegte Geschichte

Am nächsten Tag erfahren wir, dass die Diagnose bei San Chun korrekt war: Lepra im Frühstadium. Glück im Unglück für die junge Frau mit ihrem kleinen Kind, denn die Krankheit konnte früh genug diagnostiziert werden. Sie wird ohne größere Folgeerscheinungen behandelt werden können.

Bald darauf fliegen wir in einer klapprigen, chinesischen Maschine nach Phnom Penh zurück. Bis zu unserer nächsten Mission vergehen einige Tage, was mir endlich die Möglichkeit gibt, die Hauptstadt ein wenig zu erkunden und ein wenig mehr über das Land in Erfahrung zu bringen.

Ich erhoffe mir dann, dass insbesondere die jüngere Geschichte mir ein größeres Verständnis der momentanen Situation des Landes ermöglicht.

Es ist weniger als drei Jahrzehnte her, dass das Khmer-Rouge-Regime (1975–79) unter der Führung von Polh Pot systematisch die Intellektuellen und die Fachleute im Land ausrottete. Es wurden zehntausende hingerichtet und es wird wohl noch Jahrzehnte dauern, bis der Verlust überwunden ist. In Kambodscha fehlt es an vielem, aber besonders an Bildung und beruflicher Kompetenz. Mittlerweile ist das Land zur Monarchie unter seinem König Sihanouk zurückgekehrt. Die Khmer Rouge haben Stätten ihres furchtbaren Wirkens hinterlassen, so z.B. das Foltergefängnis S-21, auch »Tuol Sleng« genannt.

In meinen Tagebuchaufzeichnungen vom 19. November ist zu lesen: »Ich stapfe durch die schmalen, schmutzigen und belebten Straßen der Stadt. Man hat mir am Monivong Boulevard gesagt, dass es nicht mehr weit zum Konzentrationslager S-21 sei.

Die Bilder von den Konzentrationslagern des Dritten Reichs im Kopf, stelle ich mir eine abgeschiedene Anlage vor. Und das soll nun hier sein, inmitten der Stadt? Als ich die nächste Straße überquere, stehe ich mit einem Mal vor einer hohen Mauer, die vollkommen in Stacheldraht eingehüllt ist. Dahinter erhebt sich ein großer Betonbau. Dazwischen einige vereinzelte Palmen, die in den Himmel ragen.

Als ich über den großen Vorplatz stapfe, höre ich hinter mir den Lärm der Stadt und über mir zwitschern die Vögel. Die Welt scheint in Ordnung zu sein oder …? In jedem Raum hängen Bilder von ehemaligen Lagerinsassen. Die Khmer Rouge waren sehr systematisch in ihrem ›Werk‹. Alle Häftlinge wurden registriert und fotografiert, bevor man sie umbrachte.

Erinnerungen an ähnliche Eindrücke bei Lagerbesuchen in Auschwitz, Theresienstadt und Mauthausen streifen durch meinen Kopf. Immer wieder große Haken in der Wand, woran man die Häftlinge reihenweise hängte, folterte und die Frauen vergewaltigte.

Der Boden ist mit hübschen roten und weißen Kacheln bedeckt, deren gleichmäßiges Muster nur durch den Schatten des Stacheldrahts unterbrochen wird. Im Lager selbst hat man nur wenige Häftlinge getötet. Die meisten starben hier an Krankheiten oder an den Folgen der Folter. Man hatte sie umgebracht, weil sie das Leben hinterfragten und weil sie mehr wussten als der Durchschnitt. Sie waren Intellektuelle, Lehrer, Anwälte, Dorfvorsteher, Politiker etc.

Diese Anlage wurde von 1975–79 als Foltergefängnis benutzt. Gegen Ende des Khmer-Rouge-Regimes fraß die Revolution sozusagen auch hier ihre eigenen Kinder, als man begann, ehemalige Folterer und Lageraufseher hinzurichten. 1979 wurde das Lager von den Vietnamesen befreit. Nur sieben Häftlinge überlebten. Den Angaben im Museum zufolge wurden hier 17 000 Menschen durchgeschleust, unter ihnen auch einige Ausländer aus Australien, Frankreich und Amerika.

Nach eigenen Angaben ist Lei Lawn (53) einer dieser sieben Überlebenden. Tage zuvor haben wir ihn im Urwald besucht. Er war ehemaliger Khmer-Rouge-Kommandant, man beschuldigte ihn jedoch bereits 1975 des Verrats und so landete er im Gefängnis. Dort erwischte ihn auch die Lepra, die ihm im Laufe der Jahre die Finger und Zehen weg fraß. Heute ist er geheilt, die Wunden an Herz und Körper jedoch wollen nicht mehr verschwinden.

Nach meinem Besuch im Lager »Tuol Sleng« nehme ich mir ein Motorradtaxi, um zu den »Killing Fields« zu gelangen. Dorthin, in diese Reisfelder des Todes, brachte man die zum Tode verurteilten Häftlinge.

Unterwegs legen wir einen Zwischenhalt ein. Versteckt hinter einem Erdhügel bleiben wir vor einer kleinen Hütte stehen. Als wir ins Innere treten, kann ich meinen Augen kaum trauen. Auf einem Tisch liegt ein ganzes Waffenarsenal ausgebreitet – von Handfeuerwaffen, Kalaschnikows bis hin zu Handgranaten. An den Wänden hängen Säcke voller Munition. In einer düsteren Ecke sitzen zwei Gestalten, die mit einer Pistole herumfuchteln. Ich bleibe locker, habe jedoch ein mulmiges Gefühl im Bauch. Hier bin ich ihnen ausgeliefert. Einer der jungen Männer kommt auf mich zu: »Welcome!« Er drückt mir ein Blatt in die Hand. Erst jetzt realisiere ich, dass dies gestohlene Waffen sind und diese jungen Kerle sich ihr Brot damit verdienen, Leuten eine Waffe in die Hand zu drücken. Ironischerweise steht auf dem Papier »Menü«, jedoch gibt es hier kein Essen, sondern Patronen. Die Preise sind hoch. Ein volles Magazin für die Kalaschnikow kostet 30 Dollar. Doch es gibt auch Billigeres: Am Ende dieser »Speisekarte« gibt es tatsächlich auch die Flasche Angkor-Bier für einen Dollar.

Nur wenige Kilometer davon entfernt liegen die »Killing Fields«. Idyllisch ist es hier, doch der Schein trügt. In der Mitte des großen »Feldes« steht eine Gedenkstätte, welche bis unters Dach mit Totenschädeln gefüllt ist. Umgeben ist sie von Vertiefungen, welche wie Erdeinbrüche aussehen. Dies sind die Massengräber, welche man später exhumiert hat. Weiter hinten befindet sich das Massengrab der »Kopflosen« und daneben der »nackten Frauen« – erschreckend, wie grausam Menschen sein können. Es bleibt nur zu hoffen, dass dieses Land und seine Menschen aus den Fehlern der jungen Vergangenheit lernen werden.

Leider habe ich den Eindruck, dass – wie nach vielen Diktaturen – nur geringe Bereitschaft herrscht, diese grausame Zeit aufzuarbeiten. Man will schnell vergessen, denn Blut klebt an vielen Fingern. Erst zwei Rote-Khmer-Führer wurden festgenommen, wovon einer der Leiter der »Killing Fields« gewesen ist. Die vielen anderen sind jedoch wieder ganz »normale Bürger« geworden.

Die Tempel von Angkor

Da bis zur nächsten »Lepramission« mit dem Ärzteteam immer noch einige Tage Zeit ist, beschließe ich, zum »Herzen« des Landes vorzudringen und die Tempel von Angkor zu besuchen. Diese Tempelstadt, tief im Dschungel verborgen, umfasst mehr als 100 Tempel und erstreckt sich auf einer Fläche von über 400 qm. Angkor ist die Hauptattraktion des Landes und somit auch eine der größten Devisenquellen. Kein Wunder, denn eine Eintrittskarte für die Tempel kostet mehr, als der Durchschnittskambodschaner in zwei Monaten verdient …

Schnell wird mir klar, dass dies nicht mehr das Kambodscha ist, welches ich bislang kennen gelernt habe. Siem Riep, der Ort neben der Tempelstadt, ist ein Hort des Friedens. Man hat eine kleine perfekte Welt geschaffen mit Luxushotels, asphaltierten Straßen und Mülleimern.

Das Bild dieser Idylle wird nur durch eine Reklametafel für eine Behindertenorganisation, einen Ochsenkarren und bettelnde Kinder gestört. Aber Letztere sind schnell verjagt, denn man möchte schließlich den Schein wahren.

Hier wird viel Geld investiert, zur Restauration der Anlagen und für den Tourismus. Für den größten Teil der Touristen ist dies das Einzige, was sie von Kambodscha zu sehen bekommen werden, da sie meist direkt per Flugzeug aus Bangkok kommen. Sie kommen und gehen, etwa eine Million jedes Jahr, Tendenz steigend.

Geblieben von dieser riesigen Hauptstadt des »Khmer-Reiches«, das zwischen 800 und 1400 existierte, sind nur die Tempel, denn der Rest fiel der Vergänglichkeit anheim. Stein war den Göttern vorbehalten und so baute man einfache Wohnhäuser aus Holz. Sehr bedauerlich ist auch der Verlust der alten, auf Palmblättern geschriebenen Schriften, die in den Bibliotheken aufbewahrt wurden. Durch die hohe Luftfeuchtigkeit sind alle verrottet. Heute können nur die wenigen noch erhaltenen Inschriften und Reliefs in Stein von der Geschichte dieser Hochkultur erzählen.

Es ist bereits Abend, als ich auf einem kleinen Motorrad durch wundersame Wälder in Richtung der Tempelanlagen fahre. Vorbei an weitläufigen Baumalleen, mit sich in die Höhe windenden Baumwurzeln. Überall kleine grüne Teiche, in denen Frösche lautstark quaken, im Hintergrund das Gebrüll der Affen.

Mit einem Mal springt die Straße aus dem Wald und man erreicht den majestätischen Angkor Wat Tempel, der von einem breiten Wassergraben umgeben ist. Bis heute ist nicht geklärt, weshalb Angkor 1440 n. Chr. verlassen wurde und Phnom Penh die neue Hauptstadt des Landes wurde.

Angkor Wat ist der größte von all diesen Tempeln und wurde Mitte des 12. Jahrhunderts von König Suryavarman II zur Ehre des hinduistischen Gottes Vishnu errichtet. Auf dem langen, mit Figuren geschmückten Weg zum Tempel überkommt mich ein Gefühl tiefer Ehrfurcht. Der Tempel, der schon aus der Ferne beeindruckend gewirkt hat, wird nun immer mächtiger und mächtiger. Mit jedem Schritt verliert man an Bedeutung und Größe, gleichzeitig kommt man den Göttern immer ein wenig näher. Man möchte auf die Knie fallen und »Gott« für solche Größe danken. Man kann sich gut den einfachen Khmer vorstellen, wie er vor solch göttlicher Dimension erzittert haben muss.

Man kann seine Fantasie hier unbegrenzt spielen lassen, so beeindruckend und einmalig ist diese Anlage. Doch kurz darauf werde ich in die Realität zurückgeholt, als sich ein Touristenführer neben mir aufbaut. Die Gruppe lauscht gebannt, die Fotoapparate klicken und die Kinder gähnen. Bewacht von zwei sich in die Höhe reckenden Löwen schreite ich dann über eine Treppe in das Innere und bewundere die längsten Reliefs der Welt. Es sind bildliche Darstellungen von Göttern, von Krieg und Frieden, von der Liebe und auch dem banalen Alltag: Ochsenkarren mit Gemüse beladen, eine Jagdszene, eine Darstellung von Fischern. Auch im Reich der Götter lebte man einfach.

Dann betrete ich die Treppe zum höchsten Turm, die dermaßen steil ist, dass ein Fehltritt fatale Folgen für einen selbst und für andere haben könnte. Oben angekommen, betritt man das Herz der Anlage. Auch hier wieder die feinsten Reliefarbeiten und wunderbare Kontraste zwischen dem dunklen Grau des Gesteins und dem leuchtenden Orange der Gewänder betender Mönche.

Meine kindlichen Träume von »Indiana Jones« werden Wirklichkeit, als ich in der wilden Ruine des Ta Prohm Tempels herum steige. Hier hat man dem Dschungel bewusst keine Grenzen gesetzt. Große schlangenartige Wurzeln wachsen über die Steine und verschwinden in der Erde. Die Dächer sind mit Sträuchern bedeckt, die wie große Spinnen aussehen, die ihre Beute mit den Beinchen fest halten. Im Inneren liegen große Steinbrocken wild durcheinander. Sie sind im Laufe der Zeit von der Decke gefallen und mit Moos überwachsen. Ta Prohm ist auch einer der wenigen Tempel, über den Informationen erhalten sind, da diese in Stein gehauen wurden. Offiziell wurden die Tempel von Angkor erst 1850 von den Franzosen »wiederentdeckt«. Was zwischen dem 15. und dem 19. Jahrhundert mit ihnen geschah, darüber weiß man wenig.

Auch hier haben die Khmer Rouge ihre Spuren hinterlassen, indem sie weite Gebiete verminten. Ein französischer Archäologe, den ich beim Baphuan Tempel antreffe, erzählt mir: »Bis vor wenigen Jahren konnte man viele Tempel nicht betreten. Die Khmer Rouge hielten sich bis Mitte der Neunziger Jahre hier versteckt und nutzten die Tempelanlagen als Waffenlager und Unterschlupf.«

Inmitten all dieser Pracht überkommt mich plötzlich ein Gefühl von Melancholie. All die Eindrücke der vergangenen Wochen sitzen tief in mir. Nun, da ich mich auf einmal in einer anderen Welt als jener der Lepra bewege, treten diese an die Oberfläche. Es ist mir plötzlich ein Bedürfnis, die Gefühle mit jemandem zu teilen und so sitze ich, an eine Säule gelehnt, und schreibe eine Text-Nachricht auf meinem Mobiltelefon nach Hause. Anrufen wäre zu teuer.

Plötzlich werde ich aus meinen Gedanken gerissen. Neben mir steht ein Mönch, welcher sich sichtlich an dem kleinen »Wundergerät« ergötzt. Ebenso fasziniert ihn die Kamera, welche ich um die Schulter trage. Ich gebe sie ihm und deute auf das Fensterchen des Suchers. Er blickt hindurch und erschrickt: »Andere Welt!« Die Reaktion ist verständlich, denn durch den weiten Winkel der Linse ist das Sichtfeld wesentlich größer als für das bloße Auge.

Auch mir eröffnet meine Leica eine neue Welt. Es ist eine Welt, die einerseits die Fähigkeit des Auges übertrifft und andererseits den Blickwinkel begrenzt. In der Kamera sehe ich eine große geistige und künstlerische Herausforderung, eine unglaubliche Herausforderung zur Kreativität.

Fotografie ist für mich, wie das Wort an sich schon sagt, ein Zeichnen mit Licht. Obwohl ich nur einen bestimmten Blickwinkel und ein zweidimensionales Resultat habe, finde ich innerhalb dieses Rahmens Freiheit. Mir ist auch die Möglichkeit gegeben, in Bildern das volle Leben einzufangen. Ich denke, man kann ein gutes Foto mit Musik vergleichen – es spricht die Leute an, auch wenn sie es nicht analysieren können.

Die Kamera scheint mir die Botschaft vermitteln zu wollen, dass auch das Leben nichts anderes als eine Freiheit innerhalb von Grenzen ist. Insofern ist dieser kleine schwarze Kasten immer wieder ein guter Lehrer für mich, der mich unablässig dazu anhält, zu suchen, Weitblick zu bewahren, Neugierde zu zeigen und die Welt so einzufangen, wie sie sich mir zeigt.

Die Hochzeitssaison läuft gut

Nach 24 Stunden »Tempelschwelgerei« verlasse ich Siem Riep. Nun habe ich wieder neue Energie, der Lepra zu begegnen. Es geht jetzt weiter nach

Battambang im nordöstlichen Landesteil. Mit einem kleinen Boot rasen wir durch enge Kanäle, weite Seen, wild verwachsene Wasserlandschaften, an schwimmenden Dörfern vorbei, immer den Sangker flussaufwärts.

In Battambang gibt es überdurchschnittlich viele Lepröse. Besonders interessant ist jedoch, dass die Integration dort teilweise besser funktioniert als in anderen Landesteilen.

Da ist zum Beispiel Kem Ley (57), welcher einen Partyservice leitet. Er erzählt den Ärzten und mir ganz stolz, wie gut die Geschäfte momentan liefen. Mit der nun beginnenden »Hochzeitssaison« habe er dieses Jahr besonders viele Aufträge bekommen. Beiläufig erwähnt er jedoch, dass er selbst die Firma nicht verlasse, da manche Kunden Probleme mit seinem Aussehen hätten. Aus diesem Grund schickt er stets einen seiner Mitarbeiter, um mit den Kunden zu verhandeln.Ein weiteres Beispiel ist Oak Ley (49), welche mit hochwertigem Bauholz handelt und jedes Jahr selbst in die Wälder geht, um die besten Bäume auszusuchen.

In einem ärmeren Stadtviertel besuchen wir den Jungen Khav Pal (15), welcher schwer an Lepra erkrankt ist und sich nun einer Behandlung unterzieht. Trotzdem will man ihn bei seiner Familie lassen, da sonst das Risiko besteht, dass er verstoßen wird. Mit Zufriedenheit bemerkt Dr.Veng, dass die Symptome langsam verschwinden und der Junge auf dem Weg der Besserung ist.

Die Ärzte untersuchen nun die gesamte Dorfgemeinschaft und entdecken prompt eine Neuerkrankung bei Cyve Seth (16). Auch hier Glück im Unglück: früh entdeckt, nur ein Hautfleck und dadurch ausgezeichnete Heilungschancen.

Dies sind nur einige Beispiele für die vielen Leprakranken, welche wir hier besuchen. Und obwohl die Ärzte alles in ihrer Macht Stehende versuchen, bleibt die Furcht und das Entsetzen vor dieser grausamen Krankheit lebendig.

Bald darauf kehren wir in die Hauptstadt zurück und nach mehr als drei Wochen in diesem Land verlasse ich am 25. November Kambodscha, um Lepra und die Situation der Leprakranken in Indien kennen zu lernen.

3 INDIEN

Eine Welt fern dieser Welt

Auf einem anderen Planeten

Indien hat viele Gesichter und Masken, wunderschön und angsteinflößend zugleich. Indien erweckt Faszination und Hass. Indien ist ein Lehrmeister, ein zärtlich brutales Monster, eine Welt fern dieser Welt. Indien lässt Geist und Verstand reisen in unbekannte Fernen, in endlose Weiten der Seelenlandschaft.

Delhi, Dezember 2001. Laute Rufe von allen Seiten, Menschengedränge, Gepäckträger, ein Junge, der in einer Ecke uriniert, bunte Saris, kreischende Säuglinge – eine ganz gewöhnliche Ankunft in Indien.

In der Gepäckhalle des Gandhi Flughafens in Delhi liegen die Taschen in der Halle verstreut. In einer Ecke liegt ein ganzer Haufen kleiner Pakete, welche offensichtlich wertvoll sind. Dahinter sitzt ein schlafender Wachmann, seinen Kopf auf einen alten Karabiner gestützt.

Obwohl mein Gepäck noch gar nicht da ist, werde ich bereits von drei Trägern bedrängt. Die indische Dame neben mir bleibt verschont – der »Tourist« bringt natürlich mehr.

Plötzlich fällt mein Blick auf eine Tür mit der Aufschrift: »Toilet for the physically challenged« (Toilette für die körperlich Herausgeforderten). Diese Bezeichnung rührt mich, denn sie beschreibt die Herausforderung und nicht das Hindernis, so wie es die bei uns übliche Bezeichnung »Behinderung« tut.

Indien hat mich wieder mit all seiner Schönheit, Verrücktheit und Einzigartigkeit. In Indien fühlt man sich fremd, sehr fremd sogar. Hier zu Lande hat man oft geradezu das Gefühl, auf einem anderen Planeten zu sein: Schweine rennen durch die Straßen, die Leute glotzen, alles ist schmutzig, stinkend und die meisten Fahrzeuge sind Oldtimer.

Aber es ist so liebenswert, dieses Indien, so voller Charakter, Farben, wunderschönen Leuten, verrückten Filmen. Ich verbinde mit Indien Kultur,

Kunst, Seele und auch die heiligen, zuweilen Plastiksäcke fressenden Kühe.

Kurz darauf treffe ich Gerhard Fischer, dessen Stiftung neben Ciomal von *Bike for Help* unterstützt wird, zum ersten Mal. Dieser 80-jährige »Energiemensch« hat Lepra- sowie Poliozentren (Polio = Kinderlähmung) in ganz Indien aufgebaut. Für seine humanitären Dienste hat man ihm 1997 den »Gandhi Friedenspreis« verliehen, welcher die höchste Auszeichnung ist, die der indische Staat zu vergeben hat. Gerhard Fischer ist einer der ersten Ausländer, dem diese Ehre zuteil wurde.

Kurz nach unserer ersten Begegnung brechen Gerhard und ich nach Jaipur in Rajasthan auf, um die Gandhi-Leprakolonie außerhalb der Stadt zu besuchen. Gerhard Fischer ist besonders gespannt darauf, den Fortschritt beim Bau des Ambulanten Krankenhauses zu sehen, welches seine Stiftung kürzlich finanzieren konnte.

Dort angekommen, werden wir von Nasir Alam (78, ehemaliger Leprapatient) empfangen, der nun diese Kolonie leitet. Stolz zeigt er uns, wie weit das ambulante Krankenhaus schon gediehen ist. Das Fundament ist gelegt, die ersten Säulen stehen bereits und der Rest soll in rund zwei Monaten fertig sein. Ich staune nicht schlecht, als ich erfahre, dass das ganze Gebäude nur ca. 10 000 Euro kosten wird. In Europa würde das wohl gerade für den Bau einer Garage reichen. Diese niedrigen Kosten sind möglich, weil es ein einfacher Bau ist, die Pläne gratis erstellt wurden und die Arbeitskräfte aus der Umgebung kommen.

Auf diese Weise hat Gerhard – »Indian way« (auf indische Art) nennt er es – im ganzen Land Einrichtung auf Einrichtung fertig stellen lassen. Er hat mir einmal erklärt, dass es keinen Sinn habe, schöne Dinge zu bauen. »Gefragt sind hier Lösungen mit hoher Effizienz, Kliniken mit großer Kapazität. Man kann natürlich eine schöne Klinik nach westlichem Muster erstellen. Ich habe wunderschöne Einrichtungen gesehen, die man blindäugig erstellt hat. Die Besucher aus dem Westen freut's, aber was nützen dreißig Betten in schönen Zimmern, wenn draußen weitere tausend Patienten abgewiesen werden müssen.«

Als Gerhard die Qualität der Arbeit begutachtet, fällt mir auf, dass nur Frauen auf der Baustelle »Hand anlegen«. Mit einer beachtlichen Grazie, in bunte Saris gekleidet, schleppen sie Kübel voller Baumaterial auf dem Kopf herum, tragen Ziegelsteine und mischen den Zement an.

Derartige Szenen habe ich bereits auf meiner ersten Indienreise bemerkt. Besonders auf dem Land arbeiten Frauen häufig schwer: Rainer Hörig schreibt in Geo Spezial Indien, S.112: »Die Arbeit zwischen den Geschlechtern ist ungleich verteilt: Die Frauen arbeiten, während die Männer palavern oder gar nichts tun.«

In der »Gandhi-Kolonie« befindet sich auch eine Schule sowie eine Weberei. Gerhard erklärt mir:»Die Schule wurde nötig, da die Kinder hier nicht die Schule des nahe gelegenen Ortes besuchen durften. Man wollte sie nicht haben, da sie aus Familien mit Leprakranken kommen.« Aber in der Zwischenzeit habe sich das Blatt gewendet, denn die Schule in der Kolonie genieße einen so guten Ruf, dass die Kinder nun von außerhalb kommen.

»Großartig«, schmunzelt Gerhard, »das Stigma ist überwunden. Das ist ein Erfolg.«

Außerdem werden in der Weberei hochwertige Textilien gefertigt, unter der Leitung der Vorarlbergerin Marlies Küng.

Ebenso wie die Lepraärzte in Kambodscha möchte auch Gerhard die Menschen in ihrem Umfeld belassen oder eine möglichst rasche Reintegration ermöglichen. Er will »Transit-« und nicht »Endstationen« schaffen. Dabei spielt Ausbildung und Arbeit eine essenzielle Rolle. »Ausgebildete Arbeitskräfte haben's später leichter.« Er will den Menschen etwas mitgeben, was ihnen ein eigenständiges Leben ermöglicht. »Außerdem ist es ganz besonders wichtig, dem Leprakranken immer wieder Streicheleinheiten zu geben. Dieser braucht das ganz besonders.«

Die Leprastationen sind in der Lage, einen Großteil der benötigten Gelder selbst zu erwirtschaften. Dies ist auf Grund der Herstellung von Textilien und Textilprodukten möglich. So werden hier z.B. hochwertige Stoffe, Taschen und Tischtücher hergestellt. Von der Verarbeitung des Rohmaterials über die Färbung bis hin zum Endprodukt wird hier alles selber gemacht. Für Gerhard ist der Fall klar: »Man muss langfristig denken. Eines Tages werde ich nicht mehr hier sein. Sie müssen sich selbst erhalten können. Das Ziel ist nicht die Abhängigkeit von westlichen Spendengeldern.«

Im Laufe unserer Gespräche wird mir zunehmend bewusst, wie schwierig das Problem der Reintegration ist. Da ist nicht nur das Stigma, sondern besonders auch die Armut. Für die meisten Familien ist es schlichtweg unmöglich, eine zusätzliche »Last« zu tragen. Man darf nicht vergessen, dass viele Leprakranke selbst nach erfolgreicher Behandlung Behinderungen haben oder nicht sehr ansprechend aussehen. Kommt der Lepröse nun aber mit einer Fertigkeit zurück, welche Geld einbringt, so wird dieser oft akzeptiert. Gerhard meint dazu: »Das ist zwar tragisch, aber mit einer Ausbildung ist so allen gedient und wir haben großen Erfolg mit dieser Methode.« Eine Arbeit oder zumindest eine Ausbildung hat noch einen weiteren Vorteil: Sie bedeutet, eine Aufgabe im Leben zu haben; für die meisten Leprakranken ist nicht die Krankheit der schwerste Schicksalsschlag, sondern ihre Folgen, und diese führt zu einem Verlust des Selbstwertgefühls.

Da ist zum Beispiel Bangaraiah, der an Lepra erkrankte. Noch als junger Mann kam er ins Leprosarium von Dehra Dun, wo er geheilt wurde. Trotz seines schweren Schicksals gab er nicht auf, sondern lernte Englisch schreiben und sprechen. Heute leitet er die Buchhaltung des Leprosariums und kann sogar Schreibmaschine schreiben.

»Jeder hier im Leprosarium hat eine Arbeit, ganz egal wie schwer die Behinderung ist«, erklärt mir Gerhard. Mit seinem Finger deutet er auf einen Mann, der in der Ferne am Boden kauert. Neben ihm lagern einige Ziegen. »Auch er hat eine Aufgabe. Obwohl er keine Hände und nur Stummelbeine hat, kümmert er sich um diese paar Ziegen. Er ist sehr stolz auf seine Kinder, denn jedes Jahr werden es mehr. So kann er von Zeit zu Zeit ein Tier verkaufen und das bringt wieder etwas ein.«

Zwischendurch habe ich Gelegenheit, mir Jaipur ein wenig anzusehen. Man nennt sie auch die »rosa Stadt«, was mit der Farbe der Gebäude zu tun hat.

Jaipur ist ein Ort voller Kontraste, ein indisches Märchen, welches dem Zuschauer ein Schauspiel der Sinne bietet, mit der Wüste als Hintergrund.

Hier leben dunkelhäutige, bunt angezogene »Rajasthanis«. Der Verkehr besteht aus kamelgezogenen Karren, Arbeitselefanten, lärmenden Oldtimern, Rikschas und etlichen Fahrrädern. Die Tonkulisse gleicht einem melodischen Chaos. Schreiende Tuch- und Silberhändler, trompetende Elefanten, die dumpfen Motorengeräusche, die rhythmischen Schläge der Schlosser, das Schnappschnapp und Rascheln der Schneider, das feine Läuten der Uhrenmacher und schließlich das Finale in der Hauptstraße, wo all diese Elemente zu einem Ganzen verwachsen.

Da muss ich an die Worte des berühmten indischen Fotografen Raghu Rai »... in his own words«, S.10 denken: »Das Geheimnisvolle eines bestimmten Ortes zu einem bestimmten Zeitpunkt, das ist alles, was zählt. Diese Momente berühren dich …«

Plötzlich kommt ein junger Mann auf mich zu, brüllt »Heil Hitler!« und geht weiter, ohne diesen Ausruf weiter zu kommentieren. Später erfahre ich von Gerhard, dass viele Menschen in Asien Hitler bewundern, weil er die Kolonialmächte im Zweiten Weltkrieg so geschwächt habe, dass sie die Kolonien aufgeben mussten. Denn obwohl die Engländer den Krieg gewannen, hatten sie danach nicht mehr genügend Geldmittel und Soldaten, um die Kolonien weiter unter Kontrolle zu halten.

Nun ja, vom Rest des Dritten Reiches wissen diese »Bewunderer« wenig und es interessiert sie auch nicht. Viel wichtiger ist die Auswirkung auf sie. Generell gilt, dass man ein besseres Verständnis des Landes bekommt, wenn man die westlichen Erfahrungen und Wertvorstellungen nicht auf alles zu übertragen versucht. Die Menschen hier denken und handeln anders. Es ist wichtig, offen zu sein und sich Zeit zur Reflexion zu lassen. Dann kann ich beginnen, die komplexe Schönheit dieses Landes zu verstehen und die oft tragischen Verhältnisse als Teil des Ganzen zu akzeptieren.

Als ich an diesem Abend die untergehende Sonne von der Terrasse des Narain Niwas Palastes beobachte, gehen mir viele Gedanken durch den Kopf: Fünf Wochen sind nun verstrichen, seitdem ich meine vertraute Heimat, die Schweiz, verlassen habe. Diese Zeit war wie ein »Crash-Kurs« im Kennenlernen von Lepra. Als ich abreiste, hatte ich zwar eine Ahnung von Lepra, hatte sie aber noch nie in der Praxis erfahren. Damals kannte ich Leprakranke noch nicht, wusste nichts von den Gedanken oder persönlichen Problemen dieser Menschen. In den letzten Wochen durfte ich von den Leprakranken lernen, dass keine Situation das Ende bedeuten muss, sondern ein Neubeginn sein kann – was es letztlich wird, bestimmen wir auch selber. Jeden Tag begegne ich Menschen, dir mir zeigen, wie wertvoll das Leben ist, selbst wenn es von schweren Schicksalsschlägen überschattet wird.

Am Fuße des Himalaya

Am nächsten Tag führt die Reise von der Wüste Radjasthans über Delhi hinauf in das nördlich gelegene Dehra Dun, am Fuße des Himalayagebirges. Bekannt wurde dieser Ort durch die so genannte »Doon-School«, ein Eliteinternat, und durch eine Militärakademie. Beide Institutionen sind ein Überbleibsel der britischen Kolonialzeit. Hier oben wollte man der Hitze der Großstadt entfliehen.

Leider ist die Luft nicht mehr so rein wie einstmals. Heutzutage stinkt es hier nach Abgasen, verursacht durch die Tausenden von Motorrikschas, Autos und Schornsteine. Eine Smogschicht versperrt die Sicht auf die weißen Giganten, welche sich im Hintergrund majestätisch erheben. Man hat sich mittlerweile daran gewöhnt, obwohl sich die Situation Jahr für Jahr verschlimmert, denn die Zahl der Fahrzeuge nimmt keineswegs ab. In Indien ist die Mittelschicht im Vormarsch und so wird das billige Fahrrad häufig durch einen Motorroller oder ein Motorrad ersetzt. Nun kann man es sich ja leisten ...

Dehra Dun und Umgebung sind die Heimat der Leprosarien KKM, Tara Parbat sowie Brampuri. Sie alle werden von Gerhard Fischer unterstützt. Aufgaben und Anforderungen gibt es viele: Hier wird ein Webstuhl benötigt, dort ein Schulgebäude, eine Färbanlage, Prothesen, Sonnenkollektoren ...

Gerhard kommt gerne in die Stationen. Er wird wie ein Vater und Freund empfangen – man verdankt ihm viel.

Einige 100 Meter über Dehra Dun, oben am Berg befindet sich die Station Tara Parbat, was so viel wie »Sternberg« bedeutet. Langsam nur kämpft sich der Jeep mit heulendem Motor die enge und steile Straße hinauf. Je höher wir kommen, umso weiter kann man blicken. Es ist schön hier oben, so ruhig und friedlich. Langsam wird auch die Sicht auf die schneebedeckten Giganten im Hintergrund besser.

Als wir die Station erreichen, hängt man uns zur Begrüßung Blumenkränze um den Hals. Männer und Frauen sitzen an den Webstühlen. Es rattert und klappert überall. In den Strahlen der einfallenden Sonne tanzen die kleinen Fäden, die durch die Luft schweben. Dahinter eine Frau mit lachendem Gesicht, die den Schieber wie eine Kanonenkugel von einer Seite des Webstuhls zur anderen schießt.

Sicherlich mangelt es nicht an Arbeitseifer, Gerhard macht sich aber über den Absatz der Produkte Sorgen. »Wir können noch nicht mit vielen indischen Produkten konkurrieren. Unsere Qualität ist gut, aber die Konkurrenz ist groß. Ich bin etwas besorgt, denn das Lager ist randvoll. Hast du gesehen, wie viele schöne Textilien hier nutzlos herumliegen? Was wir hier brauchen ist die richtige Marketingstrategie und eine ausreichende Produktpalette.«

Mittlerweile sind wir hungrig geworden und werden glücklicherweise auch bald zum Essen eingeladen. Die schöne Umeshanand (55) steht in der Ecke bei einem kleinen Gaskocher, von dem herrliche Düfte indischer Gewürze aufsteigen. Ihre Behausung ist sehr einfach: ein Raum mit einem einfachen Pritschenbett, zwei Fenstern und einigen aus Zeitschriften ausgeschnittenen Bildern an der Wand. Mit einem Mal bleibt mein Blick bei einem Foto hängen. Darauf ist die Gastgeberin zu sehen: entstellt, mit eingefallener »Löwennase« (als Folge von Lepra hat sich der Nasenknorpel zersetzt) und schiefem Blick.

Wenig später erklärt mir Gerhard, dass diese Aufnahme vor Therapiebeginn gemacht worden sei. Umeshanand sei schnell geheilt worden und die Nase sei von plastischen Chirurgen verschönert worden: »Das sind Teams von Ärzten, die zwischen Brustvergrößerungen und Fettabsaugen ihre Ferienzeit damit verbringen, diesen Menschen unentgeltlich ein normaleres Aussehen zu geben. Du siehst, jeder leistet hier seinen Beitrag, auf die eine oder andere Weise.«

Der Götterbasar

Am nächsten Tag geht es weiter hinauf ins Tal, vorbei an Rishikesh, dem »Götterbasar für gesellschaftsmüde Heilstouristen aus dem Westen«. Hier kann man sein Geld lassen und in »Disneylandartigen Bauten« (Tempeln) sein Seelenheil bei den Gurus finden. Hier strömen die Menschen aus der ganzen Welt zusammen und suchen nach der Erleuchtung. So schreibt Stefan Schormann in Geo Spezial Indien, S.78: »Es gibt Tagesbesucher, Quartalstudenten und Ashramprofis, die, Kettenraucher der Erleuchtung, kreuz und quer durch Indien ziehen. Sie alle pilgern via Rishikesh nach innen, um etwas zu finden, was das Abendland einmal Seelenfrieden nannte.«

Hier oben ist der Ganges, der heilige Fluss der Hindus, noch ein sauberer Bergbach. Im Laufe der Jahrhunderte gaben ihm die Hindus eine Vielzahl von Namen wie: »die zum Meer fließende«, »die im Spiel über die Berge hüpft« oder die »ewig Reine«: Sie verehren in Ganga die »Mutter, deren heiliges Wasser von Sünden reinigt«. So berichtet Raghabir Singh in Geo Spezial Indien, S.7 Doch von einer körperlichen Reinigung kann man nur hier oben ausgehen und nicht wie in der Stadt Varanassi, wo Pilger zwischen verwesenden »heiligen Kühen« und menschlichen Körperresten rituelle Waschungen durchführen. Dort wird man wohl kaum ohne Hauterkrankungen davonkommen.

Noch eine halbe »Rüttelstunde« geht es talaufwärts, dann erreichen wir die Leprastation Bramphuri. Auffallend ist die Abgeschiedenheit dieses Ortes. Eingeklemmt zwischen den steil aufsteigenden Berghängen und dem heiligen Bergbach, umgeben von üppigen Wäldern, wurde das Leprosorium auf einem schmalen Streifen Land errichtet. Auch hier wird mir wieder bewusst, wie sehr man diese Menschen ausgrenzen möchte.

Erneut treffen wir auf altgewohnte Bilder, die mich aber immer wieder berühren: fingerlose Hände, verstümmelte Gesichter, Prothesen und erblindete Augen. Als ich Fotos machen möchte, posieren viele ganz stolz. Hier wird man nicht jeden Tag mit so viel Aufmerksamkeit beschenkt.

Allgemein ist die Stimmung gut, aber besonders die Jüngeren möchten gern wissen, wie das Leben wohl weiter unten im Tal ist. Viel mehr, als das enge Tal um sie herum und das Wasser, welches rauschend an ihnen vorüberzieht, haben sie in ihrem Leben noch nicht gesehen. Manche mögen davon träumen, sich in ein Boot zu setzen und den Ganges hinabzutreiben – in eine neue paradiesische Welt.

Als wir nach Dehra Dun zurückkehren, lädt man uns zur »Nationalen Konferenz für Behinderte« ein. Diese Konferenz, die jedes Jahr stattfindet, zieht Interessenten aus dem ganzen Land an. Ganz besonders Eltern mit behinderten Kindern suchen hier Rat und gleich Gesinnte. Ähnlich wie bei Leprakranken ist die Situation der Behinderten äußerst schwierig und die gesellschaftliche Akzeptanz unzureichend.

Zu meiner großen Überraschung ist die Thematik des heutigen Tages »Sexualität und Behinderung«. Sexualität wird tabuisiert, erst recht in Bezug auf Behinderte. Diese »Verklemmtheit« ist auch auf die gesellschaftlichen Normen des viktorianischen Commonwealth zurückzuführen, mit deren Hilfe diese »Wilden« erzogen werden sollten. Selbst in der westlichen Welt wird die Sexualität Behinderter erst seit kürzerer Zeit wahrgenommen und offen diskutiert – auch hier scheint man erst spät zu entdecken, dass das Menschen mit Bedürfnissen und Gefühlen sind.

Eine wohl beleibte Dame in buntem Sari, die neben mir sitzt, sieht meinen erstaunten Gesichtsausdruck und meint: »Die Dinge ändern sich hier in Indien, langsam, aber stetig. Trotz allem sind wir hier nach wie vor eine Minderheit, die wagt, sich für die Rechte der Behinderten einzusetzen.«

Gerhard ist wie immer hellwach, rennt durch die Menge und stellt sich vielen Leuten vor. Ich glaube, genau in dieser Offenheit für alles und seiner Fähigkeit zur Kommunikation liegt ein wichtiger Teil seines Erfolges begründet. Überhaupt scheint mir, dass in der Kommunikation, dem Austausch untereinander, und der Neugierde der Schlüssel für ein besseres Miteinander liegt. Ein solcher Austausch fördert das Verständnis zwischen Individuen, Gesellschaften oder ganzen Völkern.

Genau darin sehe ich auch meine Aufgabe: Ich möchte ein Vermittler zwischen jenen Menschen sein, die Hilfe brauchen, und denjenigen, die helfen wollen. Von beiden gibt es genügend, aber man muss sie einander näher bringen. *Bike for Help* ist ja auch eine Idee, die auf (gelungener) Kommunikation aufbaut. Bislang habe ich nichts anderes getan, als eine Idee nach außen zu tragen und an ihr festzuhalten.

Das Herz an Leprakranke verloren

Als ich Gerhard Fischer vor rund zehn Tagen in Neu Delhi zum ersten Male traf, waren meine Gefühle ein wenig gemischt, denn er wirkt sehr bestimmt. Wer sich aber länger mit diesem starrköpfigen Menschen auseinander setzt, der entdeckt sein großes Herz. Gerhard Fischer ist kein einfacher Mensch, aber seine Lebensaufgabe ist auch ganz besonders schwierig. Erzählen kann man ihm, dem ehemaligen Botschafter, nichts mehr, denn dieser Mensch hat viel gesehen und erfahren. Doch er gibt nicht auf, denn er ist kein »Schwätzer«, sondern ein »Macher«. Seine Beziehung zu Indien begann früh, denn bereits mit 16 Jahren »trampte« er von Delhi nach Kalkutta. Und er kam wieder, zunächst als deutscher Konsul in Madras, später als Wohltäter. Er hat dieses Land lieben und hassen gelernt:

»Indifferenz ist es, was mich belastet, diese Akzeptanz des tragischen Karmas, die sowohl Kranken als auch Gesunden zu Eigen ist.«

Eines ist ihm jedoch mit Sicherheit geblieben: der Wille zum Kampf gegen Lepra. Er hat viel für dieses Land getan und steckt bereits voller neuer Pläne. Seit nunmehr 16 Jahren widmet er sich hauptsächlich seinen Sozialprojekten. Jedes Jahr ist Gerhard unermüdlich auf Achse, um in den Leprastationen nach dem Rechten zu sehen – die Hälfte des Jahres in Indien, den Rest in Deutschland. Außerdem geht er auf Vortragsreisen in ganz Europa: »Ich muss ja Geld für meine Projekte sammeln, denn ich bin ein Bettler«, meint er leicht scherzhaft.

Von Bagatellen lässt er sich nicht aufhalten, denn er hat immer viel zu tun und leistet so viel, wie ihm seine Gesundheit erlaubt, denn, wie er selbst sagt: »Ich weiß nicht, wie lange ich noch hier sein werde. Vielleicht ist heuer schon mein letztes Mal in Indien.« Die gemeinsame Zeit mit Gerhard ist eine große Bereicherung für mich; nicht nur, dass er ein großartiger Reisekompagnion ist, er hat auch ein schier unerschöpfliches Wissen über Indien.

1921 in Oslo geboren, wuchs Gerhard in China auf und besuchte dort auch ausschließlich chinesische Schulen. Er hatte den Wunsch, Mediziner zu werden, und begann schließlich sein Studium an der medizinischen Fakultät von Bejing. Während dieser Zeit verlor er sein Herz an die Leprakranken. Man fragte die frischgebackenen Studenten, ob sie in einem »Leprakonzentrationslager« außerhalb der Stadtmauern helfen wollten. Wenige meldeten sich, denn noch gab es keine Behandlungsmöglichkeit für diese Krankheit. »Leider konnten wir nicht viel machen, wir hatten nur Salben und Verbände. Wenige Jahre später folgte das erste Medikament Dapson und von da wurde es einfacher. Diese Begegnungen ließen mich nicht mehr los und verfolgten mich.«

Dann kam der Zweite Weltkrieg und Gerhard musste nach Deutschland zurück, wo er eingezogen wurde. Nach Krieg und drei Jahren französischer Gefangenschaft versuchte er, sich in allen möglichen Jobs Geld zusammenzusparen, was jedoch gerade für ein Jurastudium reichte. Das Medizinstudium hat er nicht mehr abschließen können.

Als Diplomat ging er nach Addis Abeba (Äthiopien), Hongkong, Madras, Kuala Lumpur, Dublin, Den Haag und Bern. Noch vor Ende seiner Amtszeit in der Schweiz verließ Gerhard den auswärtigen Dienst. Mit einer gewissen Ironie bemerkt er: »Eigentlich wollten sie mich zum Botschafter in Delhi machen, aber dann schickten sie mich in die Schweiz. Das war mir zu langweilig.«

1985 begann er dann Lepra- und Poliozentren in ganz Indien aufzubauen. Ganz bescheiden erwähnt er die vielen Orden und Auszeichnungen, die man ihm im Laufe der Jahre verliehen hat. Am wichtigsten ist ihm, dass er durch diese Auszeichnungen die Aufmerksamkeit auf die Lepraproblematik lenken konnte. Ich glaube, was man an solch außergewöhnlichen Menschen besonders bewundern kann, ist ihr Durchhaltevermögen und die Konsequenz, mit der sie ihre Ideen verfolgen.

Wieder in Delhi, trennen sich unsere Wege. Gerhard Fischer wird über die Weihnachtstage nach Deutschland fliegen, während ich in den Süden reise, um weitere Stationen zu besuchen. In Delhi komme ich immer bei den Ambergs unter. Lorenzo Amberg, Frau und Tochter unterstützten mich, wo sie nur können. In ihrem Haus gehe ich ein und aus, als wäre dies schon meine zweite Heimat.

Der 13. Dezember 2001, ein folgenschwerer Tag

Gebannt starren Lorenzo und ich auf die dramatischen Bilder, die »BBC World« sendet: Fünf Selbstmordattentäter sind in das indische Bundesparlament eingedrungen und wollen die Abgeordneten in die Luft sprengen. Der Versuch scheitert dank des mutigen Einsatzes der wenigen Sicherheitskräfte. Dabei kommen alle fünf Terroristen sowie neun Sicherheitskräfte ums Leben. Im ganzen Land herrscht große Betroffenheit und Angst. Der pakistanische Präsident Musharaf bedauert zwar den Anschlag, bemüht sich jedoch kaum um dessen Aufklärung. Indien schließt seine Botschaft in Islamabad, die Grenze wird dicht gemacht und der Verkehr zwischen den Ländern eingestellt. Auf beiden Seiten werden große Truppenverbände im Grenzgebiet stationiert. Rund eine Million Soldaten stehen sich an der Grenze gegenüber. Indien droht mit einem Angriff, was wohl den Beginn eines neuen Krieges bedeuten würde.

Noch ist die Entwicklung nicht abzusehen, insofern kann ich auch noch nicht die Konsequenzen für *Bike for Help* richtig einschätzen. In weniger als drei Wochen sollte ich Delhi verlassen und Pakistan liegt auf meiner

Route ... Zuerst der 11. September, dann der Krieg in Afghanistan und schließlich noch diese Krise – ich denke natürlich auch daran, was das für mich und *Bike for Help* bedeutet.

»Powerfrauen«

In einer 30-stündigen »Monsterzugfahrt« durchquere ich große Teile Indiens, um in das 2080 km entfernte Chennai (Madras) zu gelangen. Dort lerne ich Vandana und Vaishnavi kennen. Diese beiden »Powerfrauen« haben in den vergangenen Jahren den »Banyan«, ein großes Zentrum für ausgestoßene und geistig verwirrte Frauen aufgebaut. Deren Schicksal kommt dem der Leprakranken nahe, denn auch sie haben keinen Platz in der indischen Gesellschaft. Vandana erklärt mir: »Früher mussten wir die Frauen suchen gehen, heute werden unzählige zu uns gebracht. Der Ruf des Banyan hat die Grenzen der Stadt nun weit überschritten.«

Vandana und Vaishnavi sind erst knapp über dreißig. Beide kommen aus wohlhabenden Familien und hätten sicherlich einen einfacheren Weg wählen können, aber es ist ihr inniger Wunsch, Ausgestoßenen ein menschenwürdiges Dasein zu ermöglichen.

Der Banyan befindet sich in einem Außenbezirk der Stadt, denn nur hier gab es noch kostenlos Land zu erwerben. Als Vandana mich durch die Anlage führt, bin ich sehr beeindruckt. Man schreitet zunächst durch ein Tor, ein mit naiven Zeichnungen verschönertes Treppenhaus führt dann in den ersten Stock. Hier gibt es einen offenen und einen geschlossenen Bereich. Frauen kauern am Boden, andere geben eigenartige Laute von sich und in der Ecke des Aufenthaltsraumes dröhnt ein Fernseher.

Vandana und Vaishnavi erzählen: Viele, die hier ankommen oder zu uns gebracht werden, sehen erbärmlich aus: ausgehungert, krank, ungezieferbefallen, sie wurden missbraucht und verstoßen. Es kann Monate dauern, bis wir zu diesen elenden Bündeln einen Zugang finden.«

Vandana erzählt mir, dass die Gründung des Banyans auf eine einschneidende Begegnung mit einer mental gestörten Frau 1993 in Chennai zurückgeht. Daraufhin beschlossen sie und Vaishnavi, das erste kleine Zentrum aufzubauen. Anfänglich hausten sie gemeinsam mit 20 geisteskranken Frauen in einer kleinen Mietwohnung. Die Arbeit war hart und die finanzielle Situation schwierig. Aber die beiden ließen nicht locker und kämpften weiter. Und der Kampf machte sich bezahlt. Mittlerweile betreuen sie im neuen Gebäude bis zu 400 Frauen und doch, so seufzt Vandana, gäbe es noch so viele Bedürftige.

Die Droge Leben

Als ich am Abend auf der Terrasse der »Backpacker–Lodge« in Chennai den Abend genieße, bietet mir ein Australier einen Joint an. Ich lehne freundlich ab, denn ich sehe keinen Reiz darin. Welch eine Verschwendung, auch nur einen Moment des Lebens zu verpassen. Nichts kann für mich den »Kick« des Lebens übertreffen.

Mich für andere einzusetzen verschafft mir häufig ein rauschartiges Glücksgefühl, das den Puls derartig beschleunigt, dass es mir schwer fällt am Abend zur Ruhe zu kommen. Geht es denn nicht auch ohne Schlaf?! Da gibt es doch noch so viel zu tun und das Leben ist so kurz … Ich genieße es, das Leben so intensiv zu spüren. Ich lasse mich einfach von ihm führen. Am 16. Dezember schreibe ich in mein Tagebuch: Sei gewiss, das Leben ist gut und es wird weiter gut sein, sofern du seine Tiefe zu erkennen vermagst.

Eine Gegend für Hartgesottene

Leider wird meine Zeit hier in Indien immer knapper und so muss ich schon nach zwei Tagen weiterziehen. Am Tag vor meiner Abreise halte ich noch eine Pressekonferenz und eine Vorlesung am »Institut für soziale Entwicklung und Management«. Draußen der Platzregen des sich verabschiedenden Monsuns.

Meine nächste und letzte Leprastation ist das Leprosarium St. Lukes in Peikulam, rund 30 km von Tirunelveli im Staate Tamil Nadu entfernt. Dieses Gebiet am südöstlichsten Zipfel von Indien liegt in einer Trockenzone. Wenn der Monsun sozusagen in Tamil Nadu »ankommt«, hat er meist nicht mehr viel Wasser zu bieten. Auf der anderen Seite der Berge liegt der Staat Kerala, ein wasserreiches und tropisch-feuchtes Gebiet.

Der Monsun ist eine interessante Laune der Natur. Alljährlich beginnt er Anfang Juni in Kerala. Er wird von den Menschen sehnlichst erwartet, denn er bringt Wasser und somit Leben. Aber mit ihm kommt auch der Tod – jedes Jahr ertrinken viele Menschen in den Fluten, werden obdachlos oder Opfer einer Krankheit. Denn besonders zu dieser Zeit entwickeln sich krankheitsbringende Bakterien und Insekten in den überfluteten Landschaften. Wochenlang ist das ganze Land fast lahm gelegt, Schienen, Straßen und Dörfer verschwinden in den Wassermassen.

In Tamil Nadu dagegen hat es seit Jahren nicht mehr geregnet und Wasser wird knapper und knapper. Mittlerweile sind die alten Brunnen versiegt, nur dank tiefer Brunnen, die mittels elektrischer Pumpen funktionieren, ist es noch möglich, an Wasser zu kommen.

Vor meiner Abreise warnte mich Gerhard Fischer: »Das ist eine Gegend für Hartgesottene. Früher mussten wir in St. Peikulam mit einem halben Kübel Wasser pro Tag auskommen. Strom für Ventilatoren oder ein Telefon gab es nicht. Im Volksmund sagt man, dass die Temperatur zwischen heiß, heißer und kochend variiert.« Im Laufe der Jahre und mit großer Unterstützung von außen haben sich die Dinge ein wenig geändert. Mittlerweile gibt es Telefon, Elektrizität sowie eine bessere Wasserversorgung.

Im Durchschnitt leiden 3% der Bevölkerung von Tamil Nadu an Lepra – eine der höchsten Konzentrationen der Welt. Bei einer Einwohnerzahl von 60 000 000 sind das 1,8 Millionen. Laut Gerhard Fischer gibt es Orte, in denen 24 von 42 Einwohnern an Lepra erkrankt sind.

Kurz nach meiner Ankunft führt mich Dr. Jeyabalan, der Leiter von Peikulam, durch die Lepraklinik. Er ist ein groß gewachsener Mensch mit einem runden Gesicht und einer, im Vergleich zu seiner Gestalt, sehr hohen Stimme. Sein Auftreten wirkt selbstsicher, freundlich und Vertrauen erweckend. Seine sehr dunkle Hautfarbe setzt sich deutlich von seiner weißen Bekleidung ab. Übrigens sind die Südinder von Natur aus mit einer schönen dunklen Hautfarbe gesegnet, die sich mit dem Farbton von dunkler Schokolade vergleichen lässt. Leider sind die wenigsten stolz darauf, sondern wünschten sich eher das »käseartige« Weiß der »Westler«. Auch dieses Bewusstsein ist ein Überbleibsel aus der Kolonialzeit, als eine dunkle Hautfarbe als minderwertig galt. Was mich anbetrifft, so beneide ich sie darum, denn meine Haut ist so sonnenempfindlich, dass sie sich nur rot färbt, jedoch keinen Hang zur Bräune zeigt.

Als Dr. Jeyabalan mich durch den großen Saal des Spitals führt, erzählt er mir ein wenig von der Geschichte dieser Anstalt: »Seit der Gründung im Jahre 1954 wuchs Peikulam kontinuierlich und hat nun mehrere Hundert stationär behandelte Patienten, tausend Patienten, die ambulant behandelt werden, 700 Untersuchungen pro Woche und 160 gesunde Kinder von leprakranken Eltern.«

Ich sehe, dass viele der in der Klinik behandelten Leprapatienten schwere Fälle mit großen offenen Wunden und eitrigen Hautrissen sind. Dr. Petro, Jeyabalans rechte Hand, erklärt mir: »Diese entstehen durch eine Verletzung der Hände oder Füße. Da Lepra zu einem Gefühlsverlust in den Extremitäten führt, spüren die Betroffenen Verletzungen nicht. Außerdem sind Beine und Arme sehr schlecht durchblutet, wodurch die Haut spröde und rissig wird. Dann genügt bereits ein kleiner Schnitt am Fuß und die gesamte Haut kann aufplatzen. Selbst die medikamentöse Therapie kann diese Komplikationen in vielen Fällen nicht verhindern. Zwar kann das Medikament MDT die Krankheit Lepra heilen, die Folgeerscheinungen aber nicht. Im schlimmsten Fall müssen wir den Fuß oder die Hand amputieren. Leider ist es für viele schwer, ihre Arbeit auf dem Feld einfach so zu unterbrechen. Sie haben eine Familie, die ernährt werden muss.«

Ohne Kinder geht's nicht

Am kommenden Tag veranstalte ich, wie jeden Morgen, mein »Fitnessprogramm«. Obwohl es erst sechs Uhr ist, erschlägt einen bereits die brütende Hitze. So renne ich schweißtriefend durch diese öde Landschaft, deren Eintönigkeit durch vereinzelte Palmen unterbrochen wird. Auf einmal registriere ich ein Geräusch hinter mir. Es ist schon länger da gewesen, fällt mir jedoch erst jetzt auf. Als ich mich umdrehe, sehe ich einen Radfahrer nicht allzu weit hinter mir. Er erklärt mir, dass er mir aus dem Leprosarium gefolgt sei. Dr. Jeyabalan habe ihn geschickt, da dieser befürchtet, ich könne von einer Kobra gebissen oder einem Skorpion gestochen werden.

Den »wilden Tieren« entkommen, kehre ich wie ein nasser Waschlappen in die Station zurück, wasche mich mit dem rationierten halben Kübel Wasser und setze meine Runde durch das Leprosarium fort. Bereits gestern hat Dr. Petro mich auf ein Problem aufmerksam gemacht: Da dies eine ländliche Gegend ist und die meisten Menschen von der »Hand in den Mund« leben, ist es für viele Leprakranke nicht möglich, die Familie sich selbst zu überlassen, um zur Behandlung in die Klinik zu kommen. Man darf nicht vergessen, dass die Behandlung der Lepra langwierig sein kann, eine baldige Heimkehr ist bei schwer Erkrankten nicht zu erwarten.

Aus diesem Grund haben Gerhard Fischer und seine verstorbene Frau Ann ein Heim für Jungen und eines für Mädchen gebaut. Die Gebäude sind sehr schlicht, haben eine Veranda und kleine Räume mit einfachen Betten. Die Wände werden von Zeichnungen der kleinen Bewohner geziert. Hier können die Kinder der Leprapatienten im Internat leben, werden versorgt und besuchen die Schule, während die Eltern sich behandeln lassen.

Als ich sie bei ihrer Morgenmahlzeit überrasche, lächeln mich die Kinder freundlich an. In ihren sauberen Schuluniformen hocken sie nach indischer Art auf dem staubigen Boden und schöpfen einen undefinierbaren Brei aus einem großen Kessel.

Auch in diesen feinen Kindergesichtern finde ich einen zufriedenen Gesichtsausdruck. Ob es die Kinder der Kranken sind oder die kleinen Patienten selber, hier fühlen sie sich menschenwürdig behandelt.

Grausam ist es doch!

Am späteren Vormittag findet hier im Leprosarium der »Bandagiertag« statt. Das bedeutet, dass die Verbände gewechselt werden – die Wunden gereinigt und neue Verbände angelegt.

Manchmal erscheint mir dies wie ein grausamer Horrorfilm: Wunden, die so tief sind, dass der weiße Knochen zum Vorschein kommt – in der Luft ein Gemisch aus verrottendem Fleisch und Desinfektionsmitteln. Fliegen, die sich auf die Wunden setzen und ihre Eier in das offene Fleisch legen. Zwischendurch muss ich tief schlucken. Da sehe ich diese Menschen, verstümmelt, verfaulend, entstellt und behindert, wie sie sich selbst die Wunden reiben und hoffen, dass sie eines Tages doch noch heilen werden. Mich überkommt gleichzeitig tiefes Mitleid und tiefes Entsetzen. Nun bin ich mitten in der Realität. Dies sind keine zweidimensionalen Abbildungen in Büchern, dies ist echt. Dies sind wirkliche Menschen mit Gefühlen, Schmerzen und einer Seele. Für einen Moment gehe ich nach draußen und atme frische Luft ein. Ganz tief.

Heute Morgen meinte Dr. Jeyabalan, dass Lepra nicht das Ende sei, sondern nur ein Umweg. Man müsse auf jeden Fall alles versuchen, um diesen Menschen ein »normaleres« Leben zu ermöglichen. Dreißig Jahre im Dienst der Lepra und viele erfolgreiche Behandlungen haben seine Hoffnung aufrechterhalten. Als wir uns zum Nachmittagstee treffen, frage ich Dr. Jeyabalan, wie er sich bei seiner Arbeit fühle. »Viele Menschen haben mir bereits diese Frage gestellt und ich habe immer dieselbe Antwort gegeben. Ich weiß es wirklich nicht. Aber mit Sicherheit kann ich sagen, dass es meine Berufung ist, diesen Ausgestoßenen zu helfen. Und diese Aufgabe verleiht mir einen Seelenfrieden, den man nicht in Worte fassen kann.«

Dr. Jeyabalan beeindruckt mich sehr, denn er strahlt tatsächlich diesen Seelenfrieden aus, den man nur bei wenigen Menschen finden kann. Nichts an ihm erscheint gekünstelt oder unecht. Dieses klare Ziel – den Leprakranken zu helfen – und seine Entschlossenheit inspirieren mich und bestätigen mich wieder in dem Glauben, dass ein Einzelner vielen helfen kann.

Kurz bevor ich Peikulam verlasse, sagt mir Dr. Jeyabalan: »Unsere Arbeit hier ist sehr schwer und wir haben oft geglaubt, nicht weitermachen zu können … Leute wie Gerhard Fischer oder Aktionen wie »*Bike for Help*« geben uns aber wieder das Gefühl, dass unsere Arbeit wichtig ist. Möge Gott dein Begleiter sein.«

Wo ist Weihnachten?

Mehrere Tage dauert die Reise von Tamil Nadu über Bombay nach Delhi, was bedeutet, dass ich die Weihnachtstage im Zug verbringen muss. Nachdem der Zug eingefahren ist, suche ich vergeblich nach einem Platz. Somit scheine ich dazu verdammt zu sein, die 31-stündige Fahrt auf dem Boden, zwischen Hühnern und Kakerlaken, zu verbringen. Plötzlich klopft mir ein großer bärtiger Mann auf die Schulter und fragt mich – in perfektem Englisch –, ob ich mich zu seiner Familie setzen wolle.

Später stellt sich heraus, dass sein Name Mohammed ist und er mit seiner Familie unterwegs ist, um seine Schwester in Mumbai (früher Bombai) zu besuchen. Sie sind Moslems. Augenblicke später werde ich zwischen zwei verhüllten, dicken Frauen (Schwiegermutter und Mutter) gequetscht. Das scheint sie in keiner Weise zu stören, denn sie beugen sich wild schnatternd über mich.

Der Abend kommt und es wird dunkel. Als die Palmenlandschaft so an mir vorüberzieht, denke ich an die Heimat, meine Lieben und die Bedeutung dieser besonderen Zeit. Mit einem Mal überkommt mich ein Gefühl von Melancholie. Heute ist der 24. Dezember: Weihnachtsabend. Ich muss daran denken, wie meine Familie nun zu Hause unterm Weihnachtsbaum den Heiligen Abend begeht, während ich hier in einem Zug mitten im tiefsten Indien sitze und gnadenlos schwitze.

Mohammed bemerkt meinen wohl traurigen Gesichtsausdruck und fragt mich, ob mir etwas fehle. Ich erzähle ihm, dass der Weihnachtsabend immer eine ganz besondere Bedeutung in meiner Familie habe. Plötzlich klatschen die »Weiber« in ihre Hände, Mohammed zieht eine Tasche unter dem Sitz hervor und alsbald liegt ein Festessen vor uns ausgebreitet. »Heute sind wir deine Familie und feiern mit dir«, sagt Mohammed.

So verbringe ich einen wundersam berührenden Weihnachtsabend mit dieser mir so fremd vertrauten Familie. Sie geben mir ein Zuhause fern meiner Heimat. Das tut mir gut, denn das Weihnachtsfest hat wohl auch in mir ein Grundbedürfnis angerührt: ein Zuhause haben zu wollen, das Schutz gibt. Hier, in diesem ratternden Zug, habe ich Weihnachten in den Menschen gefunden, gemeinsam mit Moslems, Hindus, Buddhisten, Christen, Hühnern und raschelnden Kakerlaken.

In Entscheidungsnöten

Wir alle verfolgen besorgt den Konflikt zwischen Indien und Pakistan, der sich seit dem 13. Dezember weiter verschärft hat. Niemand kann sagen, ob und wann ein Krieg ausbrechen wird. Indien will keinen Dialog mit Pakistan führen, bevor nicht allen Forderungen bedingungslos Folge geleistet wird, u.a. die nach Auslieferung von 20 mutmaßlichen Terroristen.

Auch die Medien verbreiten große Unsicherheit, denn alle fürchten eine Eskalation der Krise. Sowohl Indien als auch Pakistan sind Nuklearmächte und haben »die Bombe«. Am 7.Januar ist auf der Titelseite der »Times of

India« zu lesen: »General der indischen Armee warnt Pakistan vor einem nuklearen Angriff«. Im Artikel wird dezidiert darauf hingewiesen, dass Indien einen Schlag ohne Zögern erwidern würde – Krieg liegt in der Luft. Auch der Krieg in Afganisthan ist immer noch voll im Gange. Diesmal sind dies nicht Nachrichten aus der Ferne, welche über den Bildschirm flackern, sondern Realität aus der Nähe, die mich betrifft.

Und eigentlich muss ich mitten in die Krisenregion, mit dem indisch-pakistanischen Konflikt auf dieser und dem Krieg in Afghanistan auf der anderen Seite und den Taliban, die reihenweise nach Pakistan flüchten.

Vonseiten der Schweizer Botschaft wird mir eindringlich davon abgeraten, bei der von mir vorgesehenen Route durch Pakistan zu bleiben. Leider bleibt mir nur eine Alternative – über Bombay zu radeln und von dort per Flugzug nach Teheran zu fliegen. Über das Himalaya-Gebirge im Norden kann ich nicht, da zu dieser Jahreszeit noch zu viel Schnee liegt; im Süden ist das Meer und somit gibt es außer Pakistan keine andere Landroute.

Ich finde keine innere Ruhe, denn ich will meine Route nicht abändern. Darin bestärkt mich zunächst der pakistanische »High Commisioner« (Botschafter), der zu meiner »offiziellen« Verabschiedung in der Schweizer Botschaft erscheint. Er ist gekommen, um mir seine Unterstützung wie auch die seiner Regierung zuzusichern. Er ist ein feiner und gebildeter Mann, der ein besonders offenes Ohr für mein Projekt hat. Nur Stunden nach dem Empfang wird mir per Kurier ein offizielles Schreiben zur Bestätigung meines Schutzes in Pakistan überbracht.

Der Empfang in der Schweizer Botschaft wird ein großer Erfolg und trotz der gestrigen Silvesterfeier kommt erstaunlich viel Publikum und Presse. Da ich mir doch zu viele Sorgen mache, verkünde ich schießlich schweren Herzens, mich für die »Bombay-Alternative« entschieden zu haben. Dadurch kann ich beide Krisenregionen umgehen.

Aufgrund einiger logistischer Schwierigkeiten bleibe ich einige Tage länger in Delhi als geplant. Ich bin froh über die zusätzliche Zeit, denn so kann ich die Situation an der Grenze besser abklären. Mittlerweile habe ich meinen Freund Diwan in Chandigarh aktiviert und dieser verweist mich an einige seiner Bekannten, die die Situation besser beurteilen können. Meine Freundin Marie, die mich einige Tage besucht hat, fliegt am zweiten Januar zurück in die Heimat. Es ist ein trauriger Abschied, denn es ist nicht sicher, wann und sogar ob wir uns wieder sehen werden.

Stur sein und Risiken abwägen

Ausschlaggebend für meine endgültige Entscheidung ist schließlich ein Treffen mit Gurmukh Singh, einem Journalisten der »Times of India«. Er hat Insiderinformationen seiner Kollegen aus dem Grenzgebiet und aus Pakistan selbst. Diese meinen, dass die Situation zwar angespannt, im Moment aber noch stabil sei.

Man darf nicht vergessen, dass die Medien Ereignisse nicht immer realistisch wiedergeben. Natürlich muss immer ein Schuss Spannung dabei sein und Sensationen, Grausamkeiten und Krieg lassen sich eben besser verkaufen als positive Meldungen. Außerdem ist das Verhältnis zwischen beiden Ländern immer schon problematisch gewesen.

Da Inder auch eher emotionale Menschen sind, die schnell »in Rage« geraten, sich aber auch schnell wieder beruhigen, ist es auch denkbar, dass diese Machtdemonstrationen keine größeren Aktionen, eben einen Krieg, nach sich ziehen. Aber es ist klar, dass sich in dieser Situation einfach nicht alle Eventualitäten abwägen lassen.

Da kommen mir die Worte meines Freundes Claudio von Planta in den Sinn: »You're a one-man-show« und ich fälle schließlich die Entscheidung, doch die Pakistan-Route zu wählen. Innerlich atme ich auf. Claudio meint noch scherzhaft: »Wenn die Inder schon so verrückt sind, dann können die Pakistanis nicht schlimmer sein.«

Zur indisch-pakistanischen Grenze werde ich fast zwei Wochen benötigen und falls die Situation in der Zwischenzeit eskalieren sollte, kann ich immer noch umdrehen, oder? Aber zumindest muss ich mir nicht den Vorwurf machen, es nicht wenigstens versucht zu haben.

Bislang hat mich kein 11. September, keine Krise im Mittleren Osten gestoppt. So folge ich meiner Intuition und hoffe, die richtige Entscheidung getroffen zu haben.

Der erste Pedaltritt

Als ich in Delhi starte, drehe ich mich noch einmal zum Haus der Ambergs um. Es ist mir schon wie zu einem zweiten Zuhause geworden. Nun geht es in wilde und unbekannte Gegenden ...

Mit diesem Tag beginnt ein neuer Abschnitt von *Bike for Help.* Nun werde ich die fast 10 000 km nach Hause in Angriff nehmen.

Kaum habe ich die ersten Kilometer hinter mich gebracht, da hält schon der erste Autofahrer an und drückt mir eine Spende von 1000 indischen Rupees (€ 25) in die Hand. Das berührt mich sehr, zumal dies für Indien eine stattliche Summe Geld ist. Viele Menschen hier verdienen in einem ganzen Monat nicht so viel.

Meine Beine kämpfen hart mit dem Gewicht von 130 kg (Rad, Gepäck und ich). Es wird wohl einige Zeit dauern, bis ich mich daran gewöhnt habe. Der GT(Grand Trunk) Road nach Nordwesten folgend, erreiche ich Chandigarh nach nur wenigen Tagen.

Chandigarh, die Hauptstadt des indischen Staates Punjab, ist eine ungewöhnliche indische Stadt. Sie wurde zu einem Spielfeld für viele moderne Architekten; insbesondere der Schweizer Le Corbusier hat maßgeblich zum Erscheinungsbild der Stadt beigetragen. Alles wirkt so, »praktisch-mathematisch« und erinnert mich eher an ein Dominospiel aus Betonplatten als einen »Lebensraum«. Auffallend sind Straßenschilder wie: »Drink and Drive, say goodbye to Life«. (Trinke und fahre, und du kannst dich vom Leben verabschieden.) Ich schmunzle darüber, aber mir fällt auch wieder ein, dass die Provinz Punjab den höchsten Alkoholverbrauch im ganzen Land haben soll. Kein Wunder, wenn man die vielen Spirituosengeschäfte entlang der Straße zählt – der Absatz wird schon stimmen.

In Chandigarh werde ich bereits von meinem alten indischen Freund Diwan Manna erwartet. Vor einigen Jahren haben wir uns in Delhi bei einer seiner Fotoausstellungen kennen gelernt. Unsere Begegnungen waren immer kurz, aber die Freundschaft ist geblieben.

Während der folgenden drei Tage muss ich hier wichtige Dinge erledigen: Berichte für die ausländische Presse verfassen, Haare schneiden lassen, Pressekonferenzen geben, Bildmaterial auswerten, die Ausrüstung überprüfen etc. Es entwickelt sich ein großer Presserummel und bald schon ist der »Schweizer Radler« in jeder Zeitung zu sehen. Schlagzeilen wie: »Eine einmalige Spendenaktion«, »Mit ganzem Herzen, Kopf und Beinen«, »Hilfeleistung für andere mit Gefühl und Füßen« scheinen viele zu bewegen. Ich bin froh darüber, da sich so das Wissen und das Bewusstsein für Lepra verbreitet. Meine Botschaft ist einfach und klar: Lepra ist heilbar und die Angst vor ihr unnötig.

Natürlich darf man angesichts des großen Interesses nicht vergessen, dass eine Aktion wie *Bike for Help* für Inder besonders ungewöhnlich ist. Ein junger indischer Mann – oder gar eine Frau – würde niemals die Erlaubnis der Familie erhalten, solche Gefahren auf sich zu nehmen. Außerdem sind die Menschen hier so gewohnt, immer in Gesellschaft zu sein. Für die meisten Inder wäre es undenkbar, alleine auf eine Reise zu gehen und sei es nur in den Nachbarsort.

Eines Morgens klingelt es an der Türe. Draußen steht Ritesh, ein siebzehnjähriger Gymnasiast, der sein Taschengeld von 150 Rupien (ca. € 5) spenden möchte. Er ist so nervös, dass ich Angst habe, dass er jeden Moment umfällt: »Meine Freunde mussten mir zureden, zu dir zu kommen und dich zu treffen.«

Ich denke, es beruhigt ihn schon ein wenig zu sehen, dass ich kein »Iron Man« oder »Schwarzenegger« bin. Beim Abschied gesteht er mir: »Du bist die erste weiße Person, mir der ich je gesprochen habe und ich werde unsere Begegnung nie vergessen.«

Ich bewundere seinen Mut und bin dankbar, dass er seinen Besitz mit den Leprösen teilen will.

Schüler mit weitem Herzen

Am Tag meiner Abfahrt aus Chandigarh werde ich eingeladen, vor 1500 Schülern der »Vivek High School« eine Rede zu halten. Noch nie zuvor habe ich zu so vielen Menschen gesprochen. Morgens um Punkt 8.30 Uhr haben sich alle am Sportplatz vor der Bühne versammelt. Ich fahre mit dem Rad direkt auf die Bühne. Die Rektorin stellt mich kurz vor und dann ist es an mir, diesen Menschen etwas zu erzählen.

»Ein gutes neues Jahr wünsche ich euch allen.

Bike for Help soll ein Beispiel sein. Dieses Projekt soll aufzeigen, dass auch ein Individuum die Macht besitzt, Dinge zu verbessern. Dabei kommt es nur auf die Initiative an und wie man seine Ideen in die Tat umsetzt.

Worte sind gut, aber Action ist besser. Aber nur ein Dummkopf käme auf die Idee, die ganze Welt verändern zu wollen. Kleine Dinge haben einen weitaus größeren Einfluss, als man denkt. Aber man kann die Dinge nur verbessern, wenn man positiv an sie herangeht.

Ich kann nicht sicher sagen, ob ich die Schweiz erreichen werde. Ich könnte morgen von einem Lastwagen überfahren werden oder krank werden. Die Tatsache, dass ich heute vor euch stehe, ist für mich aber schon ein Erfolg.

Sich für Bedürftige einzusetzen soll kein Opfer sein. Es sollte eine befriedigende Erfahrung sein. Spaß muss sein, und wenn man beides miteinander verbinden kann, ist das einfach toll. Alles, was man dazu tun muss, ist, seinen eigenen Schatten zu überspringen. Wir sollten unseren Horizont erweitern, aufmerksam sein, zuhören und lernen.Alles ist da. Die Welt ist so voller Schönheit und alles, was man tun muss, ist diese in sich aufzunehmen.

Steht auf, zieht hinaus und zeigt Initiative. Diese Welt braucht euch.«

Als ich die letzten Worte ausgesprochen habe, folgt ein großes Getobe unter den Schülern. Wenige Augenblicke später stürmen sie die Bühne, offerieren mir Zeichnungen, Taschengeld, Glückwünsche und wollen Autogramme.

Bald besitze ich einen ganzen Haufen von Zeichnungen. Die junge Disha schreibt in bunten Buchstaben:

»Dear respected sir, I want that you go to your yourney with your face bright and be careful.« (»Lieber respektierter Herr, ich möchte, dass Sie auf Ihre Reise mit einem lächelnden Gesicht gehen und vorsichtig sind.«)

Aus Ronaqs einfachen Worten spricht ein tiefer Wunsch: »May there be peace in world and no disease.« (»Möge Frieden und keine Krankheiten auf dieser Welt sein.«) Darunter zeichnet er den »guy who travelled around the world« mit einem »super cycle«, einem Fahrrad, das eher aussieht wie ein Motorrad und in Klammen: »I think my drawing is not too good.« (Ich glaube, meine Zeichnung ist nicht besonders gut.)

Kurz darauf verlasse ich meine Freunde in Chandigarh, meine Fahrt geht weiter. Leider werde ich von der Schweizer Botschaft informiert, dass mein Laptop bei der Grenze aufgehalten worden ist. Vor rund einem Monat hat es seinen Geist aufgegeben. Mein Sponsor »Excom AG« in der Schweiz reagierte sofort: »Wir werden gar nicht erst warten, bis deines zur Reperatur zurückkommt, sondern schicken dir gleich ein neues.« Aber leider blieb es stecken, denn seit dem 13. Dezember ist die Einfuhr von elektronischen Geräten erschwert. Man scheint zu fürchten, dass diese Geräte zu terroristischen Zwecken missbraucht werden könnten.

Gerhard Fischer hat den Ausgestoßenen ihre Würde zurückgegeben. Hier mit Leprapatientin und ihrem Sohn
Leprosorium Tara Parbat, Indien, Dezember 2001

Von Lepra betroffen zu sein führt oft zum Ausschluß aus der Gemeinschaft. Leprabettler, Connaught Place, Delh
Indien Dezember 2001

Plastische Chirurgen machen noch mehr als Brustvergrößerungen. Leprapatientin mit Foto vor der Nasenopera
tion zur Behebung ihrer »Löwennase«, Tara Parbat, Indien Dezember 2001

)as Leben mit Lepra 'hat mich gezeichnet«. Hände von Leprapatienten Sharda (70), Leprosorium Peikulam, dien, Dezember 2001

कुष्ठ रोग की जागरूकता के लिए यात्रा

■ विक्रम कुमार

अस्पताल में थीं। इसलिए उन्हें देख नहीं पाया।' उन्होंने बताया। 26 वर्षीय बर्ली यह मानते हैं कि लोग कुष्ठ रोग को अछूत की बीमारी मानते हैं कि इसलिए ऐसे रोगियों को अपने पास भी नहीं फटकने देते। जबकि लोगों को उन्हें इस बीमारी की जानकारी देनी चाहिए। बहरहाल छोटी बहन को छोड़ कर उनके परिवार के बाकी सभी सदस्य डॉक्टर हैं। जिनमें मां-बाप और बड़ा भाई शामिल हैं। वह कहने लगे कि उनके देश के बच्चे तेजी से अपनी मानसिकता बदल रहे हैं। हालांकि वे अपनी बहन से केवल 4 साल बड़े हैं, लेकिन फिर भी वे खुद को उससे बहुत पीछे महसूस करते हैं। भारत के मुकाबले वहां के माहौल में बहुत फर्क है। वहां लड़के-लड़कियां बिना शादी के एक साथ रहते हैं। उन्हें कोई नहीं रोकता। बर्ली भी ऐसे पिछले 4 वर्षों से मैरी के साथ रह रहे हैं। मैरी एक प्राइवेट कंपनी में जॉब करती है। 'मैरी

Barli-Christoph von Toggenburg of Switzerland, who
in New Delhi on T

A unique fund

YOU MUST have seen many fund-raising activities and charity shows, but this one is different. In this case, a philanthropist will just have to pledge money and pay only once the "mission" is accomplished.

At 25, Barli-Christoph von Toggenburg, a Swish national, has chosen a tough task for himself with a resolution to make the world a better place to live. "Bike for Help" is the name of his expedition on bicycle from India to Switzerland which aims to raise funds and create awareness for lepers in Asia.

Beginning January 2, Toggenburg, in his solo cycle trip, will pass through seven countries — starting from India to reach Switzerland after visiting Pakistan, Iran, Turkey, Greece and Italy — crossing deserts, tropical areas, mountains and

aller Munde ist der »Friedensträger«, der alleine in die Krisenregion fährt. Zeitungsberichte, Chandigarh, lien, Januar 2002

Im Leprosorium hat jeder seine Aufgabe. Leprapatientin bei der Arbeit in der Weberei, Jaipur, Indien Dezember 2001

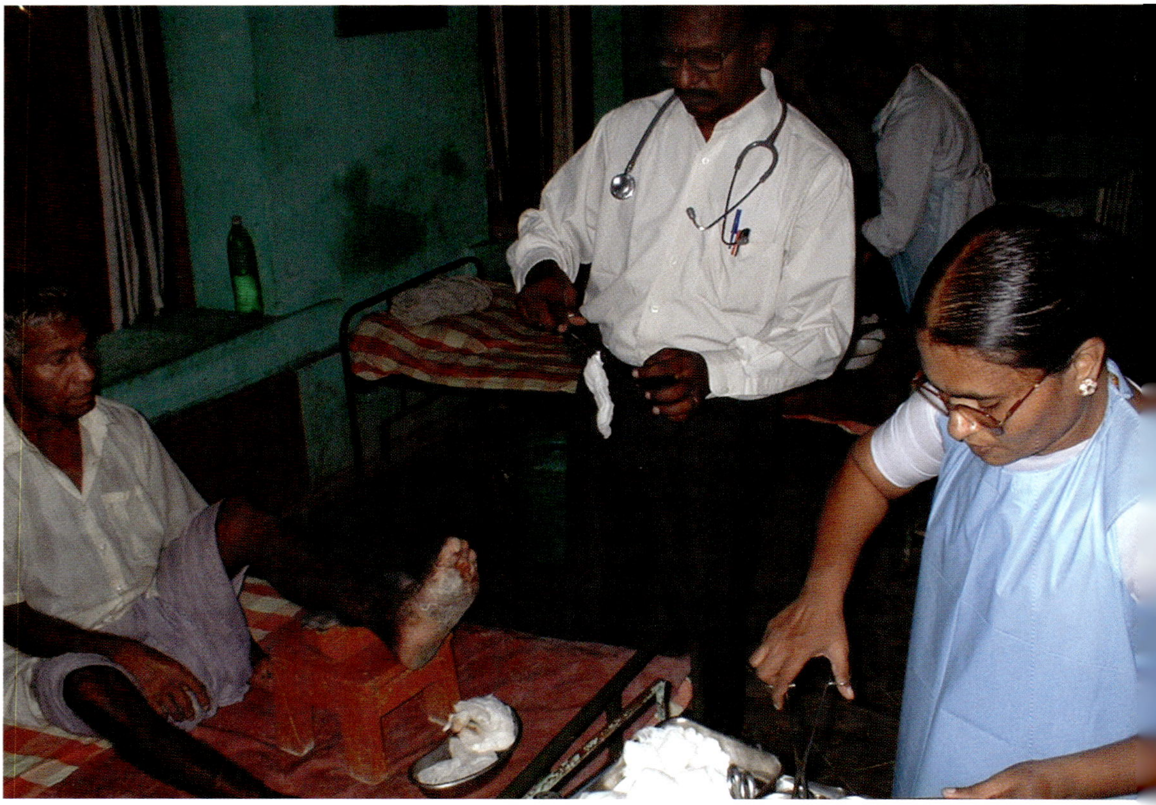

Tiefe Wunden heilen langsam oder nie. Dr. Petro und Krankenschwester beim Verarzten einer Wunae, Leprosorium Peikulam, Indien, Dezember 2001

nder sind unsere Zukunft. Schule im Leprosorium Jaipur, Indien, Dezember 2001

nzer« der Straße, Jaipur, Indien, Dezember 2001

»Ich wache sorgsam über meine Kinder«, Geyareyaj (48) im Ziegenstall des Leprosoriums Peikulam, Indien, Dezember 2001

Eine gesegnete Reise: mein Rad und der Guru; nahe Chandigarh, Indien, Januar 2001

Das Essen ist angerichtet. Kinder von Leprakranken essen ihr Frühstück, Leprosorium Peikulam, Indien, Dezember 2001

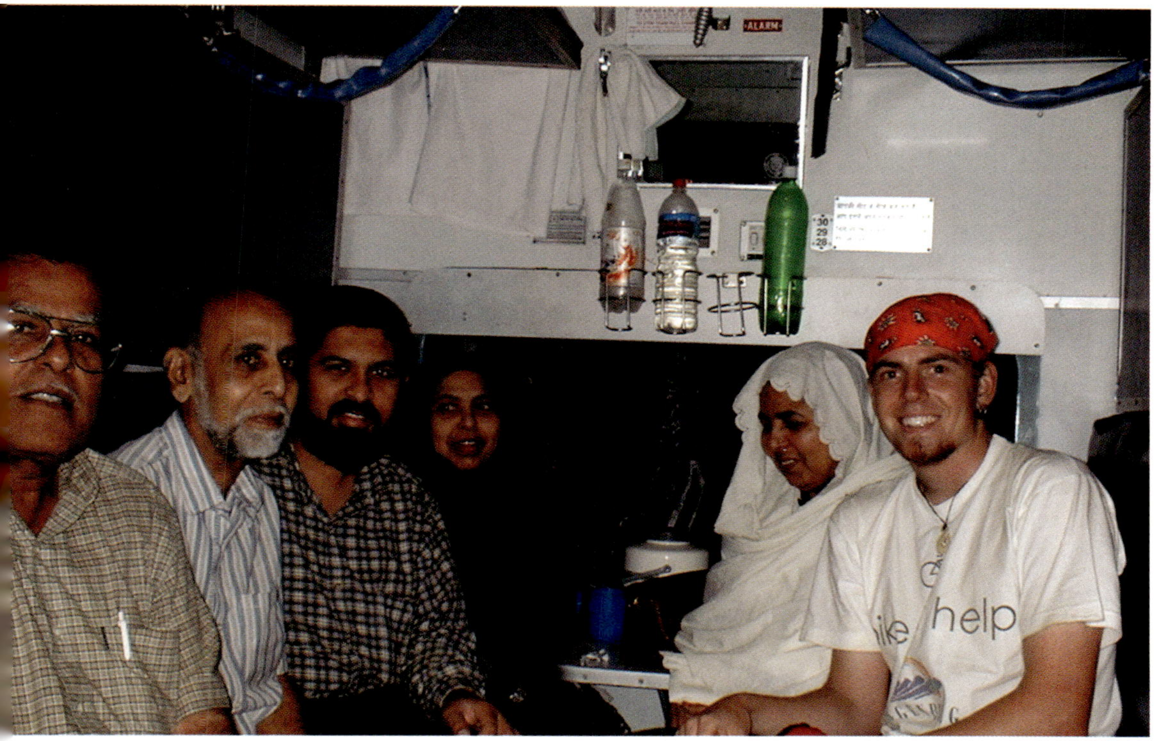

ein berührendstes Weihnachtsfest – mit Ali (mit schwarzen Bart) und seiner Familie. Zug Kochi-Pune, Indien,
. Dezember 2001

nter jedem starken Mann steht eine starke Frau. Christoph von Toggenburg und Freundin Marie beim Besuch
Taj Mahal, Indien, Dezember 2001

Abschied ins Unbekannte. Schweizer Botschaft Delhi, Indien, 1. Januar 2001

»Taten sind besser als Worte.« Christoph von Toggenburg vor 1500 Schülern der Springdale High School, Amritsar, Indien, Januar 2002

Ein Friedensträger

Nun ist es nicht mehr weit bis Pakistan und die Situation hat sich nicht gebessert. Immer öfter werde ich auf der belebten »Grand Trunk Road« von Militärkonvois und Panzerfahrzeugen überholt.

Trotz dieser kriegerischen Note geschieht etwas Außergewöhnliches: Wegen der großen Medienpräsenz und dem humanitären Gedanken von *Bike for Help* sehen die Menschen eine Art »Friedensträger« in mir. Dieser Ruf eilt mir voraus und so stehen die Leute am Straßenrand und rufen: »Good luck Mr. Bärli!« (Bärli ist ein Kosename, der mich seit meiner Kindheit begleitet.)

Als ich in Jallandhar, einer Stadt rund 200 km von Chandigarh entfernt, ankomme, bringen mich Gurshinder Singh und Subhash Raina, Freunde Diwans, sogleich zu DD Punjabi, einem weltweit ausgestrahlten Fernsehsender in der Sprache Punjabi. Die Szene ist so komisch und so typisch indisch: Zuerst werde ich allen vorgestellt, angefangen vom Produzenten bis hin zum Direktor. Dann organisiert man ein Kamerateam und Augenblicke später sind wir im Vorhof des Senders. Nun will der Produzent natürlich noch ein Publikum herbeizaubern. So ruft er alle Leute zusammen, angefangen vom Maler bis hin zum Portier. Das ist also die »anfeuernde Menge« und der Kameramann springt um uns herum, als würde er mit einem 100-Meter-Läufer mithalten müssen und filmt aus den ungewöhnlichsten Positionen. »Mr. Bärli, why do you cycle 9000 km...?« Eine Mischung von Inszenierung und Spontaneität, über die ich lachen muss.

Eine helmfreie Religion

Am 12. Januar erreiche ich Amritsar, die heilige Stadt der Sihks. Nur noch 30 km trennen mich nun von Pakistan. Diwans alter Universitätsfreund Sumeet, seine Familie und Dr.Vipinvig, ein Freund Sumeets, sind so freundlich, sich um mich zu kümmern und den Grenzübertritt zu organisieren.

Amritsar, diese heilige Stadt der Sikhs, ist ein wichtiger Wallfahrtsort. Aus der ganzen Welt kommen Sikhs, um am goldenen Tempel zu beten und baden. Hans Gruber schreibt in »Geo Spezial Indien«, S.160: »Seit über 400 Jahren ist Amritsar das religiöse Zentrum der Sikhs, der ›Schüler‹.«

Am kommenden Tag findet eine Pressekonferenz im Tempel statt. Danach werde ich vom Tempelwächter Nanak Singh durch die Anlage geführt. Während er mir erzählt, folgen wir dem Pilgerstrom, der sich um den Tempel ergießt: »Wie das Christentum und der Islam ist unsere Religion monotheistisch. Sie wurde von Guru Nanak im späten 15. Jhd. gegründet. Dies war eine Reaktion auf das ausgeprägte Kastensystem und die brahmanische Herrschaft über die Religion. Guru Nanaks Ziel war es, die besten Eigenschaften des Hinduismus und des Islam zu vereinigen.«

Als Nanak Singh sich nach einer kurzen Weile verabschiedet, habe ich die Möglichkeit, diesen wunderschönen Bau zu bewundern. Ich setze mich an den See, in dem Pilger rituelle Waschungen durchführen. Ich wüsste nicht, ob ich – wie im Ganges in Varanassi – ein Bad hier ratsam fände.

Der Tempel liegt in der Mitte des Sees und man hat den Eindruck, er schwebe über dem Wasser. Von diesem »See des Nektars« (Amrit Sahovar) hat die Stadt Amritsar auch ihren Namen erhalten. Der Tempel ist komplett vergoldet und der goldene Dom, das Zentrum des Tempels, soll mit 100 kg reinem Gold überzogen sein. »Innen schmücken goldenes Blattwerk, Edelsteine, Seidenteppiche und Malerei das dreistöckige, luftige Bauwerk, aber kein Götterbild.« – so noch einmal Hans Gruber in »Geo Spezial Indien«.

Nanak Singh hat mir erklärt, dass im Innern die Heilige Schrift der Sikhs (Granth Sahib) aufbewahrt werde. Und ein Pilger neben mir erzählt mir, dass der Tempel zu Beginn der Achtzigerjahre von indischen Extremisten (Sikhs) besetzt worden sei. Diese hatten sich zum Ziel gesetzt, den Punjab zu einem reinen Sikh-Staat zu machen, ihn von »Nicht-Sikhs« zu reinigen. Indira Gandhi zerschlug diesen Aufstand, was zum Tod von Hunderten von Sikhs führte. Im selben Jahr wurde sie von ihren »Sikh-Bodyguards« ermordet.

Den Sikhs begegnet man nicht nur im Punjab, sondern in ganz Indien. Sie gelten als besonders arbeitsam und loyal. Man trifft die Männer häufig im Handel, in Banken und als Busfahrer. »Toleranz, Selbstbeherrschung und tapfere Selbstverteidigung wurden zu Sikh-Tugenden, die sie sich in Zeiten der Verfolgung durch die Muslime bis heute bewahrten und viele Sikhs in führende Positionen aufsteigen ließen.« (Hans Gruber, s. oben)

Auffallend ist der Turban, den die Männer tragen. In der Regel schneiden die Sikhs ihre Haare nicht ab, sondern binden sie in einen Turban ein, der mehrere Meter lang sein kann. Streng gläubige Sikhs schneiden sich in ihrem ganzen Leben niemals die Haare, wodurch der Turban von Jahr zu Jahr mächtiger wird.

Einmal erlebte ich das »Wickelritual«, als sich mein englischer Freund Nippy (Prit Palh Singh, ein Sikh) den Turban umgebunden hat. Mit beeindruckender Sorgfalt legte er die langen Haare in das Tuch und wickelte sich dieses schließlich um seinen Kopf. »Wenn ich ihn alleine anlegen muss, so verwende ich eine Türklinke, an welcher ich den Turban an einem Ende befestige. Sonst hilft mir meine Frau den fünf Meter langen Stoff zu glätten und ziehen.« Somit erstaunt mich nicht, dass Sikhs in Indien von der Helmpflicht ausgenommen sind.

Fahrt ins Nichts

Nur Stunden vor meinem Grenzübertritt wird mein Laptop von einem TNT-Kurier (Sponsor aller Kurierdienste) überbracht. Nach langwierigen Verhandlungen mit dem »Indischen Ministerium für innere Angelegenheiten« ist es der Schweizer Botschaft schließlich gelungen, dass die Zollbehörde den Computer frei gibt. Ich bin glücklich, denn der Computer macht meine Arbeit wesentlich einfacher und effizienter – das ist eine Sorge weniger.

Ich halte noch zwei Vorträge vor 5500 Schülern, in deren Gesichtern ich die Furcht vor einem Kriegsausbruch lese, dann werde ich von einer indischen Eskorte abgeholt, denn die indischen Behörden haben mir jetzt grünes Licht für den Grenzübertritt gegeben.

»Warum habe ich nun doch eine Erlaubnis bekommen?« frage ich meinen Bodyguard Mr. Rander Singh von der Grenzeinheit.

Er zupft sich an seinem Schnurrbart: »Die Regierung konnte Sie nicht zurückweisen, denn dies hätte bedeutet, einen Funken des guten Willens und Friedens zu ersticken.«

Ich verabschiede mich von Sumeet und verlasse die Stadt gemeinsam mit meinem Begleitschutz. In meinen Tagebuchaufzeichnungen vom 15. Januar ist zu lesen: »Entlang einer Geisterstraße fahren wir ins Nichts. Außer einiger Traktoren, Militärfahrzeugen und Fahrrädern ist nur sehr wenig Verkehr unterwegs. Das Wetter ist heute unfreundlich und lässt alles noch trauriger ausschauen. ›Soll ich jetzt noch umdrehen?‹, frage ich mich. Noch ist Zeit, sich anders zu entscheiden.

Der Wind pfeift heute ziemlich stark, ich bin froh, dass er meist von hinten kommt. Dadurch werde ich viel schneller – als ob eine unsichtbare Macht mich der Grenze zutreiben wolle. Mein stiller Begleiter fährt neben mir her. Sein breites Gesicht ist ausdruckslos.Zu meiner Überraschung sehe ich relativ wenig Militärpräsenz. Ich hatte ein Heer von Panzern und Befestigungen erwartet. Von Zeit zu Zeit überholt uns jedoch ein Militärfahrzeug, voll von Soldaten oder Material. Auf einem dieser Fahrzeuge sitzen zwei Soldaten, die voller Mitleid auf mich herabblicken. ›Er fährt direkt in die Hölle …‹, scheint in ihren Gesichtern geschrieben zu stehen.

›Jetzt gibt es keine Rückkehr mehr … ich bin nicht so weit gekommen, um nun einen Rückzieher zu machen‹, bestärke ich mich innerlich.

Eine Stunde später erreichen wir die Grenze. Mein Begleiter muss hier zurückbleiben. Als ich durch das erste Tor schreite, kann ich die Grenzzone etwas besser überblicken. Es ist eine lange Straße mit zwei Haupttoren, eines für Indien und eines für Pakistan. Es ist erstaunlich friedlich hier. Ich habe erwartet, dass die Panzer hier quasi Kanonenrohr gegen Kanonenrohr stehen würden. Ich sehe nur einige gähnende Wachsoldaten, die in den Himmel starren. Die Stille wird nur durch das Gezwitscher der Vögel unterbrochen. Seit einigen Wochen ist die Grenze geschlossen und ich bin einer der wenigen, der sie überschreiten darf. Wie immer sind die Formalitäten mühsam und nur durch viel Geschick kann ich vermeiden, dass sie mir nicht die Taschen auspacken.

Obwohl ein sich wichtig machender Bürokrat von der indischen Zollbehörde Probleme wegen der 15 000 Rupien Spendengeld macht, die ich mit mir trage, winkt er mich nach einer halben Stunde durch.

So ein Verhalten ist typisch und Geduld sowie Überredungskunst sind alles in solchen Situationen. Es ist eher eine Machtdemonstration und ein Zeitvertreib als eine Schikane. Wichtig ist nur, einen kühlen Kopf zu bewahren und dem Beamten das Gefühl zu geben, er sei wichtiger als der Präsident des Landes. Abgeschlossen werden solche Verhandlungen immer mit einem Chai, einem Tee, worauf man freundlich ›entlassen‹ wird.

Nun stapfe ich weiter und schiebe das Rad auf das pakistanische Tor zu.

›Welcome to Pakistan, Sir‹, erklingt es von einem fidelen Grenzwächter, als ich durch das pakistanische Tor schreite. Zügig ist mein Pass gestempelt, ein Foto gemacht und dann bin ich drüben, auf der anderen Seite. Nun ja, die Welt sieht hier nicht unbedingt anders aus.«

4 PAKISTAN

Im Land der warmen Herzen und der wilden Kerle

»James, das Gepäck auf mein Zimmer bitte!«

Es ist schon fast dunkel, als ich die 25 km entfernte Stadt Lahore erreiche. Mein Rad und ich kämpfen uns durch den abendlichen Verkehrsstau. Entgegen meinen Erwartungen spürt man nichts von Krise oder Krieg.

Kurze Zeit später betrete ich die leuchtend helle Eingangshalle des Holiday Inn, denn Mr. Suleman, der Schweizer Honorarkonsul, hat mich gebeten, mich dorthin zu begeben. Reges Treiben herrscht hier und kaum jemand scheint den schmutzigen Radfahrer zu bemerken, der sich zwischen einem Heer von »Schlipsträgern« bewegt. Plötzlich stürmt der Portier auf mich zu: »Mr. Bärli, Ihr Zimmer ist bereit!«, und nimmt mir die Taschen ab.

Nur wenig später liege ich wohlig ausgebreitet in einem Marmorbad, befreie mich gründlich vom Dreck der vergangenen Tage und verschlinge darauf beträchtliche Mengen vom 10 m langen Buffet im hauseigenen Restaurant – das Leben steckt doch voller Überraschungen.

Aber dieser Luxus nimmt kein Ende, denn am kommenden Tag werde ich von Nestlé Pakistan im »Avari«, dem besten Hotel der Stadt einquartiert. Man kann sich die eigenartige Szene vorstellen, als ich mit meinem beladenen »Kamel« vor dem noblen Haupteingang zwischen jeder Menge Luxuslimousinen vorfahre. Gepäckträger sowie der Avari Manager Mr. Qasim Jaffery kommen herbeigesprungen und begrüßen mich herzlich. Den Scheich, der neben mir seiner Limousine entsteigt, scheinen sie vollkommen uninteressant zu finden.

Ich komme mir sehr nobel vor – »James, das Gepäck auf mein Zimmer bitte!«

Lahore: eine Stadt der Kontraste

Wie üblich ist mein Zeitplan eng. Mir bleiben nur wenige Tage in Lahore, denn nach wie vor ist nicht sicher, ob und wann ein Krieg ausbrechen wird. Es gibt viel zu organisieren, da ich nun einen der wildesten Abschnitte meiner Route vor mir habe. So verbringe ich die meiste Zeit mit administrativen Dingen, mit E-Mails und Meetings. Am ersten Tag gibt es eine Pressekonferenz im Holiday Inn, dann ein Meeting mit Nestlé Präsident (Pakistan) Fritz Mahler und schließlich ein Abendessen mit Retinaspezialist Dr. Ali Haider. Letzterer ist ein Freund von Dr. Vipinvig aus Amritsar, den ich nur Tage zuvor getroffen habe. Zum Glück erhalte ich von Dr. Haider Kontaktadressen im ganzen Land.

Trotz alldem finde ich noch etwas Zeit für Streifzüge durch die Stadt. Lahore ist mit seinen fünf Millionen Einwohnern eine interessante und lebendige Metropole. Hier ist Pakistans kulturelles, künstlerisches und intellektuelles Zentrum. Mr. Suleman erklärt mir: »Bedeutende Aufstände im Land beginnen meist hier. Wenn Lahore auf die Barrikaden steigt, zieht der Rest des Landes mit. Dann weiß man, dass die Lage wirklich ernst ist.« Auffallend ist die Sauberkeit der Straßen. Hier gibt es keine Kühe und Schweine, die die Straßen »unsicher« machen, die Hausecken sind nicht gesäumt von menschlichen Exkrementen und Müll. Schließlich bin ich jetzt in der islamischen Welt, in der Hygiene und Sauberkeit wichtige Gebote sind.

Vom drohenden Krieg ist hier nicht viel zu spüren – »Business as usual«. Und dies trotz der nahen Grenze und der sich zuspitzenden Krise, deren Ausgang niemand vorauszusagen wagt. Aber auch diese Haltung kann man verstehen, wenn man ein wenig auf die Geschichte der Stadt blickt. An der Seidenstraße gelegen, hat Lahore seit jeher eine wichtige Funktion gehabt. Die Lage der Stadt, ihr Reichtum und ihr unzureichender natürlicher Schutz machten Lahore zu einer beliebten und leichten Beute. So hat diese Stadt viele Herrscher gesehen: Mogulen, Afghanen, Sikhs und die Briten. Letztere beherrschten »Britisch-Indien« bis 1947, bis man hier eine »Heimat« für die Muslime Indiens schaffte. Seither spielt das Militär eine wichtige Rolle in der nationalen Politik und schuf als Folge eines Putsches schließlich die »Islamische Republik« im Jahre 1999. Seither ist Pakistan eine Militärdiktatur mit dem Staatsoberhaupt General Pervez Musharraf.

Jede dieser Epochen hat Spuren in der bunten Mischung von Menschen und architektonischen Baurichtungen hinterlassen. Hier treffen Tradition, Geschichte und Neuzeit aufeinander: aufstrebende »Yuppies« in dunklen Anzügen neben traditionellen Afghanis in Turban, Frauen in freizügiger Kleidung und dunkelhäutige Asiaten, Monumente britischer Kolonialarchitektur in kitschigem Pomp und feine Mogularchitektur – eine Stadt so wild und bunt wie ihre Geschichte.

Aufbruch in eine unbekannte Welt

Kurz von meiner Abfahrt kommt Konsul Suleman, um sich zu verabschieden und mich vor den Stammesgebieten und der Wüste Beluchistans zu warnen: »Bis Multan kannst du fahren, aber dann musst du mit dem Bus weiter. Es ist viel zu gefährlich.«

So fülle ich mir ein letztes Mal den Magen am langen Frühstücksbuffet, belade mein »Kamel« und verlasse die Stadt. Leider bringt dieser Tag nichts Gutes. Nach rund 100 km komme ich durch die kleine Stadt Bhai Pheru. Plötzlich nähert sich ein Fahrzeug von vorne und einige junge Männer mit dunklen Sonnenbrillen steigen aus und kommen auf mich zu. In ihren Gesichtern lese ich nichts Gutes. Plötzlich beginnen sie meine Taschen anzufassen und deuten mit ihren Fingern auf die Reißverschlüsse. Mein Magen zieht sich zusammen und meine Augen suchen flink die Umgebung ab. Ehe sie sich's versehen, entreiße ich mich ihrem Griff, drehe seitlich ab und verschwinde flink in einer schmalen Seitenstraße. Sie bleiben zurück, denn so schnell können sie nicht rennen, und ihr Auto kommt hier nicht durch.

In der Zwischenzeit ist die Nacht hereingebrochen und ich finde einfach keine Übernachtungsmöglichkeit. Deshalb entscheide ich mich weiterzufahren. Die Straße ist schmal und große Lastwagen rasen an mir vorüber. Alles ist voller Staub und ich rumple in ein Schlagloch nach dem anderen. Ich strample wie verrückt, denn ich habe Angst, von einem Lastwagen erfasst zu werden.

Hier stelle ich eine goldene Regel auf: Man soll nie in der Nacht fahren. Denn in diesen Breitengraden herrschen keine Straßenregeln, es gilt nur das Recht des Stärkeren. Und nachts passieren die meisten Unfälle, da viele der Lastwagenfahrer völlig übermüdet unterwegs sind.

»Soll dies der Start einer Odyssee in Pakistan werden?«, frage ich mich. Links und rechts von mir ist nur die pechschwarze Nacht, vor und hinter mir die großen leuchtenden Augen der gewaltigen Lastwagen. Hier kann ich mein Zelt kaum aufstellen, denn ich kann nicht erkennen, was mich in diesem Schwarz erwartet. Doch dann erblicke ich mit einem Male eine Herberge, die neonbeleuchtet in die Nacht blinkt und mir wie eine lang ersehnte Oase erscheint.

Eine Stunde später sitze ich vor einem dampfenden Curry, bin völlig erschöpft und innerlich ausgebrannt. Aber ich bin glücklich, denn meine »Schutzengel« haben heute ganze Arbeit geleistet. Nach all den Problemen ist es schon eine Leistung, diesen Tag mit einer Durchschnittsgeschwindigkeit von 25.1 km/h bestritten zu haben. Er wird der schnellste Tag meiner ganzen Reise bleiben.

Glücklicherweise wenden sich die Karten zum Besseren. Obwohl der Verkehr weiterhin hektisch ist, wird die Straße breiter und die Leute freundlicher. Man ist neugierig und stellt Fragen. Insofern ist es hilfreich, dass ich vorne und hinten Tafeln angebracht habe, welche meine »Mission« in der jeweiligen Landessprache erklären. Auf ihnen steht geschrieben: »*Bike for Help* – Ich bin Schweizer – Fahrradexpedition von Indien in die Schweiz zur Unterstützung Leprakranker.« Für viele ist dies die einzige Möglichkeit zu erfahren, was ich mache, da wir keine gemeinsame Sprache sprechen.

Außerdem habe ich kleine Schweizerfahnen angebracht, aber komischerweise denken die meisten, ich sei vom Roten Kreuz, was sicherlich auch nicht schaden kann. Die Schweizerfahnen sollen mich nicht als Patriot ausweisen, sondern meiner Sicherheit dienen: es gibt Gegenden, wo es ratsam erscheint, nicht zu gewissen Nationalitäten zu gehören. Man darf nicht vergessen, dass man hier immer ein »Exot« ist – schon allein wegen der Hautfarbe, ganz abgesehen von Kleidung oder Auftreten. Vonseiten der Bevölkerung wird das manchmal mit einer Mischung aus Neugier und Abneigung wahrgenommen. So schreibe ich in meinem Tagebuch am 19. Januar:

»Als ich mich in Sahiwal in ein Café setze, kommt ein Journalist aus dem Ort zu mir. Er beschimpft die westliche Welt und besonders Amerika. Er ist kritisch, denn er glaubt, dass der Westen viele Fehler macht. »Unser Land ist doch nur eine Marionette für Euch. Wir spielen ein Spiel und verlieren unsere Seele und Religion.«

›Und ist nicht das Ziel eines jeden Spiels, dass wir daraus lernen?‹

Er nippt an seinem »Chai«, dem indischen Milchtee. ›Aber glaubst du, dass wir wirklich bereit sind zu lernen und die Erkenntnisse anzuwenden?‹

›Oft bin ich pessimistisch und der Zustand der Welt lädt dazu ein, die Zukunft negativ zu sehen. Aber im Endeffekt sage ich mir immer, dass die Welt nur besser wird, wenn wir daran glauben und uns dafür einsetzen. Darum bin ich hier.‹«

Straßen und Flachhunde

Nach wie vor befinde ich mich im Punjab, der die Kornkammer des Landes ist. Hier, wo die Felder endlos sind und die Landschaft von intensivem Grün, arbeiten die Menschen hart, denn es können zwei Ernten pro Jahr eingebracht werden.

Obwohl die Straße hier breiter ist, komme ich an zahlreichen Überresten von fürchterlichen Unfällen vorbei. Ineinanderverkeilt liegen hier »Leichen« von Lastwagen, Traktoren, Viehkarren und völlig verbogenen Fahrrädern. Ein Blick auf diese Wracks genügt und man kann sich vorstellen, was aus den »Lenkern« dieser Selbstmordkommandos geworden ist.

Dann kommt es immer wieder vor, dass man über ein kleines Hindernis fährt. Man dreht sich um und realisiert, wieder einem »Flachhund« begegnet zu sein, ohne ihn bemerkt zu haben. Unter den Reifen eines Lastwagens dürften viele der streunenden Hunde ihr Leben gelassen haben. Wenn sich der Verwesungsgeruch verflüchtigt hat, sind diese »Flachhunde« kaum von der Farbe des Asphalts zu unterscheiden.

Mein Plan ist nun, Pakistan in Richtung Westen zu durchqueren, Afghanistan zu umfahren und über die Beluchistanwüste in den Iran zu gelangen. Rund 200 km nach Lahore treffe ich die ersten Ausländer »on the road«. Es sind zwei »wilde Holländer« (Henk und Marianne), die mit ihrem Landrover kurz nach dem 11. September von zu Hause aufgebrochen sind. Ich frage Henk, ob er eine Ahnung von der momentanen Situation habe. Er erwidert nur: »Wir haben keine Nachrichten gesehen, seitdem wir Holland verlassen haben. Es ist wahrscheinlich besser, unwissend zu sein.«

Diese Begegnung gibt mir Hoffnung, denn nun habe ich wenigstens nicht mehr das Gefühl, hier der einzige Ausländer zu sein. Außerdem sind die beiden auch durch die Beluchistanwüste gekommen, wenn ein Blick auf ihr Gefährt auch leichte Unterschiede mit dem meinen erahnen lässt. Zu diesem Zeitpunkt weiß ich auch noch nicht, dass sie die letzten Reisenden sind, die ich auf den kommenden 2000 km antreffen werde.

Man muss sich einfach einmal vorstellen, wie es ist, der Einzige auf weiter Flur zu sein. Die Lokalbevölkerung kann man nur schwer befragen, da die Verständigung in den meisten Fällen unmöglich ist. Im Endeffekt muss ich mich auf meinen gesunden Menschenverstand, Glück, meinen Schutzengel, ein Quentchen Mut und die Hoffnung verlassen, das Risiko nicht unterschätzt zu haben. Der Rest bleibt Insha'allah – Gottes Wille.

Henk und Marianne erzählen mir auch von einem pakistanischen »Globetrotter« mit Namen Dr.Mirza. »Er ist so eine Art Naturdoktor, ein bisschen verrückt im Kopf, aber besonders hilfsbereit«, wobei Henk so komische Gesten mit der Hand macht, dass wir alle herzhaft lachen müssen. Dr. Mirza soll in den Sechzigerjahren mit dem Rad um die Welt gefahren sein … ungewöhnlich für die Zeit und die Nationalität.

»Weltradler« Dr. Mirza

Rund 30 km vor Mian Channun treffen wir uns. Dr. Mirza, dem ich mich angekündigt habe, springt voller Freude aus dem Auto, ruft »Welcome to Pakistan, welcome to the World!« und umarmt mich. Der mittlerweile 73-jährige Mann hat wesentlich besser auf dem Foto ausgesehen, welches die Holländer bei sich hatten. Scheinbar sind schon einige Jahre vergangen, denn aus dem jungen Mann ist ein alter einzahniger Greis geworden mit grauen Haaren. Doch bei ihm scheinen Lebenseifer und Alter nicht in Relation zu stehen, denn er ist von einer übersprudelnden Energie. Als wir wenig später in einer kleinen Dhaba sitzen, meint er: »Wir Tourenradler sind doch alle eine große Familie. Nicht jedermann kann ein ›Weltradler‹ (World cyclist) sein. Man muss ein großes Herz haben und einen klugen Kopf, um Schwierigkeiten überwinden zu können.«

In seinem riesengroßen Haus in Mian Channun präsentiert er mir seine Kollektion an Fotos und Briefen. Nach diesen zu schließen, hat er wohl schon seit mehreren Jahrzehnten Reisende zu sich eingeladen. »Bitte sag allen, sie sollen Dr. Mirza besuchen, wenn sie in Pakistan sind. Ob Rad, Auto, Motorrad oder Rollstuhl, jeder findet bei mir ein Zuhause.«

In all den Jahren hat er schon so manchem mit seinem beeindruckenden Ersatzteillager aus der Misere geholfen. Glücklicherweise geht es meinem Rad noch gut, denn in diesem Land der 1-Gang-Räder gibt es keine Ersatzteile für Räder wie das meinige. Hier fährt man immer noch diese wunderschönen »Oldtimer«, welche die Engländer ursprünglich ins Land brachten. Diese werden heute noch genauso wie vor über 50 Jahren hergestellt.

Ich bin neugierig, mehr über Dr. Mirzas so genannte »Welttour« zu erfahren. Als wir auf seiner Dachterrasse bei einer Tasse Tee sitzen, erzählt er mir: »Ich war immer ein ›World Cyclist‹ und schließlich brach ich 1959, gemeinsam mit einem Engländer, nach Ägypten auf ... schließlich kehrte ich Jahre später nach Pakistan zurück.«

Sein Bericht ist kurz und immer wieder frage ich mich, ob er sich das Ganze nicht über die Jahre hin zurechtgelegt hat. Ob echt oder nicht, er ist ein guter Kerl und ich bin dankbar, so herzlich aufgenommen zu werden. Außerdem verschaffen mir solche Begegnungen immer einen interessanten Einblick in das Leben anderer Menschen – ich empfinde sie als sehr bereichernd und wichtig für mich. Da ich allein unterwegs bin, geben mir diese Begegnungen mit den Menschen viel Kraft für die vielen einsamen Stunden. Diese Begegnung mit Dr. Mirza und seiner Familie ist ein weiteres Beispiel für die herzliche Gastfreundschaft der Pakistani. Seit meiner Ankunft in diesem Land hat man mir immer wieder spontan ein Bett und/oder Essen angeboten.

Leicht unfreiwillig muss ich meinen Aufenthalt hier um einen Tag verlängern, da mein Magen rebelliert. Das Hühnchen, das ich heute Nachmittag in der Dhaba, einem Restaurant an der Straße, gegessen habe, will leider keine Ruhe geben. Dies führt mich in der Zukunft zur strikten Einhaltung einer weiteren goldenen Regel: Kein Fleisch von der Straßenküche! In diesem Fall habe ich mich jedoch nicht getraut, die Einladung Dr. Mirzas abzuschlagen, da ich ihn sonst beleidigt hätte – außerdem war der Hunger einfach zu groß.

Nicht ohne Grund »verdrücke« ich meist ein öliges Dhal (eine Art Linsenbrei) mit Fladenbrot. Das ist zwar für sportliche Ansprüche auch nicht die richtige Nahrung, da das Essen schwer verdaulich ist und zu wenig Kohlenhydrate liefert, aber immerhin kann man sich keine Fleischvergiftung zuziehen.

Nachdem ich das Hühnchen auf wenig erfreuliche Weise wieder losgeworden bin, lege ich einen Ruhetag ein. Ich hoffe bald wieder zu Kräften zu kommen. Leichte Sorgen macht mir auch meine rechte Hand. Seit zwei Wochen sind die drei kleineren Finger unbeweglich. Die Belastung durch die ständigen Vibrationen und das schwere Lenkrad (drei Taschen sind daran befestigt) ist wahrscheinlich zu groß. Ich warte ab und hoffe, dass das Gefühl bald wiederkehren wird. Das Tippen auf meinem kleinen Computer ist so auch erheblich mühsamer.

Auf dem Weg ins Stammesgebiet

Nach nur wenigen Tagen erreiche ich planmäßig Dera Ghazi Khan, eine Stadt nahe der Grenze zu den Stammesgebieten. Der eintägige Aufenthalt in diesem »öden Nest« gilt Besprechungen mit dem Stammesrat, der Polizei wie auch dem Militär. Nestlé-Vertreter Mr. Tariq Sheikh begleitet mich und wird die Besprechungen mit den Behörden und Stammesangehörigen übersetzen. Ich bin gespannt, was mich erwartet. Wird man mir die Durchfahrt durch die Stammesgebiete erlauben und wie sicher ist die Lage?

Staub wirbelt auf, als wir in die Einfahrt des »Militär- und Leeves-Hauptquartier« einbiegen. An zwei stramm stehenden Soldaten vorbei, die lange Uniformen im Stile von »Shalwar Qamiz« tragen, schreiten wir in das Hauptgebäude der Kaserne. Der Shalwar Qamiz, oder auch Kameez genannt, ist die übliche Kleidung in Beluchistan und vielen Teilen Pakistans. Dieses rockartige Kleid reicht bis über die Knie und hat vom Knie bis zur Hüfte einen seitlichen Schlitz. Darunter trägt man lockere Hosen, viele haben Ledersandalen an den Füßen. Diese Kleidung hat in der Hitze viele Vorteile, außerdem verhindert sie recht gut, dass Sand in die Hose eindringen kann.

Hinter einem übergroßen Schreibtisch sehen wir nun Kommandant Mr. Naseed. Er trägt eine große Brille, eine Mütze mit goldenem Rand, hat einen dichten Bart und an seiner Brust baumeln einige Auszeichnungen. »Asalam aleikum« begrüßt er mich. »Asalam aleikum« erwidere ich.

Diese Begrüßung ist in der ganzen arabisch-muslimischen Welt üblich und bedeutet »Friede sei mit dir«. Bei einem älteren Menschen oder einer Respektsperson wird die Begrüßungsformel wiederholt. Bei allen anderen sollte man mit »Aleikum Salam« (und mit dir) antworten.

Die Erfahrung hat mich gelehrt, dass mich Menschen so begrüßen, wenn ihre Absichten guter Art waren – oder wenn sie mir einen Teppich verkaufen wollten. Nicht zuletzt aufgrund des Platzmangels auf meinem Rad konnten diese Friedenswünsche mich jedoch nie zu einem Kauf verleiten.

Zurück zum Kommandanten: ich werde ihm von einem Soldaten vorgestellt und lege das Empfehlungsschreiben des Pakistanischen Botschafters auf den Schreibtisch.

»Ich kenne dieses Schreiben. Ich habe gestern ein Fax aus Islamabad vom Ministerium für Innere Angelegenheiten bekommen. Man sorgt sich um Sie und die Regierung möchte Ihnen eine sichere Durchquerung unseres Landes ermöglichen. Ihre Mission hat großes Aufsehen erregt.« Er holt eine Zeitung aus einer Schublade hervor und deutet mit seinem Finger auf einen Bericht über »*Bike for Help*« im »Daily Jang«, der nationalen Tageszeitung Pakistans. »Außerdem hat sich Ihre Botschaft in Islamabad sehr für Sie eingesetzt.« Erneut beginnt der Kommandant in seiner Schublade herumzukramen. Dann hält er mir ein Papier der Schweizer Botschaft vor die Nase: »... es wird hiermit gebeten, dass die betreffenden Polizei-/Militärstellen dem Schweizer Radler den nötigen Schutz gewähren.« (Von mir ins Deutsche übersetzt)

»Meine Anweisungen sind nun, Ihnen eine Eskorte zur Verfügung zu stellen. Leider kann ich das nur bis zur Stammesgrenze, denn ab Fort Munro, ca. 60 km von hier, herrschen die Stämme.«

Man muss dazu wissen, dass Länder wie Afganisthan oder Pakistan stets von Stämmen regiert wurden. Recht und Sicherheit lagen in der Hand des jeweiligen Stammeshäuptlings und des Stammesrates. Diese legten auch den Wegzoll fest und bestimmten über die Möglichkeit der Durchreise durch ihr Territorium. Die jetzige Regierung hat kaum Einfluss im Stammesgebiet. Stammesfürsten geben hier nach wie vor den Ton an. Was sie früher durch Wegzoll einnahmen, verdienen sich heute manche durch den regen Schmuggel mit Drogen, Waffen und Benzin.

Der Kommandeur erläutert mir ein wenig die Situation der Stammesgebiete von Beluchistan und erzählt dann:

»In den vergangenen Jahren kam es in Beluchistan vereinzelt zu Entführungen und es verschwanden auch Menschen. Unter anderem entführte man 1995 einen deutschen Tourenradler, der alleine unterwegs war. Man ließ ihn bald darauf unverletzt frei. Jahre später ist ein Franzose verschwunden, der jedoch wieder aufgetaucht ist. Aber das sind eher Ausnahmen, seien Sie ganz beruhigt.«

Ich hoffe natürlich sehr, dass es sich tatsächlich um Einzelfälle handelt, aber zur Weiterfahrt bin ich nach wie vor entschlossen.

In diesem Moment betritt ein Soldat den Raum und serviert uns Tee. Eine kurze Phase des Schweigens folgt, während wir beide je einen Zuckerwürfel in den Mund nehmen. Hier zu Lande wird der Tee nämlich gesüßt, indem man diesen durch den Zuckerwürfel schlürft, den man sich auf die Zunge gelegt hat. Man kann sich vorstellen, dass jede »Teezeremonie« mit gewissen Begleitgeräuschen abläuft.

Nachdem die erste Tasse geleert ist, fährt der Kommandant fort: »Morgen früh werden Sie von einer Eskorte abgeholt. Seien Sie bitte um 7 Uhr bereit. Am anderen Ende des Geländes finden Sie übrigens die Stammesabgeordneten. Sie warten bereits auf Sie.«

Als wir uns dem »Stammesgebäude« nähern, sehe ich eine Reihe von Personen, die auf der Veranda sitzen und Pfeife rauchen. Sie alle tragen Filzhüte, welche wie Waschlappen auf ihren Köpfen kleben. Leider sprechen nur wenige Englisch und so hilft mir Mr. Tariq mit der Übersetzung.

Ein groß gewachsener Mann mit einem narbenzerfurchten Gesicht, in welchem die Augen in tiefen Höhlen verschwunden sind, tritt hervor. Er sagt, dass die Stämme bereits über meine Passage beraten haben. »Sie sind der Mehan, unser Gast. Der Koran schreibt uns vor, Ihnen zu helfen. Außerdem möchten wir ihren Einsatz für kranke Menschen unterstützen und so sollen sie sicher durch unser Gebiet reisen können.«

Ins wilde Beluchistan

Pünktlich steht meine Eskorte bereits vor der Türe, als ich das Rad belade. Diese beiden strammen Kerle wollen gefährlich wirken, doch die schief sitzenden Helme und die obligaten Pilotenbrillen erwecken nicht diesen Eindruck. Wesentlich effektvoller sind da die AK-47-Schnellfeuergewehre (Kalaschnikows), die samt Waffengürtel um ihre Schultern hängen. Langsam fahren die Bodyguards und ich durch diese staubige Stadt. Gemüsebeladene Karren drängen sich an Kamelen vorbei, Kinder rasen durch die Menge, im Hintergrund die Rufe der Basarhändler und des Muezzin, der die Gläubigen zum Gebet ruft.

Trotz all der Schauermärchen, die man mir über Beluchistan erzählt hat, bin ich zuversichtlich. Dies wird nun einer der schwersten Abschnitte meiner Reise sein und doch trage ich dieses Grundvertrauen in mir, dass die Dinge kommen, wie sie kommen sollen. Schon wenige Kilometer nach Verlassen der Stadt vollzieht sich ein eindrücklicher Landschaftswechsel. Die saftig-grünen Felder des Punjabs werden nun durch öde Sand- und Steinwüsten ersetzt und vor mir erhebt sich die massive Suleiman-Bergkette. Sie ist eine natürliche Grenze zwischen zwei Landesteilen, denn hier beginnt die Provinz Beluchistan.

Beluchistan ist zwischen Afghanistan, Iran und der Arabischen See eingeschlossen. Es ist ein harsches, trockenes und staubiges Gebiet mit einer geringen Einwohnerdichte. Rund sechs Millionen Menschen leben auf einer Fläche von 343 000 qm. Diese Fläche macht rund 43% von Pakistan aus und ist größer als Großbritannien.

In Beluchistan leben drei ethnische Gruppen: die Beluchen, die Pashtunen und die Brahu; außerdem eine Vielzahl von Afghanen, denn die ständigen Kriege im Nachbarland führ(t)en zu einem nicht abreißenden Flüchtlingsstrom nach Pakistan. Die meisten Menschen hier sprechen die drei Sprachen Baluchi, Brahui und Pashto. Urdu, die offizielle Landessprache, und Englisch wird mehr im Norden und besonders in Regierung und Administration gesprochen. Diese Sprachvielfalt erschwert auch für mich die Kommunikation, da ich von einer Sprachregion in die nächste komme und es kaum schaffe, mir auch nur einen Brocken der jeweiligen Sprache anzueignen. Die meisten Einwohner Beluchistans sind Nomaden, die im Sommer umherziehen und im Winter in einfachen Lehmhütten leben. Dieser Lebenswandel macht die Beluchen sehr unabhängig.

Nachdem wir bereits 50 km von der Stadt entfernt sind, beginnt sich die Straße steil an die Berge zu schmiegen. Dazu kommt, dass sie an manchen Stellen nur so breit ist, dass gerade ein Lastwagen durchkommt, wobei eines der Hinterräder schon über den Straßerand hinausreicht. Rechts geht es tief in den Abgrund. Ganz weit unten kann ich ein kleines Rinnsal und einige spärliche Sträucher ausmachen. Die Stille wird nur durch das Pfeifen des Windes und das schwere Schnaufen der hoch beladenen Lastwagen unterbrochen, die ihre Waren in der Gegend ausliefern.

Diese Lastwagen wirken wie kunterbunte Skulpturen in dieser öden Landschaft. Fein säuberlich sind sie übersät mit Malereien. Bouvier schreibt in »Erfahrung der Welt«, S. 361/2: »Minarette, Hände im Himmel, Pik-Ass, ein Dolch, der einen surrealistischen Busen durchbohrt, das Ganze von Koransprüchen umgeben, die sich in sämtliche Richtungen ringeln, denn der Künstler arbeitet, die Nase ans Blech gedrückt, eher im Bestreben, die ganze Fläche auszufüllen, als etwas darzustellen.« Das »Meisterwerk« wird erst komplett, wenn es klingelt und scheppert, weil die unzähligen Glöckchen und Ketten einen Rhythmus einstimmen, und wenn sich das Licht in den Silberbeschlägen widerspiegelt.

Die Lastwagenfahrer sind gute Kerle. Sie sind immer freundlich, halten oft an, bieten mir Tee an oder wollen meinen »Truck« betrachten. Natürlich folgt dann stets die obligate Führung durch ihr »Königreich«, ihren Truck. Und manchmal fahren sie, wenn es die Straße erlaubt, langsamer, damit ich mich, eingenebelt in Abgasen, für einige Kilometer an ihre Seite heften kann, um meine Beine zu entlasten. Trotzdem scheinen dieser Tag und die Steigung – fast 2000 Höhenmeter – kein Ende zu nehmen. Der Straßenbelag ist miserabel und oft gar nicht vorhanden.

Meine beiden Bodyguards sind mittlerweile durch einen einzelnen Mann ersetzt worden, der im Prinzip ohne Fahrzeug unterwegs ist. Er schwingt sich jedoch von Lastwagen zu Lastwagen und fährt immer wieder freudestrahlend an mir vorüber: »Nicht mehr weit, nicht mehr weit!«

Leider scheint es keinen objektiven Maßstab für »nicht weit« zu geben und so kann ich kaum abschätzen, ob es sich noch um 10 oder eher um 50 Kilometer handelt.

Unterwegs folgt wie immer der obligate Tee mit den verschiedenen Straßenwächtern. Hier im Orient ist das Teezeremoniell so eine Art von diplomatischem Akt. Eine Einladung auszuschlagen wird als Beleidigung empfunden. Trotzdem muss ich diese Unterbrechungen möglichst kurz gestalten, da ich sonst nie ankommen würde.

Der Tag neigt sich seinem Ende zu und langsam verschwindet die Sonne hinter den Bergen. Es wird kalt, sehr kalt sogar und mein Magen knurrt erbärmlich. Seit sechs Uhr morgens habe ich nichts mehr gegessen.

Immer düsterer wird es und bald ist die Straße kaum noch zu erkennen. Wenige Kilometer vor dem Dorf Rakhni kommt meine Fahrt zu einem abrupten Halt, als eine Gestalt auf die Straße springt und mich zum Anhalten auffordert. Bei näherem Hinsehen erkenne ich in dem vermummten Gesicht meinen »lastwagensurfenden« Bodyguard Tarkan Abdul Rahim. Leider kann ich ihn nicht verstehen, aber er bringt mich zu einer Lehmhütte, die nicht unweit von uns im Dunkeln zu erkennen ist, dann verschwindet er wieder.

Als ich die Hütte betrete, sehe ich vier Männer mit großen Turbanen und Bärten um einen kleinen Blechofen herumsitzen. Im flackernden Schein einer kleinen Öllampe kann ich kaum ihre Gesichter erkennen. Sie essen etwas, was ich nicht erkennen kann. Ich setze mich zu ihnen und sie teilen ihr Essen mit mir. Obwohl ich keine Ahnung habe, was ich esse, schmeckt es besser als das Buffet im 5-Sterne-Hotel in Lahore. Nun ja, in meinem ausgehungerten Zustand könnte man mir wohl alles servieren.

Rund eine halbe Stunde verstreicht und mein Beschützer ist noch immer nicht zurückgekehrt. Obwohl ich nicht weiß, warum ich hier warten soll, fühle ich mich bei diesen wild aussehenden Gestalten sicher, die sich leidenschaftlich gestikulierend unterhalten.

Nach einer kleinen Ewigkeit höre ich draußen Lärm. Als ich ins Freie trete, steht dort ein Lastwagen und im Führerhaus sitzt Tarkan, der übers ganze Gesicht strahlt. Er hat diesen Lastwagen im nächsten Ort organisiert, damit er mir den Weg beleuchtet und ich nicht Gefahr liefe, in den Abgrund zu stürzen.

Als wir kurz darauf im kleinen Ort Rakhni ankommen, bringt man mich in einem einfachen Gemeindehaus unter. Vor meinem Zimmer wird eine Wache aufgestellt und im Nebenzimmer schläft ein weiterer Polizist. Ob ich wohl noch alleine auf die Toilette gehen darf?

Gastfreundschaft und Fremdenfeindlichkeit

Am nächsten Tag wird die Landschaft wieder ebener, da ich ein weitläufiges Hochplateau durchquere. Aus wüstenartig empfinde ich die Mischung aus bizarren Steinformationen, vertrockneten Sträuchern, weiten Ebenen und spärlich verstreuten Lehmhütten.

Trotz dieser Einöde wundert man sich, wie vielen Menschen man in der Wüste begegnet. Wann immer ich anhalte, und sei es an den einsamsten Landstrichen, vergehen meist nur Augenblicke, bis Leute aus dem Boden wachsen und sich die Augen an mir ausstarren. Es scheint, als hätten sie noch nie zuvor so ein Fahrzeug gesehen. Sie haben auch keine Scheu, alles anzufassen und den Sitz zu testen. Die Kinder kommen, betatschen alle Hebel und Taschen. Es beunruhigt mich auch nicht sonderlich, da sie nur neugierig sind und nicht stehlen wollen. Für diese Menschen muss ich den Eindruck erwecken, als käme ich von einem anderen Planeten. Man muss sich vorstellen, dass die meisten ihr eigenes Tal nie verlassen werden und der Weg zur nächsten Ortschaft schon zur »Weltreise« wird.

Leider sind die Begegnungen nicht immer so freundlich, denn manchmal komme ich an Menschen vorbei, die mich mit Steinen bewerfen oder sogar versuchen, mich aufzuhalten. Einmal komme ich durch ein Dorf und eine ganze Schar von Kindern rennt hinter mir her und versucht, mich an den Taschen zu packen. Glücklicherweise kann ich mich ihrem Griff entreißen. Mir scheint dies Verhalten eine eigenartige Mischung aus Neugier und Verachtung zu sein. Bereits im Punjab wurde ich einige Male mit Steinen beworfen. Dr. Mirza meinte damals: »Sie wissen nicht, was sie tun, denn sie können dich und deine Aktion nicht verstehen. Sie haben keine Bildung und das macht sie misstrauisch gegenüber Dingen, die sie nicht kennen.« Ich kann diese Abneigung gegenüber dem »Fremden« gut verstehen, zumal Beluchistan immer das Durchzugsgebiet verschiedener Armeen war. Meistens plünderten sie und nahmen den Menschen das Wenige, was sie zum Überleben brauchten. Ob ich für sie ein weiterer Eroberer bin? Fürchten sie, ich wolle ihnen die Freiheit rauben?

Trotz allem bildet diese Fremdenfeindlichkeit eher die Ausnahme, denn die Stämme sind bekannt für ihre grenzenlose Gastfreundschaft. So werde ich auch in Loralai, im tiefsten Stammesgebiet, vom Polizeikommandanten persönlich in eine Herberge eingeladen. Es gibt zwar keine Heizung, aber dafür heißes Wasser – mit dem ich mich mit Begeisterung, zum ersten Mal seit langem, wasche. Zur Krönung des Abends bringen mir noch Freunde von Dr. Zacha, einem Arzt, den ich in Dera Ghazi Khan getroffen habe, eine großartige Mahlzeit. Am meisten berührt mich, dass diese Gastfreundschaft keine Hintergedanken zu hegen scheint – sie ist spontan, ehrlich und ohne Erwartungshaltungen.

Im Land der Stämme herrscht die Blutrache

Die Menschen hier sind sehr stolz und ihre Ehre bedeutet ihnen alles. So mag es nicht verwundern, dass Streitereien oder Verbrechen zur Blutrache führen. Stammesgesetze, Faustrecht und Kalaschnikow begründen hier das Recht. Waffen gehören hier zum Alltagsbild, zumal die Region reichlich mit billigen Waffen aus Afghanistan versorgt wird. Manchmal kann ein einzelner Disput so weit führen, dass sich zwei Stämme verfeinden. Mag der Auslöser auch noch so banal gewesen sein, wenn die Ehre einmal beschmutzt ist, kann sie nur mit Blut rein gewaschen werden.

»Kleine Kriegereien sind hier üblich«, erklärt mir Captain Masood. »Die Krise mit Indien gibt uns Pakistanern wenigstens einen Nationalstolz. Sonst kennen wir diesen nicht, da unser Staat eigentlich nur auf der Karte existiert.«

Auch ich muss große Vorsicht walten lassen, damit ich niemanden in seiner Ehre verletze. Manche Verhaltensarten, die im Westen völlig normal sind, könnten hier mein Ende bedeuten. So sollte man zum Beispiel keine Frauen ansprechen, da dies zutiefst verpönt ist und als »Anmache« gewertet wird. Allerdings muss ich hier einfügen, dass ich seit meiner Ankunft in Pakistan kaum Frauen gesehen habe. Selbst in den Familien, die mich aufgenommen haben, traf ich nie Frauen.

»Die Frau«, so erklärte mir einmal Dr. Mujadad in Sahiwal, »lebt in einem separaten Teil des Hauses, in den so genannten privaten Räumlichkeiten, wo sie die Herrin ist. Sie zeigt sich nur dem Mann. Ihre Aufgabe sind die Kinder und die Führung des Haushaltes. Der Mann kümmert sich um alles, was außerhalb des Hauses geschieht. Sie nimmt am öffentlichen Leben nicht teil.«

In seinen Aussagen kann ich gewisse Besitzansprüche heraushören, die mich leicht schockieren. Klingt das denn nicht schon fast, als würde man die Frau in Gefangenschaft halten?

Sicherlich stellt das eine Problematik in vielen (islamischen) Staaten dar, da die Gesellschaft meist von Männern dominiert wird. Nur muss man wissen, dass dies nichts mit den Gesetzen des Islam zu tun hat, sondern Ausdruck der gesellschaftlichen Struktur ist. »Die Unterordnung der Frau ist nicht im Koran verankert.«, wie Ruth Pfau in ihrem Buch »Verrückter kann man gar nicht leben«, S.73, schreibt. Gesetze und Bräuche werden den

Ansprüchen und Wünschen der Männer angepasst. Ohne Zweifel ist Pakistan ein Schlusslicht, was die Einhaltung der Menschenrechte der Frau betrifft. Immer wieder haben Menschenrechtsorganisationen darauf hingewiesen, dass Frauen missbraucht werden und sich nicht wehren können, da sie rechtlich nicht abgesichert sind. Sie sind den Männern voll und ganz ausgeliefert.

Ruth Pfau, Lepraärztin und Nonne, die seit vielen Jahren in Pakistan wirkt, bezeichnet die Situation der pakistanischen Frauen als »eine Entwürdigung, die nicht weniger schlimm ist, weil sie nicht als solche empfunden wird.«, s. oben, S.72.

Auch in der »westlichen Welt« hat es Jahrhunderte gedauert, bis Frauen gleiche Rechte eingeräumt wurden und auch heute ist dieser Prozess noch nicht abgeschlossen. Und man darf auch nicht vergessen, dass die pakistanischen Frauen in diese Rolle hineinwachsen und ihr Einflussbereich in den eigenen vier Wänden sehr groß sein kann. Aber im Endeffekt hängt das Glück oder Unglück der Frauen in Pakistan davon ab, ob sie von ihren Männern gut oder schlecht behandelt werden.

Rote Bärte und wilde Turbane

Tiefer und tiefer dringe ich in die Stammesgebiete ein. Die Landschaft verzaubert mich, die Menschen wirken auf mich rau, wild und romantisch. Die holprige Straße schlängelt sich durch Hügel, Einöden, über Abgründe und an vereinzelten Bäumen vorbei. Hie und da begegnet man einem Hirten oder kann eine Nomadengruppe im Hintergrund ausmachen.

Da steht ein kleiner Junge, dreckverkrustet, mit seinem Spielzeug am Straßenrand. Er ist stolz darauf und zeigt mir, welche Luxuslimousine er aus einfachem Draht und Blechdosen gebastelt hat. Ich klatsche anerkennend in die Hände, schenke ihm ein Lächeln und er spurtet voller Stolz davon. Momente später kommt er mit einem Stück Brot und etwas Käse wieder.

Wir schreiben heute den 26. Januar und ich erreiche eine kleine Siedlung namens Sra Dhaka zu Mittag. Mein »Bärlihunger« treibt mich in die örtliche »Dhaba«. Es duftet nach Curry, Zwiebeln und altem Öl. An der Wand hängen einige magere tote Hühner und der Kopf einer Ziege. Blut tropft auf den Lehmboden.

Dieser Ort, der aus fünf Lehmhütten besteht, dient als Haltestelle für die lokalen Busse. Meine Ankunft ruft wie üblich große Neugierde hervor. In kurzer Zeit sind ich und mein Rad von wild aussehenden Gestalten umzingelt. Manche Männer haben leuchtend orange Bärte und weite Umhänge, mit denen sie ihre Gesichter bedecken. Diese Kleidung muss ideal sein, denn sie ist leicht und kühlend und schützt gegen Staub und Wind.

In den Augen dieser Männer erkenne ich Stolz und Selbstbewusstsein. Bouvier, s. oben, S.296: »Der Beluche ist ziemlich selbstsicher. Sein seelisches Wohlbefinden zeigt sich in dem Lächeln, das ständig um seinen Bart spielt, und im Faltenwurf seiner stets sauberen Lumpen.«

Plötzlich vernehme ich Gebrüll aus dem Hintergrund. Die Menge stürmt davon, die Abfahrt der Busse wurde angekündigt. Einige steigen in einen Minibus, andere erklimmen den Anhänger eines Traktors – das scheint wohl die billigere Preiskategorie zu sein. Ich kann mich kaum losreißen von diesen Gesichtern, diesen geheimnisvollen Augen. All das möchte ich ergründen, es in mich aufsaugen, festhalten und mitnehmen.

Mit einem Mal höre ich den Kommandanten hinter mir: »Mr. Bärli, Sie müssten doch schon längst unterwegs sein. Es sind noch 50 km bis zum nächsten Ort.« Ein Blick auf die Uhr verrät mir, dass es nur noch knapp drei Stunden bis zum Einbruch der Dunkelheit sind.

Ich strample, was das Zeug hält, doch angesichts des Gegenwindes scheinen meine Beine vor Schmerzen fast zerspringen zu wollen. Aber »mit Allahs Hilfe« erreiche ich die Nomadensiedlung Mekthar just, als die Sonne hinter den Bergen verschwindet. Rauch steigt aus den kleinen Schornsteinen der Lehmhütten auf. Die Kälte hat sich wie ein unsichtbarer Schleier über die Landschaft gelegt und die Menschen hocken eng zusammen, um sich gegenseitig Wärme zu spenden.

Ich frage nach dem örtlichen Stammespolizist und einige Kinder zeigen mir den Weg. Der Polizist namens Thamschid verpasst mir einen besonders herzlichen Händedruck, indem er meine rechte Hand mit seinen beiden Händen umfasst. Ein ungewöhnlich mediterran wirkender Mensch, dieser unrasierte Kerl, der mich an jemanden erinnert. Ja, jetzt hab ich's, er sieht fast so aus wie der italienische Sänger Eros Ramazotti.

Schließlich esse ich einige selbst gekochte Nudeln und breite meine Schlafmatte am Boden aus. Der kahle Raum ist sehr schmutzig und dunkel, aber sicher und warm. Wenig einladend ist nur die Tatsache, dass der gute Thamschid immerzu auf den Boden spuckt. Auf meine Frage nach der »Latrin« erwidert er nur: »No. No wash two months.«

Wie so oft weiß ich nicht, wo ich zu Mittag essen werde oder wo ich die nächste Nacht verbringen werde. Immer wieder vertraue ich meinem Schicksal und dass ich schon etwas finden werde. Wenn alle Stricke reißen sollten, habe ich mein eigenes Zelt – allerdings nicht sehr geeignet bei nächtlichen Temperaturen von -20 Grad. So ist jeder Tag spannend und immer wieder muss ich aufs Neue auf die Menschen zugehen.

Wenn ich an das Leben im Westen denke, habe ich oft das Gefühl, dass so vieles vorgeplant und verplant ist, so wenig wird dem Zufall und der Spontaneität überlassen. Leidet darunter nicht auch die Offenheit und die Bereitschaft zum Annehmen des Schicksals?

Nicht weit vom Krieg in Afghanistan

Wir schreiben heute den 28.Januar und dieser Tag wird einer der außergewöhnlichsten der ganzen Reise werden … Noch ist es sehr kalt, als ich von meiner Polizeigarde abgeholt werde und wir gemeinsam losziehen. Ich bin froh, sie heute dabei zu haben, denn die Erfahrungen mit Steine werfenden Kindern, die ich schon gehabt habe, möchte ich möglichst nicht wiederholen.

Die Landschaft verzaubert mich und lässt meine Augen nicht zur Ruhe kommen. Manchmal sehen die Berge aus wie der Grand Canyon. Die Straße ist gut und wir kommen zügig voran. Rund alle fünfzehn Kilometer wechseln meine Beschützer. Alle sind sehr nett und äußerst besorgt um mein Wohlergehen.

Langsam naht die Mittagszeit und mein Magen beginnt zu knurren. Meine Begleiter versichern mir, dass wir im 15 km entfernten Außenposten etwas zu essen bekommen werden. Nun ja, die 15 pakistanischen Kilometer werden zu 25 europäischen, aber dies ist hier so üblich.

Es geht den Menschen hier nicht darum, genau zu sein, sondern sie möchten, dass man zufrieden ist. Das ist auch der Grund, weshalb sie zu allem Ja sagen, denn ein Nein wäre fast eine Beleidigung. Das kann schwierig werden, wenn man sich auf etwas oder jemanden verlassen muss. Ich habe dabei gelernt, hier kaum Erwartungen zu haben.

Schließlich erreichen wir den Außenposten von Sanjawi, der aus einer einfachen Baracke besteht. Auf einem Felsvorsprung gelegen wirkt sie verschwindend klein vor den gigantischen Felsformationen, die sich dahinter erheben. Es folgt wie immer ein Begrüßungsritual, Tee und eine »Hausführung«. Alles hier ist ein Ritual, das man über sich ergehen lassen muss. Geduld ist hier viel wert, denn nichts geht schnell. Meine Gastgeber teilen ihr einfaches Mahl mit mir. Es gibt eine Schale heißes Öl, in das man trockenes Brot tunkt, dazu rohe Zwiebeln.

Bevor wir zu essen beginnen, legen alle ihre Teppiche aus und beten. Während die Stammespolizisten sich Richtung Mekka verbeugen, zieht ein amerikanischer B-52 Bomber über unsere Köpfe hinweg. Afghanistan ist nah und der Krieg mit den Talibans in vollem Gange, der Krieg kommt jedoch nie zur Sprache. Die Menschen hier haben Angst und empfinden Verachtung für Amerika. Das ist verständlich, denn viele Taliban kommen aus dieser Gegend – die Talibans sind ja ursprünglich aus Pakistan gekommen. Zu Zeiten der russischen Invasion wurden sie ironischerweise sogar von ihrem heutigen Feind Amerika unterstützt, um die Rote Armee, den Feind der »Freien Welt« zurückschlagen zu können. Damals glaubte man, dass die Kommunisten die größte Gefahr für die »Freie Welt« seien. Jetzt wird Pakistan und besonders diese Region von unzähligen afghanischen Flüchtlingen überflutet. Trotz allem fühle ich mich hier sicherer als in den Straßen von London.

Als es weitergeht, verschlechtert sich die Straße zunehmend und manchmal versinke ich mit meinen schmalen Reifen so tief im Morast, dass ich schieben muss. Als wir einen Wachtposten auf einer Höhe von 2800 m erreichen, machen wir eine Teepause. Und wieder hat sich die Landschaft auf wundersame Art und Weise verändert, denn hier in dieser Höhe wachsen plötzlich Nadelbäume.

Die Innenwände des einfachen Lehmgebäudes sind mit Postern von Waffen bedeckt. Wir alle legen unsere Schuhe ab, die Kalaschnikows werden sorgsam in eine Ecke gestellt und dann beginnt das Gebetsritual. Auch ich setze mich zwischen die Betenden, reflektiere, sammle mich innerlich und schicke Gebete an all die »Götter«, denen ich bislang begegnet bin. Es sind schon eine ganze Menge.

Nach dem Gebet nehmen alle ihre Waffen zur Hand und beginnen plötzlich auf Dosen zu schießen. Was soll ich tun, wenn sie auf einmal mich als Ziel auswählen? Plötzlich reicht mir Saffra Khan, einer der Polizisten, seine Kalaschnikow und lädt sie. Er deutet auf den Abzug und ehe ich's mich versehe, habe ich einen Stein, aber nicht die Dose »erschossen«. Der Lärm des Schusses ist ohrenbetäubend und der Rückstoß beträchtlich. Nun ja, mein Gegner hätte mich sicherlich zuerst erwischt.

Mohammeds Kamel

Als die Dunkelheit hereinbricht, erreichen wir Ziarat, ein beliebtes Erholungsgebiet. Die Temperatur ist bereits weit unter Null gefallen und bei jedem Atemzug hauche ich ein Wölkchen aus. Man setzt mich im einzigen offenen Hotel des Ortes, dem Shalimar ab. Ein alter Herr mit großem freundlichem Gesicht reicht mir einen Schlüssel und kurz darauf sitze ich in einem kleinen Zimmer, halte Finger und Füße gegen die wärmenden Flammen eines kleinen Gasofens.

Nach einem sättigendem Dhal werde ich von Kommandant Mohammed Siddique, dem »Befehlshaber« dieses Distriktes, zu Tee und Biskuits eingeladen. Auf Polstern sitzend begrüßt er mich, ohne sich zu erheben. »Übrigens, mein Stammesname ist ›Mondokhel‹«, verkündet er mit stolzem Blick.

Welch spannende Begegnung mit einem ungewöhnlichen Mann, der ein großes Wissen in Literatur, Politik, Geografie sowie vielen anderen Dingen zu haben scheint. Da staunt man nicht schlecht, hier im wildesten Stammesgebiet einen so gebildeten Menschen vorzufinden. Sein enormes Wissen ist besser zu verstehen, wenn man seine Augen über die Wände voller Bücher und Zeitschriften streifen lässt. »Ich habe viel Zeit«, erklärt er mir, »denn meistens sitze ich hier und koordiniere die Aktivitäten meiner Stammpolizei.«

Gäste wie mich habe er so gut wie nie und deshalb löchert er mich über das Leben im Westen. Aber auch ich habe viele Fragen: »Haben Sie eine Ahnung, welchen Namen ich meinem Fahrrad geben könnte? Es ist mir so ans Herz gewachsen, dass es schon zu einem Freund geworden ist.«

Die Hand in die Hüfte gestemmt, grübelt er für einen Moment. »Qaswa, das wäre der richtige Name.«

»Woher kommt dieser Name?«, möchte ich wissen.

»Es ist der Name des (weiblichen) Kamels, das den Propheten Mohammed trug. Den Legenden zufolge war es ein weißes Kamel. Mohammed soll sogar gesagt haben: Qaswa wird mich leiten, denn sie wird von göttlicher Hand geführt und wird dort halten, wo Allah es möchte.«

So heißt das Rad von diesem Moment an Qaswa.

Als ich mich verabschiede, sage ich ihm noch, wie glücklich ich in diesem Land sei und wie mich die Gastfreundschaft und Hilfe der Menschen berühre. Er schüttelt meine Hand und meint nur: »Wenn du an dich selbst glaubst, dann wirst du die Menschen treffen, denen du vertrauen kannst.«

Als ich in mein Hotel zurückkehre, leuchten die Sterne wie Diamanten über mir, in dieser so klaren und bitterkalten Nacht.

Beschützt wie ein Star …

In der Nacht ist die Temperatur auf -15 Grad gefallen und man kann sich vorstellen, mit welcher Freude ich um fünf Uhr morgens aus meinem Schlafsack krieche. Es ist die reinste Tortur und zu allem Übel rutsche ich auch noch auf dem gefrorenen Toilettenboden aus. Wie ein Stock sitze ich auf dem Rad, als ich losrolle. Die Finger klammern sich an der Lenkstange fest und meine Augenlider drohen einzufrieren.

Mit einem Mal überkommt mich ein wenig Heimweh, denn manchmal erinnert diese Landschaft an Gegenden in der Schweiz, so schön, rein und friedlich scheint sie. Dieser Tagtraum verschwindet jedoch schnell, als ein »fahrendes Kunstwerk«, ein dicker Lastwagen um die Kurve biegt. »Welcome back to Pakistan, Sir.«

Wenig später holt mich die »Armee« ein, die Kommandant »Mondokhel« für mich organisiert hat. Leider scheinen sie nicht so gut auf mich zu sprechen zu sein, für sie ist es wohl noch ein wenig zu früh. Bei manchen hat man das Gefühl, sie könnten kaum ihre schlaftrunkenen Augen öffnen.

Bald darauf lasse ich die Berge hinter mir und kehre in die Wüste zurück. Gegen Mittag findet meine Wachablösung an einem einsamen Wachtposten mitten in der Wüste statt. »Wait 15 minutes«, sagt ein freundlich grinsender Polizist mit großer Nase und einem Mund, der sich über das ganze Gesicht zu erstrecken scheint. Rund um diesen einsamen Wachtposten ist weit und breit nichts zu sehen, außer die Silhouette der Berge im heißen

Dunst. Hier gabelt sich die Straße: rechts geht es nach Afghanistan, links nach Quetta, der Hauptstadt Beluchistans. Von hier sind es nur 30 km bis zur afghanischen Grenze.

Am Straßenrand sitzt eine Frau, unbeweglich, völlig verdreckt unter einer dunkelblauen Burka. In ihrem Schoß liegt ein wimmerndes Baby. Der alte Polizist, der diesen Posten bewacht, hat ein freundliches Lächeln und eine schief sitzende Brille. Das Hemd hängt aus seiner Hose. Er spricht kein Wort Englisch, bedeutet mir jedoch: »Stop here, Afghani.«

Ich warte also, wie so oft. Die Zeit vergeht und die Frau mit ihrem Kind hat sich nach wie vor nicht vom Fleck bewegt. Wie eine bunte Statue kontrastiert sie mit der braunen Wüste. Von Zeit zu Zeit geht der Polizist zu ihr hinüber und bringt ihr ein Glas Tee.

Ich warte und warte und denke mit Sorge an das in absehbarer Zeit schwindende Tageslicht. Noch habe ich 50 km bis Quetta zu bewältigen. Aus den 15 (pakistanischen) Minuten werden zweieinhalb europäische Stunden. Schließlich bestehe ich darauf weiterzufahren, worauf der Alte mürrisch zustimmt und einen Soldaten auf einem kleinen Motorrad hervorzaubert. Nach einigen Kilometern komme ich an den ersten afghanischen Flüchtlingslagern vorbei. Mein Begleiter, der erstaunlich gutes English spricht, erklärt mir ein wenig die Situation: »Illegale Camps – es sind so viele Afghanen gekommen und täglich werden es mehr. Manche leben hier bereits seit einigen Jahren. Sie flüchteten vor den Russen, dann vor den Taliban und nun vor den Amerikanern. Ihr Leben ist eine einzige Flucht.«

Die Behausungen dieser Menschen sind äußerst einfach. Die meisten leben in Zelten aus einfachen Holzgestellen, über die man Decken und Plastikplanen gelegt hat. So weit das Auge reicht, sehe ich Zelte entlang der Straße und unzählige Kinder. Als sie mich entdecken, rufen sie laut und beginnen zu rennen. Immer mehr Kinder kommen hinzu. Während ihres Spurts zur Straße heben sie Steine vom Boden auf. Ich weiß, was das bedeutet und beginne zu treten, was meine erschöpften Beine hergeben. Die ersten Steine treffen die Taschen, dann meine Beine und in die Hüften. Gut, dass ich einen Helm trage. So ist zumindest der Kopf geschützt.

Ich komme mehrere Male unter Beschuss, kann aber immer wieder entkommen. Mein Begleiter kann mir nicht helfen, es sind einfach zu viele Kinder. Obwohl diese Angriffe mir Angst einjagen, kann ich es diesen Kindern kaum übel nehmen. Was muss es wohl für die Kinder bedeuten, hier, unter diesen miserablen Bedingungen, mitten in der Wüste zu leben? Welche Perspektive haben sie schon im Leben? Können sie je in ihre Heimat zurückkehren?

In der Zwischenzeit ist die Sonne endgültig hinterm Horizont verschwunden. Rund zehn Kilometer vor der Stadt werden Qaswa und ich von einem Militärlastwagen mitgenommen. Auf der Pritsche sitzend, sehe ich, je näher wir der Stadt kommen, mehr und mehr Lager. Beeindruckend – beängstigend.

Als ich abends vor dem kleinen Gasofen in meinem Hotelzimmer kauere, lese ich in einer pakistanischen Zeitung von einem ähnlichen Vorfall hier in der Nähe: Am 8. Dezember wurde der englische Journalist Robert Fisk von einer Gruppe afghanischer Flüchtlinge nahe der Stadt Quetta angegriffen. Zunächst begannen Kinder Steine zu werfen und bald hatte sich eine Menge zusammengerottet, die es ihnen gleichtat. Schließlich wurde der arme Journalist von einem Büroangestellten gerettet, bevor man ihn zu Tode steinigte.

Fisk meinte dazu: »Später fand ich heraus, dass in diesem Ort viele afghanische Flüchtlinge untergekommen waren. Viele ihrer Verwandten wurden erst in der vergangenen Woche im Bombardement von Kandahar getötet. Das entschuldigt nicht, dass sie mich so brutal angriffen, jedoch ist das sicherlich ein verständlicher Grund, weshalb sie Westler nicht mögen.«

Als meine Finger langsam auftauen, muss ich an die Kinder denken, die die Nächte draußen, in dieser unglaublichen Kälte, verbringen müssen.

Quetta ist eine staubige Oasenstadt mit der stattlichen Einwohnerzahl von 400 000. Sie ist strategisch wichtig, da sie die Schnittstelle zwischen Afghanistan, Pakistan und dem Iran bildet. Das Stadtbild selbst ist uninteressant, spannend dagegen ist die bunt gemischte Bevölkerung: Stammesangehörige aus der ganzen Region, Punjabis, Pashtunen, Mohajirs und Afghanen.

Die Haupteinnahmequelle ist der Anbau von Früchten, insbesondere Quettas Mangos sind über die Grenzen des Landes hinaus bekannt. Trotz der Trockenheit dieser Gegend ist es dank ausgeklügelter Bewässerungssysteme möglich, die Täler um die Stadt zu bewirtschaften. Allerdings erzählt man mir, dass es seit Jahren nicht mehr geregnet hat und man damit rechne, dass es in 20 Jahren kein Grundwasser mehr geben werde.

Am nächsten Tag werde ich zum Polizeikommandanten gebracht. Er hat mich erwartet und freut sich sehr, dass ich bislang heil durchgekommen bin. »Der Polizist, der dich heute vom Hotel abgeholt hat, bleibt nun immer bei dir. Sein Name ist Tasil. Verlass dein Zimmer nicht ohne ihn. Die Spannung in der Stadt ist groß, zumal viele Taliban aus Afghanistan hier untergetaucht sind. Erst vor einer Woche wurde der amerikanische Journalist Daniel Pearl in Karachi entführt.«

Von diesem Moment an bin ich nie mehr allein. Einerseits beruhigt mich das, andererseits ist meine Bewegungsfreiheit doch erheblich eingeschränkt und ich habe fast das Gefühl, ein Gefangener zu sein. Zum ersten Mal erfahre ich am eigenen Leib, wie schwer es sein muss, ein »Star« oder eine bekannte Persönlichkeit zu sein. Die Einschränkungen sind allerdings nicht so tragisch, da mir so oder so keine Zeit bleibt, Tourist zu spielen. Ich sitze viel am Computer, um Berichte fertigzuschreiben und wichtige Dinge zu organisieren. Vor mir liegen nun fast 700 km der berühmt-berüchtigten Beluchistanwüste – Vorbereitungen müssen getroffen werden.

Einmal frage ich einen meiner Bodyguards mit Namen Abdur Racheet, was es für ihn bedeutet, dass ich hier bin. Er antwortet: »Du bist der Mehan [der Gast] und in diesem Moment bist du wichtiger als alles andere auf der Welt. Du bist nun wichtiger als meine Familie und ich würde mein Leben für das deine opfern.«

Am Abend vor meiner Abfahrt habe ich das Vergnügen, bei Barstads eingeladen zu sein. Jon ist Amerikaner und seine Frau Gabriela ist Schweizerin. Seit einigen Jahren leben sie mit ihrer Tochter in Quetta und arbeiten für verschiedene Flüchtlingsprogramme in der Region. »Ein großes Problem ist«, meint John, »dass die Leute keine Beschäftigung und auch kein Einkommen haben. Deshalb betreiben wir Zentren, wo Frauen verschiedene Dinge nähen und Männer Hilfsarbeiten ausführen. Außerdem unterhalten wir Essensausgabestellen und bieten medizinische Versorgungen. Aber die Situation ist schwierig, wie du bereits gesehen hast. Es sind so viele Menschen und der Flüchtlingsstrom scheint nicht abzubrechen.«

Ich bewundere die beiden sehr, denn das Leben hier muss schwer sein. Trotz allem sind sie heiteren Gemüts – wir lachen viel und Gabriela serviert uns ein köstliches »Zürcher Geschnetzeltes«. Das tut mir alles gut, denn eine solche Unbeschwertheit und Geborgenheit habe ich schon seit längerem nicht mehr erfahren.

»Übrigens, Bärli, willst du nicht mit dem Motorrad weiterfahren? Freunde von uns haben uns hier vor einem Jahr besucht, aber nach einem Unfall mussten sie sofort zurück und ließen ihre Maschinen hier. Wäre doch schneller und einfacher, oder?«

Mein Bodyguard Tasil sitzt draußen mit dem Wachmann in einem kleinen Häuschen und will sich nicht überreden lassen hereinzukommen. Er scheint das so gewohnt zu sein. Am Ende des Abends reichen mir John und Gabriela ihre Hände und beten. Sie beten für den Erfolg meiner Mission und ich bin gerührt. Obschon ich äußerst selten bete, habe ich das Gefühl, dass in ihren Worten viel Kraft steckt. Die kann ich jetzt gut gebrauchen, denn vor mir liegt einer der härtesten Abschnitte meiner Reise, die Durchquerung Tausender Kilometer Wüste und Einöde.

Good news are no news

Vor meiner Abfahrt versammelt sich die gesamte Belegschaft von Nestlé-Quetta vor dem Hotel. Ihnen habe ich viel zu verdanken, sie haben mir mit ihrem Wissen, ihren Kontakten und Computern geholfen.

Auch das pakistanische Nationalfernsehen PVT ist gekommen, um die Abfahrt zu filmen und ein Interview zu machen. Die schon bekannte Frage: »Do you like Pakistan?« beantworte ich mit sehr diplomatischen und zuvorkommenden Worten. Das wird den Menschen hier gut tun, denn die Berichte über dieses Land sind in den vergangenen Monaten alles andere als vorteilhaft gewesen. Im Gegensatz dazu habe ich durchaus positive Erfahrungen gemacht.

Nach dem Motto »Good news are no news« (Gute Neuigkeiten sind keine Neuigkeiten) scheinen sich die Medien meist auf (negative) Sensationen zu konzentrieren, um ihre »Show« besser verkaufen zu können. Insofern bin ich froh, dass *Bike for Help* so viel Medieninteresse weckt. Nicht, dass ich mich so gerne als Schauspieler sehe, aber ich möchte den Menschen Hoffnung geben. Ich möchte ihnen zeigen, dass diese Welt schön und lebenswert ist. Und sie darauf aufmerksam machen, dass diese Welt nicht besser wird, wenn man tatenlos rumsitzt und zuschaut. Einsatz und nicht Resignation heißt die Lösung. Es lohnt sich, sich zu engagieren und mit Menschlichkeit in die Schlacht gegen die Übel der Welt zu ziehen.

Auf in die Beluchistanwüste

Ich fühle mich ein wenig einsam und verloren, als Qaswa und ich Quetta an diesem kalten Wintermorgen verlassen in Richtung wilde Beluchistanwüste. In der Vergangenheit habe ich über dieses berüchtigte Gebiet viel gehört und gelesen: über Banditen, Entführungen, Drogenschmuggel und flüchtige Talibankämpfer.

Als wir den Stadtrand erreichen, verlässt mich Tasil und die Ablösung bleibt vorläufig aus. Kalter Wind pfeift mir um die Ohren, als ich mich den »Lak Pass« emporkämpfe. Ganz plötzlich, ich weiß nicht, wie mir geschieht, dreht das Vorderrad nach links ab. Als ich die unerwartete Richtungsänderung auszugleichen versuche, verliere ich gänzlich die Kontrolle, purzle über die Lenkstange und lande im steinigen Straßengraben.

Was ist denn nur geschehen? Als ich mich wieder aufrichte, bemerke ich, dass die Lenkstange um 90 Grad verdreht ist. Sie muss sich durch die ständigen Erschütterungen gelöst haben und dann ganz plötzlich aus der Halterung gesprungen sein. Ein Glück, dass es beim Aufstieg auf den Pass passiert ist. So komme ich mit einigen blauen Flecken und Schürfwunden davon. Ich möchte mir lieber nicht ausmalen, was bei der Abfahrt passiert wäre, bei berauschenden 60km/h. Bei einer solchen Geschwindigkeit fliegt die Landschaft vorüber, die Straße wird zu einem gleichmäßigen grauen Band und man triumphiert über die langsamen Lastwagen, die man hinter sich lässt. Für diese kurzen Momente wird das an sich träge Gefährt hier zum Porsche der Wüste.

Kurz vor der Ortschaft Kardagap werde ich von zwei Jeeps aufgehalten. Einige Männer in Zivil steigen aus und gehen auf mich zu. »Sind Sie Bärli, der Schweizer Radler?«, fragt mich ein stämmiger Mann. Ich nicke.

»Mein Name ist Captain Masood und ich bin der Polizeichef in diesem Distrikt. Wir haben bereits Nachricht von ihrer Ankunft erhalten und sollen auf Sie Acht geben«, sagte er.

»Wie groß ist denn die Gefahr, den gefürchteten Drogenschmugglern über den Weg zu laufen?«, frage ich.

»Machen Sie sich keine Sorgen. Diese sind zu beschäftigt mit ihren eigenen Angelegenheiten, um Sie zu belästigen. Außerdem benutzen diese meist Schleichwege und benutzen nur bei Nacht die Hauptrouten. Aber seien Sie gewarnt, suchen Sie nachts immer eine Unterkunft.«

Ich bin hier schließlich ein leichtes Opfer, ein sich langsam bewegendes Ziel, wie der pakistanische Botschafter in Delhi das nannte. Außerdem befinde ich mich hier nicht gerade auf einer Touristenroute und so wundert es mich kaum, als der Captain sagt: »Sie sind der einzige Radfahrer in der Region. Wir haben schon lange keinen mehr gesehen. Sie beweisen Mut, denn durch diese Wüste sind erst wenige Radfahrer gekommen.«

Ich habe nicht nur keine Radfahrer, sondern abgesehen von meinen Holländern mit ihrem »Panzer« und den Barsteds seit Wochen auch keine »Westler« mehr gesehen.

Zu meiner Überraschung stellt man mir am folgenden Tag eine besondere Schutzbegleitung zur Verfügung – einen alten Mann mit weißem Bart. Er sitzt auf einem mittelalterlichen Rad, mit einem noch älteren Gewehr über der Schulter. Dem »armen Tropf« hat man nun aufgebrummt, mich bis zum nächsten Versorgungsposten zu begleiten. Immer wieder halte ich an und warte auf ihn, bis er wild schnaufend angestrampelt kommt. Ich frage mich, ob die Chance größer ist, dass ich überfallen werde oder er aufgrund eines Herzinfarkts zusammenbricht. Trotz aller Mühen behält er sein Lächeln.

Spät an jenem Abend sitze ich, in meinen warmen Schlafsack gehüllt, auf dem Bett und tippe die letzten Berichte in mein kleines Laptop. Neben mir erklingt aus kleinen Lautsprechern »Alpenländische Volksmusik«, die meine Cousine Johanna für mich aufgenommen hat. Normalerweise würde ich mir dies nie anhören, aber hier habe ich das Gefühl, dadurch ein wenig Heimat erleben zu können. So ein gedanklicher Ausflug tut gelegentlich ganz gut, denn diese Welt, so sehr ich sie auch mag, sie ist nicht die meine. Ich bin nur ein Gast hier und werde das auch immer bleiben.

Mein größter Feind, der Wind

Zwischen Kardagap und Dalbandin werden die Winde zunehmend extremer – leider ist es meist Gegenwind. Das führt dazu, dass meine Durchschnittsgeschwindigkeit oft unter 10km/h fällt. Der Wind bläst mir gewaltig ins Gesicht und es dauert nicht lange, da stoße ich an die Grenzen meiner physischen Belastbarkeit. Dabei habe ich erst 30 km zurückgelegt und 80 km liegen noch vor mir. Die Beine spüre ich schon längst nicht mehr und doch bewegen sie sich weiter. Meine Kehle ist völlig ausgetrocknet und jeder Atemzug scheint dem Körper mehr Flüssigkeit zu rauben. Aber ich darf nicht zu viel trinken, sonst reichen die Vorräte vielleicht nicht für die verbleibenden Stunden.

Die Landschaft ist rau hier. Zu meiner Rechten bilden die Chagai Hügel die natürliche Grenze zu Afghanistan. Leider gibt es keine Bäume oder Häuser, die den Wind abschirmen könnten oder einen Rastplatz, der ein wenig Schatten spenden würde. Trotz allem bin ich wie verzaubert von dieser unendlichen Weite, wo ein einsamer Ziegenhirt ein Ereignis ist. Der Kamelreiter am Horizont erscheint wie ein Turm vor dem endlosen Nichts.

Wichtig ist es, in solchen Momenten nicht den Humor zu verlieren. Dieser lässt alles leichter ertragen und man beginnt seltsam zu lachen, so alleine mitten in dieser endlosen Einöde, über einen Scherz, den man gar selbst nicht versteht, was aber auch keine Rolle spielt. Solch ein Lachen wirkt befreiend und verbreitet einen Hauch von Überlegenheit – »Und ich schaffe es doch!«

Nach über zehn Stunden auf dem Rad erreiche ich die Militärstation Kadag, erschöpft und völlig ausgebrannt. Der Anblick des Zieles lässt mich vor Freude förmlich aufjaulen, denn ich hatte die Hoffnung schon fast aufgegeben, es vor Einbruch der Dunkelheit zu erreichen. Augenblicke später heißt mich Kommandant Senjawi willkommen und bringt mich in einem kleinen Raum unter. Toilette und Dusche gibt es zwar keine, aber es ist sicher und ich muss nicht im kalten Wüstenwind nächtigen. Ist doch schon fast wie das Hilton, oder?

Als Dank für die freundliche Aufnahme gebe ich meinem Gastgeber Schweizer Vitamintabletten. Das ist das Erste, was ihm zum Stichwort Schweiz einzufallen schien. Er ist so begeistert, dass er gleich drei Tagesdosen herunterschluckt. Nun ja, ich nehme an, er ist robust genug, diese Überdosis an Vitaminen zu überstehen.

Glücklicherweise sorgen die drei Ärzte in meiner Familie stets dafür, dass ich mit »Vitaminbombern« ausgerüstet bin. Dies ist hier besonders wichtig, da die Ernährung leider sehr unausgewogen und einseitig ist.

heißt, Osama Bin Laden sei durch die Beluchistan-
:iste geflohen. Ein Bild von ihm nahe Dalbandin,
kistan, Januar 2002

Eine Karawane, genau wie ich den starken Wüstenwinden ausgesetzt. Nahe Kardagap, Pakistan, Januar 2002

kunft in der islamischen Welt, Moschee von Lahore, Januar 2002, Pakistan

Freitagsgebet in der Moschee von Lahore, Pakistan, Januar 2002

Der »World cyclist« und pakistanische Wunderheiler Dr. Mirza vor seinem beachtlichen Ersatzteillager. Mian Channun, Pakistan, Januar 2002

eine einzige »westliche« Begegnung in Pakistan – Henk und Marianne aus Holland vor ihrem »Panzer«, nahe
hore, Pakistan, Januar 2002

»Bitte alles mit der Ruhe!« Begegnung nahe DG Khan, Pakistan, Januar 2002

Freund oder Feind? Begegnungen in der Busstation von Sra Dhaka, Pakistan Januar 2002

uch ich habe ein Fahrzeug!« Nahe Mekthar, Pakistan Januar 2002

»Die Wüste zieht sich ganz schön hin.« Nahe DG Khan, Pakistan, Januar 2002

Überall nimmt man mich mit offenem Herzen auf. Junge in Mekhtar, Pakistan, Januar 2002

Neue Beschützertruppe. Nahe Loralai, Pakistan, Januar 2002

lpturen auf Rädern in der Wüste. Pakistan, Januar 2002

Man teilt das wenige, das man hat, mit dem Fremden. Christoph von Toggenburg mit Stammespolizisten nahe Loralai, Pakistan, Januar 2002

Beschützt wie ein Star. Christoph von Toggenburg mit Bodyguards in der Wüste nahe DG Khan, Pakistan, Januar 2002

Mein Leben im Paradies

Obwohl die Schweiz ein kleines Land ist, staune ich immer wieder, wie populär und bekannt es in Indien und Pakistan ist. Das kommt hauptsächlich daher, dass in jedem indischen Kinofilm eine Szene in der Schweiz gedreht wird, was entscheidend zum Erfolg eines Filmes beizutragen scheint. Als ich einmal einen Inder danach fragte, antwortete er mir: »Wir lieben die Berge, weil sie so sauber und rein sind. Es gibt dort Wasser und alles ist grün. Das muss doch das Paradies sein?«

Früher zogen die Filmteams ins wunderschöne und bergreiche Kaschmir. Seitdem diese Region jedoch vom indisch-pakistanischen Konflikt in Mitleidenschaft gezogen wurde, kommt man in die »heile« Schweiz.

Man kann sich vorstellen, wie bizarr das wirkt, wenn indische Schönheiten in Saris, vor dem Matterhorn einen Bauchtanz aufführen – oder ein indischer Filmstar durch die noblen Einkaufsstraßen von Zürich mit einem Ferrari fährt.Natürlich gibt dies nur ein einseitiges Bild von der Realität eines Landes, doch für den einfachen oder gar armen indischen Kinobesucher steht fest: »Da gibt es eben doch ein Paradies am anderen Ende der Welt.«

Am Anfang versuche ich den Leuten noch zu erklären, dass das Leben in der Schweiz auch nicht immer leicht ist, doch dann muss ich mir selbst eingestehen, dass es uns – nach indisch-pakistanischen Maßstäben – an nichts mangelt. Praktisch jeder hat ein Dach über dem Kopf, niemand muss verhungern, es gibt Wasser und Elektrizität. Dinge, die man im Westen als selbstverständlich betrachtet, sind hier außergewöhnlicher Luxus. Außerdem wird mir bewusst, dass man den Menschen ihr Paradies lassen muss, selbst wenn es nicht der Realität entspricht.

Sogar im Bazar von Quetta habe ich auf einem Plakat eine schöne Toggenburger Berglandschaft entdeckt: alpenländische Idylle, blühende Bergwiesen, typische Bauernhäuser aus Holz und die massiven Berge im Hintergrund. Da wird einem das Herz warm und man glaubt eine Fata Morgana vor Augen zu haben. Werde ich eines Tages dieses »Paradies« wieder erreichen, die Endstation meiner Expedition?

Hier draußen ist der Alltag von Extremen bestimmt. Die meisten Menschen leben, um zu überleben und die tägliche Herausforderung mit den Elementen nimmt die zentrale Rolle in ihrem Leben ein. Dadurch werden hier Prioritäten ganz anders gesetzt, was auch durchaus positive Auswirkungen haben kann.

Die Menschen leben in einem ganz anderen Bewusstsein. Werte wie Gastfreundschaft und Ehrlichkeit sind Teil ihres Alltags. Es ist für mich immer wieder erstaunlich, dass vor allem es die Einfachsten und Ärmsten sind, die mir helfen. Ich denke, diese Menschen verstehen, was ich brauche, weil sie mir näher sind. Sie kennen meine Bedürfnisse und Probleme, da sie für sie von ähnlich existenzieller Natur sind. Da frage ich mich schon, wie viel Gewicht den Alltagsproblemen zu Hause tatsächlich beigemessen werden sollte.

Der Dokumentarfilm

An manchen Tagen habe ich das Gefühl, in einem Film zu sein. Alles ist so neu und aufregend und jeder Tag hält neue Abenteuer und Überraschungen für mich bereit. Und ermutigt und instruiert durch meinen Freund Claudio von Planta, der Dokumentarfilmer in London ist, halte ich all dies nicht nur auf Fotos, sondern auch in bewegten Bildern fest. Das ist möglich, denn vor meiner Abreise drückte mir mein Freund Scott Cooper seine digitale Videokamera in die Hand. An den meisten Tagen hasse ich dieses Gerät, da es schwierig ist, spontane Szenen zu filmen. Aber trotz allem ist die Kamera mir ein interessanter Begleiter. Zum einen muss ich immer wieder versuchen, die Welt aus den unterschiedlichsten Blickwinkeln zu betrachten, zum anderen ist sie mir ein guter Gesprächspartner. Auch wenn diese Gespräche nur einseitig sind, so rede ich doch oft mit ihr, teile ihr meine Gedanken und Gefühle mit.

»Ein Dokumentarfilm ist nie wirklich authentisch«, klärte mich Claudio auf. »Man muss wie im Kinofilm Szenen drehen, um dem Betrachter das Geschehen möglichst lebendig zu vermitteln.« Man kann sich also vorstellen, wie schwierig es ist, alleine einen Film zu drehen, in dem man auch noch der Hauptdarsteller ist mit einem Stativ als Kameramann.

Wenn ich also eine Szene drehe, so stelle ich die Kamera auf das Stativ, fahre zurück und an ihr vorüber. Damit versuche ich dem Betrachter den Eindruck zu vermitteln, dass alles authentisch ist und der Zuschauer sozusagen auf meinen Satteltaschen sitzend ein Abenteuer miterlebt.

Sand in allen Ritzen

Leider verschlechtert sich das Wetter vor Dalbandin weiter. Ein Sandsturm jagt den anderen, über Hunderte von Kilometern. Der Sand wird mit ca. 60km/h durch die Luft gewirbelt und macht es oft schwer, die Straße von ihrer Umgebung zu unterscheiden. Manchmal blockieren auch ganze Sanddünen die feste Piste und ich muss mein schweres Kamel durch den weichen Sand schieben. Trotz allem genieße ich dieses eindrückliche Naturschauspiel.

Da der Sturm seitlich über die Straße fegt, bitte ich meine »Begleitarmee«, ihren großen Jeep so zu positionieren, dass ich im Windschatten des Fahrzeuges fahren kann ... und es funktioniert.

Links und rechts der Straße erstrecken sich gelbliche Sanddünen in eine unendliche Weite. Diese Sandoberfläche gleicht einer gigantischen Skulptur, die, bewegt durch die Kräfte des Windes, unentwegt ihre Gestalt verändert. Hier, in der Weite der Dünen, verliert sich der Blick in der Ferne, einem Horizont zustrebend, der nicht existiert.

Nach 170 km ohne Pause erreiche ich die Oase von Nokkundi. Die Überraschung des Tages lässt nicht lange auf sich warten: Der Kommandant der Grenztruppen empfängt mich persönlich, lädt mich in die Offiziersmesse ein und bringt mich in der Offiziersunterkunft unter. Auf seiner sehr förmlichen Einladungskarte für das Abendessen steht: »informal dress« (einfache Kleidung). Nun ja, viel Auswahl bleibt mir nicht bei nur einer langen Hose.

Außerdem habe ich ein Zimmer mit Doppelbett und sogar einen eigenen Diener, der vor meiner Türe auf Anweisungen wartet und schließlich Qaswa von all dem feinen Sand befreit. Das ist ein wichtiges Ritual hier in der Wüste, denn der Sand dringt in alle Ritzen und zerstört die bewegliche Mechanik. So reinige ich beinahe täglich alle beweglichen Teile mit einer alten Zahnbürste und Benzin aus dem Tank meines Kochers. Damit kann ich vermeiden, dass die Teile zu schnell abgenutzt werden oder gar verklemmen.

Am folgenden Tag bin ich mehr vom »Windesglück« gesegnet, da der Wind sich um 180 Grad gedreht hat und ich mit fast 50km/h über den Wüstensand »fliege«.

Die letzte Etappe in Pakistan

Die Wüste lehrt mich während unserer vielen gemeinsamen Stunden etliche Lektionen. So muss ich, ob ich will oder nicht, ihre Regeln respektieren und ihnen folgen. Hier draußen bin ich ein Niemand und wenn ich das nicht tue, könnte dies mein Ende sein. Ich kann mir vorstellen, dass das Reisen in der Wüste früher zwar aufwändiger gewesen ist, man dafür sicherlich aber auch mehr Unterkünfte fand. Aufgrund der jetzigen Möglichkeit, mit Fahrzeugen weite Strecken überbrücken zu können, mag es nicht verwundern, dass es zwischen den einzelnen Oasen keine Versorgungsmöglichkeiten gibt.

Bis in die zweite Hälfte des 20. Jahrhunderts gab es noch eine ganze Reihe von Karawansereien, doch im Zeitalter der Straßen und Gaspedale sind die Distanzen zwischen den einzelnen Versorgungsstationen beträchtlich geworden. Damals wurden viele Waren per Kamel und zu Fuß durch die Wüste getragen, wobei eine Tagesdistanz kaum mehr als 50 km betrug. Zwar schaffe ich an »Extremtagen« bis zu 170 km, doch muss ich stets darauf vorbereitet sein, unerwartet aufgehalten zu werden. So könnte eine Panne oder ein plötzlich aufziehender Sturm mein Fortkommen verzögern.

Je näher wir der afghanischen Grenze kommen – an manchen Streckenabschnitten trennen mich weniger als 30 km –, desto gefährlicher wird die Situation. Aus diesem Grund wird meine Begleitung verstärkt und ähnelt schon bald einer kleinen Armee, die aus zwölf bis an die Zähne bewaffneten Sodaten besteht.

Unterwegs halten wir bei einem kleinen verlassenen Teehaus, um eine kurze Pause einzulegen. Als wir ins Innere des Gebäudes treten, finden wir eine frische Feuerstelle vor. An der hinteren Wand hängt ein Plakat, auf dem man Osama Bin Laden auf einem weißen Pferd reitend erblickt. Er hält ein Schwert in drohender Geste, als würde er direkt zum Angriff aufbrechen. Darunter sind die amerikanische Flagge und mit Tüchern verschleierte Kämpfer abgebildet.

Als ich näher an das Bild herantreten möchte, höre ich auf einmal Rufe von draußen. Die Soldaten raten zum sofortigen Aufbruch, denn in dieser Gegend will man keine Zeit verlieren. Vorsicht ist angesagt, denn es wird angenommen, dass Osama Bin Laden und die »Hardliner« der Taliban in dieser Region über die Wüstengrenze nach Pakistan geflohen sind. Glücklicherweise begegnen wir keinen Terroristen, Räubern oder anderen Widersachern und so erreichen Qaswa, die »Armee« und ich unbeschadet am 9. Februar die Grenze zum Iran.

Letztes Ziel auf pakistanischer Seite bildet der Grenzort Taftan, ein deprimierendes Fleckchen Erde voller Schmuggler und bewaffneter Sicherheitskräfte. Captain Zafadi, der Kommandant der pakistanischen Grenzeinheiten, empfängt mich sehr freundlich in der Offizierskaserne. Als wir dann am Abend gemeinsam beim Essen sitzen, erzählt er mir ein wenig von den Schwierigkeiten seiner Aufgabe sowie seinem persönlichen Leben. »Die Situation hier ist nicht einfach, denn es ist schlichtweg unmöglich, alle Grenzabschnitte zu kontrollieren. Außerdem fehlen uns gute Überwachungsmittel wie Helikopter oder Nachtsichtgeräte.«

In unser Essen vertieft, schweigen wir für einen Moment. Mein Blick streift über das kitschige Blümchenmuster der Plastiktischdecke, die offenen Neonröhren an der Wand. Captain Zafadi, der schweigsam in sein Essen starrt, setzt erneut an: »Leider bin ich hier draußen auch sehr einsam. Alles, was ich habe, ist das Fernsehen und meine Arbeit. Es ist mir auch nicht möglich, Kontakt zu meinem Personal zu haben. Ich darf meine Autorität nicht aufs Spiel setzen.«

Im Verlaufe des Abends scheint Captain Zafadi mehr Vertrauen zu schöpfen und beginnt über seine Verlobte zu sprechen: »Ich kann es kaum erwarten zu heiraten. Vor sechs Monaten haben mich meine Eltern verlobt. Ich habe ihnen gesagt, dass es jetzt an der Zeit sei und sie haben eine Frau für mich gefunden. Bislang habe ich nur ein Foto von ihr gesehen, habe sie aber noch nicht kennen gelernt. Hierzulande ist es nicht üblich, seine Braut vor der Hochzeit zu sehen.« Er nimmt einen Löffel voll Reis und seine Stimme nimmt einen fast stolzen Ton an: »Aber ich habe ihr bereits geschrieben. Das ist zwar verboten, aber ich wollte ihr doch ein wenig von mir erzählen. Zurückschreiben kann sie mir natürlich nicht, das weiß ich.«

Ich stelle mir vor, wie schwer es für eine Frau sein muss, hier draußen. Captain Zafadi kommt ursprünglich aus dem Norden des Landes, wo es schöne Berge und grüne Felder gibt. Seine zukünftige Frau ist auch aus dieser Gegend und muss nun in diesem »trostlosen Nest« leben.

Als Qaswa und ich am nächsten Morgen in Richtung Grenzstation aufbrechen, steht Captain Zafadi noch lange vor der Kaserne und winkt mir nach. Nun hat uns beide die Einsamkeit wieder.

Ich denke darüber nach, wie ich nach Pakistan gekommen bin, ohne auch nur eine Menschenseele zu kennen und wie viele warme Herzen ich dann fand. Nun werde ich dieses Land verlassen und bin traurig. Man empfing mich, der ich nur als einfacher Vagabund (wenn auch mit einer speziellen Mission) kam, äußerst zuvorkommend. Ich kam ohne Vorurteile und wurde dafür belohnt – wirkliche Enttäuschungen habe ich nicht erfahren.

Der Iran ist jetzt nur noch einen Katzensprung entfernt. Wieder komme ich in neues Land, in dem ich noch nie zuvor gewesen bin. Wieder werde ich neue Menschen treffen und mein inneres Gefühl sagt mir, dass »die Götter« mich zu den richtigen führen werden.

Kurz vor Mittag schiebe ich Qaswa durch die »stacheldrahtbewehrten« Tore. Als schließlich der pakistanische Grenzbeamte meinen Pass stempelt, sieht er mich mit großen Augen an: »Sie können sich gar nicht vorstellen, wie viele Leute in diesem Land sich Sorgen um sie gemacht haben …«

5. IRAN

Endlose Wüsten, wundersame Begegnungen

Ein schwieriger Start

Einige Stunden später und nach dem Ausfüllen etlicher Formulare bin ich dann schließlich auf der iranischen Seite. So etwas bin ich gewohnt, doch die hiesigen Sicherheitskräfte scheinen im Gegensatz zu ihren pakistanischen Kollegen wesentlich unfreundlicher und ungebildeter zu sein. Schließlich erhält ein Haufen Soldaten den Befehl, mich in die nächste Stadt zu eskortieren. Obwohl mir der Schutz nicht unlieb ist, scheint mir die ganze Aktion eher ein Akt von Angeberei zu sein angesichts des riesigen Geschützes auf der Ladefläche ihres Jeeps. Es fällt mir auch schwer, mich zu verständigen, da niemand ein Wort Englisch spricht und ich noch keine Ahnung von Farsi, der Landessprache des Irans, habe.

Trotz aller Hindernisse erreiche ich spätabends Zahedan (Asket in Farsi), die erste Stadt nach der Grenze. Noch vor nicht allzu langer Zeit hieß die Stadt noch »Dozda« (Diebe), passenderweise, denn hier befindet sich ein wichtiger Umschlagplatz für Diebes- und Schmuggelgut aus Afghanistan und Pakistan. Trotz des schlechten Rufes der Stadt entscheide ich mich, einen Tag in Zahedan zu bleiben. In mir hat sich Erschöpfung ausgebreitet, mein Kopfweh hämmert und die Muskeln wie auch der Geist brauchen ein wenig Erholung. Die ganze Beluchistanwüste habe ich durchquert, ohne mir eine Pause zu gönnen.

Abgesehen von allen körperlichen und geistigen Wehwehchen muss ich einige Probleme lösen. Leider ist das letzte Versorgungspaket für mich nie in Pakistan angekommen und so fehlen mir einige wichtige Landkarten, Ersatzteile sowie mein heiß geliebtes und praktisch lebensnotwendiges Müsli. Anstelle dessen esse ich Babybrei – kein idealer Energielieferant, aber besser als nichts.

Leider entwickelt sich auch die Suche nach einer Karte als äußerst schwierig. Die wenigen, die ich finde, sind alle zu ungenau und zudem in arabischer Schrift. Trotz dieser Schwierigkeiten genieße ich meinen Tag hier, wandere durch die Stadt und bewundere die bunt gemischte Bevölkerung: Araber, Beluchen, Afghanen, Iraner …

Und endlich sieht man wieder Frauen, die sich – im Gegensatz zu Pakistan – auf der Straße blicken lassen dürfen. Die iranischen Frauen sind in einen dunklen Tschador gehüllt, der den ganzen Körper bedeckt und lediglich die Gesichtspartie freilässt.

Ohne Karte, ohne Hilfe

Es wird immer später und immer noch keine Spur von einer brauchbaren Karte! Glücklicherweise bringt man mich am späten Nachmittag in ein Regierungsbüro, wo man verspricht, mir eine Karte zu besorgen. Eine junge Frau, die das Büro leitet, ist besorgt um mein Wohl und erzählt mir von einem anderen Radfahrer, der hier durchkam: »In der Wüste hat er sein Rad auf einen Lastwagen aufgeladen, sonst wäre es viel zu gefährlich gewesen.« Am Abend bekomme ich tatsächlich eine Karte, die zwar einfach ist, aber genügend Informationen enthält. Gutes Kartenmaterial ist hier draußen äußerst wichtig: Nicht nur, dass ich mich damit orientieren soll, auch die Einteilung der Route hängt davon ab und kann von »überlebenswichtiger« Bedeutung sein – Fehleinschätzungen dagegen tödlich.

Schließlich verlasse ich Zahedan in Richtung der Wüste Lut. 400 km »Nichts« liegen nun vor mir, eine der einsamsten und trockensten Landschaften der Welt. Schon Bouvier (s. oben, S.271), ein Schweizer Abenteurer, schrieb über sie: »Was Begegnungen und Unterkünfte angeht: ungefähr die Dichte einer Hand voll Reiskörner, die der Wind verweht.«

Laut meiner Karte gibt es vier Oasen bis zur nächsten Stadt. Das müsste reichen, um die Strecke zu überbrücken, doch sicherheitshalber werde ich mehr Wasser zuladen. Zudem hat mir gestern ein junger Iraner erzählt, dass diese Wüste bekannt sei für ihre wilden Sandstürme. Er habe noch nie von einem Radfahrer gehört, der diese Wüste durchquert habe.

Bereits 100 km außerhalb der Stadt werden meine Wasserreserven knapp, denn trotz Rationierung ist mein Wasserverlust zu groß. Leider kann auch von einer Oase keine Rede sein, an der ich meiner Karte zufolge bereits vorbeigekommen sein sollte.

Nun bin ich verloren in dieser glühenden Hölle. Weit und breit ist nichts zu sehen außer einigen Steinformationen am Horizont. Bin ich nun am Ende, soll ich versuchen umzudrehen oder hoffen, dass doch noch eine Oase kommt? Aber wie so oft auf dieser Tour, leisten auch dieses Mal meine Schutzengel ganze Arbeit. Plötzlich erscheint in der Ferne eine schimmernd blaue Fata Morgana, die jedoch nicht verblasst. Wenige Augenblicke später hält ein Mercedes-Kleinbus neben mir, worauf mir ein deutsches »Hallo« zugerufen wird. Zu meinem Erstaunen prangt auf der Windschutzscheibe in Großbuchstaben die Aufschrift »AVE MARIA« – und das in einem streng islamischen Land!

Am Steuer sitzen Irmi und Frank aus Hannover. Auch sie sind auf dem Weg zurück nach Europa, mit einer Mission, die wohl nicht weniger verrückt erscheint als die meine. »Inspiriert von der Mutter Gottes«, wie Frank es ausdrückt, haben sie es sich zum Ziel gemacht, Heiligenstatuen und andere »Kirchenutensilien« zu Pfarreien nach Indien zu bringen. »Als Dank haben uns die Inder nun das Ave Maria draufgeklebt.«

Ein Blick ins Innenleben des fahrenden Heims offenbart noch mehr. Man hat förmlich das Gefühl, in einem kitschigen Souvenirgeschäft in Lourdes zu stehen – alles ist vollbehangen mit allerlei Heiligenstatuen, kleinen Skulpturen der Gottesmutter, Kruzifixen; das Bild wird abgerundet durch einen krächzenden Papageien und eine Katze, die sich das Fell leckt.

Tapfere Leute, so denke ich mir. Ob man ihre Mission für sinnvoll erachtet oder nicht, der Mut, mit einer solchen Ladung durch zwei streng islamische Länder zu fahren, ist bewundernswert.

Frank und Irmi sind sehr liebenswürdig, versorgen mich mit Tee, Wasser, Pumpernickel-Brot aus der Dose, Tomaten und Ziegenkäse. Anscheinend hat die Muttergottes mein »Flehen« gehört und mir ihre beiden Engel geschickt. Wieder einmal haben sich meine Probleme wie von selbst gelöst. In der kleinen Oasenstadt Bam, inmitten der Wüste Lut, kann ich sogar ihre sehr gute Karte kopieren.

Das Treiben in der Stadt tut mir gut, denn die Nähe zu den Menschen hat mir ein wenig gefehlt. Auch die Zeit mit Irmi und Frank ist eine große Bereicherung. Ich genieße es auch, dass ich seit vielen Wochen zum ersten Mal wieder Deutsch sprechen kann.

Bam ist ein lieblicher Ort und als ich so ganz in der Früh aus meinem Schlafsack krieche, zwitschern draußen die Vögel und in der Luft liegt ein

Hauch von Frühling. Es riecht förmlich nach neuem Leben und die Erinnerung an die Erschöpfung beginnt sich zu verabschieden. Das Leben beschert mich immer wieder so mit seinem Reichtum, dass ich manchmal fürchte, ich könnte vor Glück platzen. An manchen Tagen bin ich so glücklich, dass ich die ganze Welt umarmen könnte, manchmal würde ich gerne weinen und manchmal fehlt mir eine Schulter zum Anlehnen.

Kurze Zeit später schlendere ich an einfachen Lehmhäusern vorbei durch die schlafende Stadt. Doch diese morgendliche Ruhe täuscht. In einem anderen Teil der Stadt findet eine »anti-amerikanische« Demonstration statt, denn heute ist der 23. Jahrestag der islamischen Revolution. Man hat mich gestern schon davor gewarnt, ins Zentrum zu gehen, da die Angriffe auf den Islam bzw. aufs islamische Afghanistan die anti-westliche Stimmung im Land anheizen. Natürlich wird Amerika immer als Paradebeispiel für die Haltung des »kapitalistischen Westens« angesehen.

Von zuckersüßen Datteln und einer Geisterstadt

Die Oasenstadt Bam, verloren in der Wüste Lut, ist bekannt für zwei besondere Dinge. Zum einen wachsen hier die besten Datteln des Irans, die in die ganze Welt exportiert werden, und zum anderen befindet sich hier die sehr gut erhaltene Zitadelle »Arg-e Bam«.

Schon von der Stadt bin ich an den riesigen Dattelpalmen vorbeigekommen, die bereits Früchte tragen. Ich habe mir sagen lassen, dass die Haupternte im September stattfindet, und dann die besten Datteln erhältlich seien. Das kann ich mir kaum vorstellen, da die frischen und süßen Früchte bereits jetzt so gut schmecken, dass man sich mit ihnen auf eine dauerhafte Affäre einlassen muss. Zu diesem Zeitpunkt kann ich noch nicht wissen, dass ich in den kommenden Wochen eine wahre »Dattelsucht« entwickeln werde.

In meiner Erinnerung sind Datteln immer nur diese trockenen, plastifizierten, braunen Dinger gewesen. Eine gewisse Ähnlichkeit mit den kandierten Kakerlaken Kambodschas lässt sich nicht ableugnen. Die frischen Früchte hingegen sind butterweich, mit einer Außenhaut, die dezent knackt. Wenn man sie durchbissen hat, glaubt man sich die köstlichste Praline auf der Zunge zergehen zu lassen.

Neben dem »modernen« Bam gibt es auch noch ein Bam aus vergangener Zeit, eine Stadt voller Schönheit und Geheimnisse. Verborgen hinter gigantischen Mauern liegt diese Stadt, die bereits im 3 Jhd. n. Chr. gegründet wurde und um 1722 nach der afghanischen Invasion verlassen worden ist. Die »Arg-e Bam« ist umgeben von einer hohen Befestigungsmauer mit 36 Türmen und einem Schutzgraben. Allzu leicht verliert man sich in diesem Labyrinth endloser Mauern und Winkel. Dazwischen erlauben kleine Fensterchen Blicke in den endlos tiefblauen Himmel. Obwohl die Stadt schon seit beinahe 300 Jahren verlassen ist, kann man sich das Leben und Treiben in den engen Gassen lebhaft vorstellen, denn man hat fast das Gefühl, dass die Menschen erst kürzlich von hier weggezogen seien.

Dass die Stadt so gut erhalten ist, verdankt sie der geringen Niederschlagsmenge, denn hier regnet es nur alle paar Jahre. Man kann sich vorstellen, wie schnell die einfachen Mauern aus Sand und Lehm vom Regen zerstört werden würden.

Oben am höchsten Punkt, einem Festungsturm, höre ich eine wohl klingende Melodie. Ein junger iranischer Student sitzt in einer Ecke mit seiner Gitarre und singt der Wüste ein melancholisches Lied von der Liebe und der Sehnsucht. Die Melodie gehört hierher, verschmilzt und wird eins mit dieser Landschaft, die Schönheit und Verderben zu einen scheint. So weit das Auge reicht, kann man nur Sand und Steine sehen. Und mitten darin liegt die grüne Oase von Bam, wo man, von süßen Datteln verführt, ein Paradies findet.

Einsichten in der Wüste

Nach einem Tag Ruhe sind Qaswa und ich wieder unterwegs. Nun gilt es den zweiten Teil der Wüste Lut zu bezwingen. Leider bläst der Wind bereits in den frühen Morgenstunden sehr heftig und innerhalb von zwei Stunden bin ich in einem Sandsturm gefangen, der mich mehrere Male von der Straße pustet. Ich habe ihn so satt, diesen Sch...wind! Mehr als 1000 km habe ich schon gegen ihn gekämpft und jeden Abend krieche ich in meinen Schlafsack, in der Hoffnung, der Wind lege sich nun auch zur Ruh.

In der Früh wache ich dann auf und strecke, mit noch halb geschlossenen Augen, die Nase in die Luft und stelle frustriert fest, dass der Wind immer noch weht. Leider immer wieder in die falsche Richtung. Einmal, nur so aus Neugierde, wende ich das Rad und erreiche innerhalb weniger Augenblicke 45km/h, ohne auch nur die Pedale berühren zu müssen. Kann denn nicht jemand den Schalter umlegen, einfach so um 180 Grad? Dann wäre ich schon bald zu Hause.

Im Kampf gegen diese unsichtbare Gewalt wird das Rad so schwer, dass man glaubt, einen Bleiklotz zu bewegen, und mit jedem Tritt in die Pedale scheint man Berge erklimmen zu müssen. Aber so sehr man über den Wind fluchen mag, auch er ist Teil dieser Landschaft. Ob ich ihn nun mag oder nicht, ob er mich nun zur Verzweiflung treibt oder nicht, nichts wird sich daran ändern, dass er weiterbläst. Ich kann resignieren oder mir bewusst werden, dass ich diese Situation nicht ändern kann – aber meine Einstellung zu ihr. Meine stärkste Waffe ist die Hoffnung. Sie motiviert, schafft Weitblick und Perspektive.

Da muss ich an die Worte von Ruth Pfau (s. oben, S.101) denken: »Zur Zeit der Schneeschmelze ist der Indus eine schlammige Flut. Wenn der Wasserspiegel sinkt, bleiben Seen im Felsen zurück. Und weil sie den Zusammenhang mit dem Fluss verlieren, setzt sich der Schlamm. Und sie leuchten in einem Blau, in einem unwahrscheinlichen, einem jenseitigen Blau. Als ich diese schlammigen Massen sah und dann dieses stille Blau, diese himmlische Reinheit, da dachte ich mir: So müsstest du leben können. Dich ganz aus den Geschäften der Welt zurückziehen. Auf der Rückfahrt ging mir aber auf: Wenn man das tut, dann ist man in drei Monaten ausgetrocknet. Zum Leben gehört, dass man sich die Hände schmutzig macht.«

Dieser Worte eingedenk fühle ich mich von neuem motiviert und kann wieder Grenzen überschreiten. Meine Gedanken und meine Hassliebe zur Wüste habe ich in der »Ode an die Wüste« zusammengefasst.

Ode an die Wüste

Viele Gedanken gehen durch meinen Kopf, während ich mich durch diese eintönige Landschaft bewege.

Hier draußen bin ich nur ein Sklave. Hier draußen kann ich nichts gegen die Kräfte der Natur ausrichten.

Mein Fortkommen ist langsam, was mich Zeuge jeder Veränderung, jedes Grüns, jedes Hügels, jedes Geräusches und jedes Geruches werden lässt.

Mir bleibt ja doch keine andere Wahl, als mich an die Gegebenheiten anzupassen, ob ich dies möchte oder nicht.

Diese Tatsache soll mein Lehrer, mein Freund und mein Feind sein.

Die Wüste scheint mir Filme des Lebens zu zeigen, das meines eigenen als auch das der anderen.

Reflexion und Erneuerung sind das Resultat.

Hier draußen findet das Leben seine Wurzeln.

Hier zu leben ist eine Frage des Überlebens und nichts anderes.

Einfache Werte zählen.

Den gewohnten Luxus gibt es nicht mehr, anderes schafft Glück:

… ein Tropfen Wasser, ein Lebenszeichen im Sand, ein Schatten spendender Baum, ein warmer Unterschlupf in der Nacht, ein freundliches Lächeln im rauen Gesicht, das süße Fleisch einer Dattel …

Das Leben und das Glücklichsein ist eben doch simpel.

… einem nicht existierenden Horizont entgegen rollend, entlang endloser Ebenen,

leben Qaswa und ich den Augenblick,

mit dem Ziel, alles und nichts zu erreichen.

Trotz der starken Winde erreiche ich spätabends die Oasenstadt Kherman. Ich bin erledigt, Qaswa auch. Bei einer kurzen Pause unterwegs wurden wir von einer seitlichen Böe in die steinige Wüste gedrückt, wodurch der Seitenständer brach und die Gangschaltung verbogen wurde. Qaswa braucht nun dringend eine Reparatur und ich ein Bett.

Nach all dem Sand und der Einöde empfängt man uns fürstlich im einfachen »Amir Guesthouse«. Man gibt mir eines der besten Zimmer, denn das Hotel ist leer. Ich bin der einzige Gast und der erste Ausländer, den sie seit langem gesehen haben.

Am Abend sitze ich noch lange auf dem Balkon, koche mir seit langem mal wieder Nudeln auf meinem Benzinkocher und genieße den Ausklang eines schweren Tages.

Lebendiger Orient

Der Orient kann am besten durch Gerüche und Geräusche seiner Bazare beschrieben werden. An jeder Ecke riecht es wieder anders – nach einem anderen Gewürz, einer unbekannten Speise – oder man erschnuppert den süßlichen Verwesungsgeruch der offenen Müllhaufen. Hier gibt es keine Geruchsvernichtung hinter verschweißtem Plastik, keine Verfallsdaten oder Kalorientabellen. Hier kauft man mit Nase, Auge und Verstand.

Stundenlang kann man sich so durch dieses kilometerlange Labyrinth der Vielfalt treiben lassen und sich im Gedränge der Massen verlieren. So auch im »Bazar-e Vakil« (Vakil Basar) in Kherman, der das Leben in all seiner Buntheit und Vielfalt widerspiegelt. Hinter mir ein Eimerverkäufer, vor mir ein Thermoskannenverkäufer, die sich beide in ihrem Geschrei zu übertreffen versuchen. Ihre lauten Stimmen klingen jedoch fast schon wie eine Melodie, die sich in die Lärmkulisse harmonisch einfügt. Schon bald wird man Teil dieser Inszenierung und beginnt den lebendigen Orient zu genießen.

So ein orientalischer Bazar hat seine Funktion und Ordnung, auch wenn er für den westlichen Betrachter chaotisch erscheinen mag. Hier trifft man sich, Geschäfte werden erledigt, Neuigkeiten ausgetauscht, Pläne geschmiedet und Schwarzgeld gewaschen. In diesen engen Gassen tummeln sich: Metzger, Teppichverkäufer, Handwerker, Gewürzhändler ... Mit allen, aber ganz besonders den Teppichhändlern, muss man natürlich Tee trinken, sonst sind sie beleidigt: kein Handel ohne sozialen Kontakt.

Einmal bei den Teppichhändlern »gefangen«, beginnen sie die schönsten Stücke für mich auszubreiten. Ich würde gerne einen nehmen, vielleicht auch nur, um von diesem Redeschwall erlöst zu werden, aber Qaswa, ein Teppich und ich – das wäre wohl doch ein wenig zu viel.

Das Handeln, das von einem erwartet zu werden scheint, ist so eine Sache für sich. Normalerweise stehen keine Preise auf den Produkten und für einen Ausländer kosten diese natürlich sofort 100% mehr. Aber der Händler scheint enttäuscht zu sein, wenn man nicht um den Preis ringt. All dies ist Teil eines Rituals und erst wenn die Augen des Verkäufers feucht werden, weiß man, dass der Preis stimmt.

Als ich an den Fleischhaufen der Metzger vorbeigehe, starren mich an großen Haken aufgehängte Schafs- und Rindsköpfe an. Überall schwirren

Fliegen umher und in einer Ecke hocken einige Katzen und verspeisen übrig gebliebene Innereien. Einer der Metzger erklärt mir, dass Kherman berühmt sei für eingekochte Schafsköpfe, die samt Augen und Gehirn gekocht und anschließend verspeist würden. Na dann »Bon appetit«.

Ruhe findet man erst wieder im alten Teehaus »Cayxane Sonatiye Vakil«, das hinter einem Tor des Bazars verborgen liegt und in einem alten Hamam (Türkisches Bad) eingerichtet wurde.

Als ich den großen Raum betrete, kann ich kaum glauben, mich eben noch im Trubel des Bazars befunden zu haben. Es ist ruhig hier, die Luft geschwängert vom süßlichen Rauch der Wasserpfeifen. In der Mitte ist ein kleiner Springbrunnen, der still vor sich hin plätschert, ringsherum sitzen die Besucher auf kleinen Hockern oder liegen auf bunten Teppichen. Von allen Seiten kann man rege Unterhaltungen vernehmen.

Kaum habe ich mich niedergelassen, bitten zwei Iraner, Jalad und Hussein, ob sie sich zu mir setzen könnten. Beide sind in der Tourismusbranche tätig, doch lassen die zurzeit wenigen Reisenden ihnen viel Freizeit. Jalal betreibt ein Hotel und Hussein eine »Reiseagentur«. Bedrückt meint er: »Vor einem Jahr war die Stadt noch voll mit Touristen. Aber seit dem 11. September kommt hier niemand mehr her. Auch haben alle Reisegruppen abgesagt, nachdem G. W. Bush den Iran als Teil der ›Achse des Bösen‹ bezeichnet hat.«

Jalad lädt mich zum Abendessen ein; er hat viele Jahre in Deutschland gelebt, kehrte jedoch nach einer gescheiterten Ehe in den Iran zurück. Als er mich am Abend abholt, sprechen wir nur Deutsch. Zu groß ist seine Angst, dass seine Aussagen gehört werden, groß ist auch seine Frustration. »Ich liebe den Iran, aber das Regime ist wertlos. Wir haben keine Freiheit und alles ist teurer geworden. Damals versprach man der Bevölkerung Wohlstand, kostenlose Energie, Arbeitsplätze usw.«

»Aber wie war das vor der islamischen Revolution vor 23 Jahren?«, frage ich ihn.

»Die Zeiten waren viel besser. Wir hatten alle Freiheiten und wurden vom Westen respektiert. Stell dir vor, man brauchte nicht einmal ein Visum, um nach Europa zu reisen.«

»Und wie unterschiedlich ist die Denkweise zwischen Arm und Reich?«

»Grundsätzlich sind beide unglücklich. Die Reichen haben zwar das Geld, aber keine Freiheit, und die Armen keins von beiden.«

Nach diesem kurzen Gespräch tuckern wir mit einem kleinen Motorrad durch die neonbeleuchtete Stadt, vorbei an einer überdimensionalen Büste von Khomeini, um schließlich in einer kleinen Seitengasse zu verschwinden. Am Azadi Platz tummeln sich die Jugendlichen der Stadt und verbringen den Abend bei Pizza und Eis. Diese so genannte Pizza ist hier zu Lande nichts anderes als ein festes Fladenbrot mit Käse und Ketchup. Obwohl diese Ansammlung junger Menschen völlig harmlos zu sein scheint, herrscht hier eine klare Geschlechtertrennung, die von den stets präsenten Mullahs (unterste Stufe der schiitischen Geistlichen) überwacht wird.

Bald darauf knattern wir durch enge und dunkle Gassen zum Haus von Jalads Bruder. Dieser hat sich vorzeitig pensionieren lassen, seine Frau sei jedoch noch als Gynäkologin tätig. Ich staune nicht schlecht, denn das Haus ist groß und zeugt von einer wohlhabenden Familie. Hier sehe ich zum ersten Mal im Iran Frauen ohne den Tschador. Die Tochter bemerkt mein Erstaunen: »Draußen müssen wir uns verhüllen, aber in den Häusern tragen die Frauen ganz normale Kleider.«

»Aber was würde geschehen, wenn du dich weigerst, den Tschador zu tragen?«, frage ich neugierig.

»Sie würden mich einsperren und zwingen, das Gewand wieder anzuziehen. Aber man gewöhnt sich daran. Der Tschador ist ganz praktisch. Man kann sich darunter verstecken und der Sand kommt so auch nicht in jede Ritze.«

Über diese Aussage muss ich dann doch grinsen, wenn auch kaum alle ihre Geschlechtsgenossinnen den Tschador so wenig negativ beurteilen dürften.

Die Tour geht weiter und Jalad bringt mich zu seiner Mutter. Besonders in Persien (wie der Iran vor der iranischen Revolution hieß) ist man stolz auf den Gast des Hauses und so werde ich allen Mitgliedern der Familie präsentiert. Als wir die einfache Behausung der fast blinden alten Frau betreten, sitzt sie auf einem Kissen am Boden. Sie hat ein faszinierendes Gesicht und ich kann meine Augen kaum von ihr abwenden. Es ist so zerfurcht und voller Lachfalten – es scheint, als würde das ganze Gesicht immerzu lachen. Jeder Gesichtszug drückt für mich erlebtes Leben aus. Sie ist bedrückt, denn die beiden heroinabhängigen Nachbarn machen viel Lärm und seien oft unzurechnungsfähig.

n Wüstenstaat liegt vor mir. Qaswa vor Km-Schild an
r iranischen Grenze, Taftan, Iran, Februar 2002

Mein kleiner Bär wacht über mich und die Straße,
Iran, Februar 2002

e Wüste – mein Freund und mein Feind, nahe Bam, Iran, Februar 2002

Die Zitadelle von Bam, Iran, Februar 2002

Bazar. Kherman, Wüste Lut, Iran, Februar 2002

Das heimatliche Toggenburg – in der Wüste gefunden! Bazar von Kherman, Iran, Februar 2002

Ein Engel in der Wüste. Ali in seiner einfachen Behausung, Sarvestan, Iran, Februar 2002

mmt man nach dem Kampf wirklich direkt in den Himmel? Märtyrerdarstellung, Shiraz, Iran Februar 2002

nter und immer wieder hoch hinauf. Nahe Kashan, Iran, März 2002

Gespenster der Gegenwart. Ruinen von Persepolis, Iran, Februar 2002

Extremsituationen können Lehrmeister für das ganze Leben sein. Nahe Mianeh, Iran, März 2002

Das persische Blau fasziniert und beruhigt das Auge. Blaue Moschee, Isphahan, Iran, Februar 2002

mmunikation in der Wüste mittels Satellitentelefon,
ianeh, Iran, März 2002

Die islamische Revolution scheint innerlich zu bröckeln. Iran, Februar 2002

Besuch meiner Familie (v.l. Vater Hannes, Schwester Alexandra, Bruder Friedrich, Mutter Martha-Maria) lädt »Batterien« auf. Esphahan, Iran, Februar 2002

Auch im Iran gibt es Lepra. Rukia Shirzadee (60), Leprapatientin im Leprosorium Bababaghi, Tabriz, Iran, März 2002

»Wer ist scheller, das Rad oder mein Vierbeiner?« Begegnung in den Bergen nahe Khalkhal, Iran, März 2002

Die Einsamkeit ist manchmal schwerer zu ertragen als die schweren Taschen auf meinem Rad. Nahe Mianeh, Iran, März 2002

Jalad nimmt heute seine alte Mutter mit zu sich. Auf dem Nachhauseweg erzählt er mir, dass 20% der Iraner drogenabhängig seien. »Die meisten Drogen kommen durch die Wüste aus dem nahen Afghanistan.«

Ob seine Behauptungen nun stimmen oder nicht, kann ich nicht beurteilen. Aber ich kann die Probleme der Menschen und besonders der jungen Leute nachvollziehen, deren Streben nach Unabhängigkeit und Freiheit stets an Grenzen stößt oder gar im Keim erstickt wird. Auf jeden Fall wird die Situation bei einer (inoffiziellen) Arbeitslosenrate von 50% sicher nicht leichter und so mögen Drogen vielleicht eine Möglichkeit zur Flucht versprechen.

Da wird mir wieder bewusst, wie frei und unbeschwert mein Leben im Westen ist. Ist denn nicht die Freiheit das größte menschliche Gut?

Als wir uns verabschieden, bittet mich Jalal noch um einen Gefallen: »Bitte sage den Leuten im Westen, dass die Iraner gute Menschen sind.«

Noch lange denke ich an diesem Abend über den heutigen Tag nach. So schreibe ich am 13. Februar in mein Tagebuch:

»Während meiner vielen Begegnungen mit den unterschiedlichsten Menschen stelle ich fest, wie unglücklich die meisten mit der jetzigen Situation sind. Viele wollen eine Veränderung sehen, aber ich frage mich, ob sie dafür bereit wären. Könnte das demokratische Gedankengut hier überhaupt funktionieren und würde ein eventuelles neues Regime von den Fehlern der Vergangenheit lernen?«

Mein letzter Tag hier in Kherman ist ziemlich stressig, denn in rund einer Woche werde ich meine Eltern in Shiraz treffen und es sind noch viele Dinge zu erledigen und über 500 km zu bewältigen. Es geht in erster Linie darum, die Versorgung zu organisieren, meine Ankunft in Teheran vorzubereiten, mich um neue Filme, Ersatzteile, Presse etc. zu kümmern. Natürlich läuft alles übers Internet, das nun auch hier so langsam Einzug hält.

Nach einer langen Irrfahrt durch die Stadt lande ich schließlich in einem Internet Café (Coffee Net). Über 100 neue Nachrichten sind eingegangen und nach drei Stunden habe ich es noch immer nicht geschafft, eine einzige persönliche Nachricht zu beantworten. Ich habe viel nachzuholen, denn die lange Zeit in den Wüsten Beluchistan und Lut hat mich von der Welt abgeschnitten.

Als ich so vor meinem Bildschirm sitze, höre ich plötzlich Gelächter von anderen »Surfern«. Neugierig wende ich meinen Blick zu drei iranischen

Jugendlichen, die voller Spannung auf verschiedene »Pornoseiten« starren. Über ihnen prangt ein leuchtend gelber Zettel: »Strictly no porn sites!« (Pornoseiten streng verboten!)

Als Nächstes muss ich mich um meine Freundin Qaswa kümmern: Vier gebrochene Speichen am Hinterrad, Probleme mit der Schaltung und ein gebrochener Ständer sind in Ordnung zu bringen. Dank der Hilfe von Hussein, dem »arbeitslosen« Reiseveranstalter, finde ich bald eine »Werkstatt«. Nun ja, diese Bezeichnung scheint wohl ein wenig hochgestochen für diese winzige Baracke aus Lehmziegeln. Im Innern sind die Wände gespickt voll mit Ersatzteilen und »Radleichen«. Nichts wird hier verschwendet, denn selbst ein verbogener Rahmen ist immer noch ein Ersatzteillieferant.

Nun beginnt die Operation. Ich sitze neben meinem treuen Rad und hoffe, dass dieser Eingriff Besserung verspricht. Ein zweiter Mechaniker assistiert. Leider hat der Mechaniker keine passenden Speichen, sondern nur chinesische, die viel zu lange sind. Aber diese ölverschmierten Kerle sind wahre Künstler im Improvisieren. Die Speichen werden so zurecht geschnitten, dass nach einer Stunde alles passt – hoffentlich für länger.

Meine Suche nach einem Müsli ist vergebens. Also bleibe ich beim guten alten Babybrei.

Von einer Schocktherapie und gegrillten Schuhen

Aus der extremen Hitze der Wüste Lut kommend treffen Qaswa und ich nun auf das andere Extrem: Ausgerechnet beim Verlassen von Kherman beginnt sich der Himmel zu entleeren. Das hat er anscheinend seit Jahren nicht mehr getan. Leider ist meine Regenhose mit der Lieferung für Pakistan verloren gegangen und so werde ich langsam, aber sicher bis auf die Unterwäsche durchnässt. Aber es kommt noch besser: Es wird immer kälter und alsbald verwandelt sich das Nass in weiße Flocken.

Jetzt nur nicht stehen bleiben, denn meine Kleider sind durchnässt und wenn ich mich nicht bewege, erfriere ich auf der Stelle. Die Hände sind festgefroren und ich kann sie nicht mehr ganz öffnen. Trotzdem möchte ich die Szene gerne filmen. Nur unter Schmerzen kann ich die Tasche öffnen, um an die Kamera zu gelangen. Und es scheint eine kleine Ewigkeit zu verstreichen, bis ich es schaffe, den Reißverschluss zu öffnen. Jetzt noch auf »Aufnahme« drücken, dann zurück und an der Kamera vorbeifahren. Meine Worte kommen stockend: »Vor wenigen Tagen war ich noch in einem Sandsturm gefangen, dann dörrte mich die Hitze aus und nun bin ich inmitten eines Wolkenbruchs und es ist so kalt!«

Der Regen lässt nicht nach und so muss ich nach 80 km aufgeben. Außerdem ist meine Gangschaltung völlig »ausgestiegen« – die Gänge wechseln willkürlich und die Kette springt ständig aus den Kränzen. Zum Glück gibt es hier einen größeren Ort namens Bardshir, in dessen kleiner Herberge zwei rundliche Frauen mit lieben Gesichtern sitzen. Als sie mich sehen, verstehen sie sofort. Man bringt mich gleich in ein Zimmer, Wasser wird erhitzt und der Ofen angefeuert. Die Wärme tut gut und dringt langsam in meine Glieder ein.

Jeder, der einmal in seinem Leben wirklich gefroren hat, weiß, dass die Kälte sich in den Knochen und im Innern lange Zeit förmlich festkrallen kann. Immerhin scheint diese »Schocktherapie« gute Auswirkungen auf das Gefühl in meiner tauben Hand zu haben, das plötzlich wiederkehrt. Seit Wochen hatte ich ja nichts mehr von den Fingern gespürt.

Nachdem ich am Abend einen »Chello Kebab« (gegrillter Lammspieß mit Tomaten und Reis) verspeist habe, kehre ich zurück in mein Zimmer. Im Korridor riecht es verbrannt. Rauch strömt aus den Ritzen meiner Zimmertüre. Ich reiße die Tür auf und kann im ersten Moment nichts sehen. Der Raum ist voller Rauch. In der Mitte lodern Flammen, die aus dem Zimmerofen aufsteigen. Glücklicherweise hat das Feuer noch nicht auf die Einrichtung übergegriffen. Sofort kommt jemand herbeigerannt und gemeinsam löschen wir die Flammen mit einer Decke. Schnell reiße ich das Fenster auf, um keine Rauchvergiftung zu bekommen.

Glück im Unglück. Ich bin in letzter Sekunde gekommen, denn nur wenige Augenblicke später hätte die Situation anders aussehen können. Nur meine Schuhe mussten ein wenig Plastik lassen, der hintere Fersenteil ist geschmolzen.

Wieder einmal heißt es improvisieren, denn ich habe nur dieses eine Paar. Aber mit einem Schweizer Taschenmesser, Schnur und Textilband wird dieses wenigstens wieder funktionstüchtig gemacht.

Der darauf folgende Morgen begrüßt mich mit all seiner Schönheit. Noch ist es dunkel, als ich um 4.45 Uhr aufstehe, aber als Qaswa und ich an den letzten Häusern von Bardshir vorbeiziehen, erscheint die Sonne hinter den hohen Bergen. Die Luft ist glasklar und der Tag verspricht schön zu werden. Das Regenwasser von gestern ist gefroren und überzieht die Landschaft mir einem feinen Eisfilm, dessen Kristalle wie Diamanten in den ersten Strahlen der Sonne glitzern. Mein Thermometer zeigt -10 Grad.

Solche Temperaturen sind im Winter nichts Außergewöhnliches, denn der Iran liegt auf einem Hochplateau. Meist bewegt man sich hier 1200 m über dem Meer und heute steige ich bis auf über 3000 m auf. Hier oben ist alles mit Schnee bedeckt. Es scheint, als habe jemand einen Zuckerguss über diese sonst eher haselnussfarbene Wüstenlandschaft gegossen. Dazwischen ragt immer wieder ein dunkles Gewächs empor, welches die Unendlichkeit dieses Weiß unterbricht.

Hier sind nur wenige Menschen unterwegs, obwohl ich von Zeit zu Zeit von einem schnaufenden Lastwagen überholt werde, aus dessen Führerhaus mir mitleidsvolle Blicke zugeworfen werden. Manchmal halten die Fahrer sogar an und offerieren mir einige Pistazien und eine Tasse Tee. Nachdem ich die 3500 m hohe Passhöhe erreicht habe, rolle ich gemächlich über 50 Kilometer wieder abwärts.

Am Ende dieses langen Tages erreichen Qaswa und ich schließlich Sirgan. Ein trostloses Nest ohne Charakter, mit fürchterlichen Industrieanlagen und einem wilden Straßengewirr. Meine Ankunft ist eine Attraktion, ich werde umzingelt von Schaulustigen. Am liebsten würde ich allerdings jetzt in Ruhe gelassen werden, kein Wunder nach einer über 150 km langen »Gewalttour«, auf der ich 3000 Höhenmeter überwunden habe.

Als ich mich um ein Hotel bemühe, habe ich keinen Erfolg. Aber da kommt wieder ein Engel, der mich spontan zu sich nach Hause einlädt. Nun ja, ich bin ein wenig skeptisch, denn dieser Mann mit Namen Mohammed sieht wild aus, mit seinen Bartstoppeln und den alten Kleidern. Kann ich ihm denn vertrauen?

Ich denke, in so einer Situation würden die meisten zögern, denn im Westen ist so etwas nicht üblich. Und wenn man von »Wildfremden« eingeladen würde, wäre immer die Sorge dahinter: »Was will der eigentlich von mir?« Aber vielleicht ist dieses Vertrauen einfacher hier draußen in der Wüste? Wenn man unsere Alten fragt, so werden diese bestätigen, dass man früher auch in unseren Breitengraden auf dieses spontane »Zuvorkommen« stieß. Und selbst heute, wenn man in abgelegenere Gegenden kommt, haben die Leute dieses Grundvertrauen noch nicht ganz verloren. So bleibt mir nichts anderes übrig, als mich dem unrasierten Mohammed anzuvertrauen. Nach einer langen Fahrt halten wir vor einem Haus außerhalb der Stadt. Man hilft mir die Taschen ins Innere zu tragen und lädt mich ins Wohnzimmer ein.

Diese iranischen Häuser sind schon eine Augenweide: ein wildes Gewirr von Farben, Stickereien an den Wänden, natürlich die obligaten Bilder vom Paradies und kitschige Porzellanfiguren. Ganz besonders »in« scheinen Bilder von Wasseroberflächen zu sein, die, an die Steckdose angeschlossen, zu leben beginnen – das Wasser leuchtet in Blau auf und beginnt sich auf unnatürliche Art und Weise zu bewegen.

In iranischen Häusern sind die Böden mit Teppichen bedeckt. Nicht umsonst kommen die bekannten »Perser-Teppiche« aus diesem Land. Hier zu Lande isst man meist nicht an einem Tisch, sondern auf einem Tuch, das auf dem Boden ausgebreitet wird. Darauf werden allerlei Köstlichkeiten verteilt. Gegessen wird sitzend oder liegend. Jedenfalls muss ich schon sagen, dass die »Persische Cuisine« doch sehr vielseitig und wesentlich leichter ist als die öltriefende Mogulküche Pakistans.

Mohammed und seine Frau sprechen ein wenig Englisch, da sie vor mehr als 20 Jahren in Amerika gelebt haben. Dort haben er und seine Frau Informatik studiert. Sie kamen wieder zurück in den Iran, konnten jedoch das Land nicht mehr verlassen, da dies genau in die Zeit der islamischen Revolution fiel. Auf meine Frage, ob es besser gewesen wäre, in Amerika geblieben zu sein, antwortet er: »Für die Kinder sicher.« Heute lebt Mohammed nicht von seinen Computerkenntnissen, sondern von der Hühnerzucht.

Am nächsten Tag zeigt sich die persische Gastfreundschaft in Form eines Lastwagenfahrers, der mich nach Shiraz mitnehmen möchte. Obwohl ich die Einladung des Lastwagenfahrers dankend ablehne, gibt er mir doch seine Adresse und Telefonnummer, für den Fall, dass ich doch noch Probleme bekäme…

Kurz vor der Stadt Neyriz erstrample ich einen weiteren Berg, von dem aus ich weit in die Wüste hinausblicken kann. Tief unten kann ich einzelne Häuser erkennen und in der Ferne den weiß leuchtenden »Bahtegan Salzsee«. Plötzlich klingelt mein Satelliten-Handy. Das muss dringend sein, denn nur wenige Menschen kennen die Nummer. Zu meiner Freude ist es eine gute Nachricht: Das verschollene Paket ist unbeschädigt von Pakistan in die Schweiz zurückgeschickt worden, ohne dass etwas entwendet worden wäre – hier würde es mir allerdings jetzt mehr nützen.

Dieses kleine Telefon ist eine große Erleichterung für mich, aber auch für meine Lieben, denn so bin ich in dringenden Fällen erreichbar. Noch vor wenigen Jahren wäre es unvorstellbar gewesen, überall erreichbar zu sein. Abenteurer wie ich mussten oft wochenlang warten, bis sie die Möglichkeit hatten, ein Telefon oder eine Poststelle zu finden. Heute stehe ich im Freien, fahre die Antenne aus und kann mit dem »Thuraya Satellitentelefon« von überall anrufen wie auch angerufen werden und im Notfall sogar meine Position mit großer Genauigkeit mit dem eingebauten »Global Position System« (Satellitengestütztes Navigationssystem) übermitteln. Das könnte in Notsituationen lebensrettend sein, denn ohne Positionsangabe könnte mich ein Rettungsteam in dieser Einöde nur schwer finden.

Als ich das Telefongespräch beendet habe, klopft mir ein großer bärtiger Mann auf die Schulter. Wieder ist es eine Einladung und dieses Mal nehme ich sie unbesorgt an. Ezetelah, so sein Name, nimmt mich mit zu seiner Familie. Wieder werde ich rührend umsorgt und komme sogar zu einer heißen Dusche.

Wie in so vielen iranischen Häusern gibt es auch in diesem keine Privaträume. Alle Familienmitglieder, einschließlich der Großmutter, schlafen im Wohnzimmer auf dem Boden. Das kann sicher gemütlich sein, entspricht aber kaum unseren Vorstellungen von Privatheit – z. B. beim »Babymachen«.

Wie an vielen Abenden, so bin ich auch heute ein schlechter Gast, da mich die Müdigkeit so blitzartig überfällt, dass die Augenlider »tonnenschwer« werden. Gestern bin ich 150, heute über 140 km gefahren und das meist gegen den Wind. Da mag es kaum verwundern, dass mir der Schlafsack wie das Paradies auf Erden erscheint. Trotzdem erlaube ich mir nicht viel Schlaf, denn morgen wird wieder ein harter Tag sein und ich muss früh los.

Spätestens am nächsten Morgen sind meine Gastgeber völlig schockiert, denn um 4.45 Uhr krieche ich bereits wieder aus den »Federn«. Auch ich hasse mich dafür, Tag für Tag. Aber auch dies ist Teil meiner Lebenseinstellung. Vor rund sechs Jahren habe ich auf einmal beschlossen, das Leben am Schopfe zu packen und meine Zeit nicht unnötig zu verschwenden. Da begann ich, sechs an Stelle von acht Stunden zu schlafen, Nacht für Nacht, ohne Ausnahme. Der Anfang war hart, aber der Körper gewöhnt sich an vieles und braucht schließlich auch weniger Schlaf. Seit diesem entscheidenden Schritt habe ich jeden Tag zwei Stunden gewonnen und kann mehr Leben in mich »aufsaugen«: Das ist purer Luxus.

Manchmal fürchte ich, all dies hier, die ganzen Anstrengungen könnten mir zu viel werden. Aber umso größer die Anstrengung wird, desto mehr Kraft scheint sich in mir zu entfalten. Sowohl Geist als auch Körper werden immer stärker und das Glück, das sich in mir regt, wird immer größer. Das Leben, das ich so lange suchte, habe ich nun gefunden. Ich berausche mich an ihm, als wäre es eine Droge.

Engel und Teufel in der Wüste

Auf meiner Expedition bin ich schon vielen »Engeln« begegnet, denn immer, wenn ich sie am nötigsten hatte, offenbarten sie sich in der einen oder anderen Gestalt. So auch an diesem unvergesslichen, dramatisch-schönen Tag.

Als ich in den frühen Morgenstunden losfahre, scheint die Sonne. Es ist wie immer bitterkalt und auch die Sonnenstrahlen bringen noch nicht die erhoffte Wärme. Durch wilde Felsformationen windet sich die schmale Straße, vorbei an kleinen Plantagen mit lavendel farbenen Bäumen. Berg um Berg erklimme ich. Bald schon verdichten sich die dahinrasenden Wolken, worauf sich alles monoton grau färbt. Der Wind wird immer schlimmer und ich trete unaufhaltsam: Qaswa ist so schwer, so unendlich schwer.

Nach einem langen Kampf erlaube ich mir eine Mittagspause. Neben der Straße finde ich einige verlassene Hütten, wo ich mich in aller Ruhe niederlasse. Als ich nach erfolgreicher »Magenfüllung« Qaswa zurück auf die Straße schiebe, kommen einige Männer angelaufen. Sie sehen unfreundlich aus und ich versuche fester zu schieben, aber die Räder versinken im sandigen Untergrund. Leichtes Unbehagen überkommt mich. Nun haben sie mich erreicht und umzingeln mich. Einer wedelt mit 5000 Rials (ca. 1 Euro) vor meinen Augen herum. Ich weiß genau, was das heißt, stelle mich jedoch dumm. Die Erfahrung hat mir gezeigt, dass es manchmal sinnvoll ist, so zu tun, als verstände man gar nichts. Nun schiebe ich noch fester, aber Qaswa lässt sich nur langsam vorwärts bewegen. Nur wenige Meter trennen uns von der rettenden Straße. »Money, money, Rials, Rials, Dollars«, brüllt der Mann immer wieder. Die anderen umschwirren mich wie die Fliegen die Scheiße. Sie alle mustern meine Taschen, in der Hoffnung, etwas Interessantes zu entdecken.

Mein Herz rast: Jetzt nur nicht den Kopf verlieren, sondern handeln. Ich blicke umher. Ist denn niemand hier, der mir helfen kann?

Schließlich erreichen Qaswa und ich die Straße. Ein geschicktes Ablenkungsmanöver und mit einem Sprung bin ich auf dem Rad – und trete voll in die Pedale. Qaswa springt förmlich von der Stelle und meine Angreifer sind verdutzt. Sie versuchen mich noch fest zu halten, ich bin jedoch zu schnell ... Ich fahre – endlich. Alles, was sie ergreifen konnten, ist mein Pullover und der Essenssack. Beide hatte ich auf den Hintertaschen mit Spanngummis befestigt. Zu meinem großen Glück sind die Männer zu Fuß unterwegs. Sie versuchen mir zwar nachzurennen, aber ohne Erfolg. Ich drehe mich nicht um, sondern fahre und fahre.

Als ich in der Ferne einen Felsen erreicht habe, verstecke ich mich und kann von da aus beobachten, wie sie sich über meinen Sack hermachen. Ich muss fast lachen, denn dieser ist mit dem Müll der letzten zwei Tage gefüllt. Schade wäre es nur um mein Besteck und den schmutzigen Plastikteller. Der Pullover interessiert sie nicht, denn er ist furchtbar schmutzig und duftet herrlich nach meinen »Ausdünstungen«.

Sie werfen alles zu Boden und schleichen sich so schnell davon, wie sie gekommen sind. Ich fahre zurück, nehme mir meine verstreuten Sachen und rase davon.

Mein holperndes Herz kommt lange nicht zur Ruhe. Ich hatte Glück, großes Glück. Erneut waren meine Schutzengel, Allah und alle die anderen »Götter« an meiner Seite.

Die Straße wird kaum besser und der Wind bleibt mörderisch. Wenige Kilometer vor der kleinen Stadt Sarvestan werde ich von einem Motorrad überholt. Kurz vor mir bleibt es stehen und ein sonderbar aussehender Mann winkt mir zu. Er trägt einen großen schwarzen Mantel, worunter er etwas zu verbergen scheint. Als ich neben ihm stehen bleibe, hebt er diesen an und darunter erspähe ich eine kleine Kiste gefüllt mit Eiern. Er nimmt vorsichtig eines heraus, wischt den Schmutz davon ab und gibt es mir. Ich lächle ihn an, er lächelt zurück und verschwindet, ohne dass ein Wort gesagt wurde.

Es ist schon spät, als ich im verkommenen Sarvestan ankomme. Die Suche nach dem Nachtlager wird schwierig, denn sowohl bei der Polizei als auch beim Militär weist man mich ab und ein Hotel gibt es sowieso nicht. Warum muss dieser Tag nur so enden?

Kurze Zeit später stehe ich alleine auf einer großen Kreuzung und der Lärm der Stadt beginnt langsam abzuflauen. Man sieht nur noch wenige Gestalten, die im Schein der fahlen Lampen durch die Dunkelheit huschen. Da muss ich mit einem Mal an eine Textstelle von Hafis, dem großen iranischen Dichter, denken, die ich gestern in meinem Buch gefunden habe:

> *»Kein sicheres Dach für die Nacht,*
> *und dein Ziel ist noch weit,*
> *doch wisse, es ist kein Weg ohne Ende.*
> *Sei nicht betrübt!«*
> (Zitiert von Nicolas Bouvier, S. 230, s. Literatur.)

Plötzlich vernehme ich eine Stimme hinter mir. Ich drehe mich um und vor mir steht ein alter bärtiger Mann. »My name Ali. Can help you?« (Mein Name Ali. Kann ich helfen dir?) In diesem Moment könnte ich ihn umarmen: »Need place to sleep and food« (Brauche Platz zum Schlafen und etwas zu essen). Ich deute auf meinen Magen und lege den Kopf seitlich auf meine Hände. Er versteht und deutet mit seinem Finger auf eine Baracke, die weit hinten in der Dunkelheit auszumachen ist. Ich sehe einen beschämten Ausdruck auf seinem Gesicht. »Simple and cold« (einfach und kalt), sagt er nur.

Als wir die Baracke betreten, verstehe ich, was er gemeint hat. Die Fenster sind zerschlagen und wurden durch Bretter und Kartons ersetzt. Wir steigen über alte Rohre und gelangen schließlich in einen kleinen Raum, dessen Boden mit Matten überzogen ist. Es ist sehr schmutzig hier und in einer Ecke steht ein alter Fernseher, iranisches Fernsehen flimmert. In der Mitte steht ein kleiner Petroleumofen.

Nachdem ich meine Sachen ausgebreitet habe, zieht er einige Postkarten aus einem Stapel Zeitschriften hervor. Darauf sind typische Bilder aus

London zu sehen: Die Royal Guards umgeben von einer Gruppe von Punks, die Tower Bridge, Westminster etc. Ali erzählt mir in seinem bruchstückhaften Englisch, dass er in den Siebzigerjahren jedoch in London gewesen sei und die Postkarten von dort mitgebracht habe.

Seine Gastfreundschaft geht sogar so weit, dass er mich in ein einfaches Straßenlokal einlädt, wo wir beide mit Heißhunger einen duftenden Teller Reis mit Kebab verspeisen. Es beschämt mich, dass ich nicht einmal die Rechnung bezahlen darf, doch gegen diese Gastfreundschaft komme ich nicht an. Außerdem würde ich ihn beleidigen, wenn ich diese Einladung ausschlüge.

Als ich später in meine allnächtliche »Totenstarre« falle, hockt Ali neben mir und raucht seine Opiumpfeife.

In der Früh umarmt er mich und bittet mich, ihn wieder zu besuchen. Ausgerechnet hier, wo vieles im Argen ist, erfährt man mehr Gastfreundschaft als in der perfekt organisierten Heimat. Aber hier leben viele Menschen wahrhaftig den Grundsatz des Korans: »Sei gut zu dem Reisenden…«

Wie auf Wolken getragen schwebe ich durch die Landschaft. Heute Abend werde ich in Shiraz sein und übermorgen werde ich dort meine Eltern treffen. Lange habe ich mich auf diesen Moment gefreut.

Familientreffen in Shiraz

Es ist ein berührender Moment, als die Maschine der »Iran Air« in Shiraz ankommt und meine Familie wenig später dieser entsteigt. Wir fallen uns in die Arme. Ein wenig überrascht sind sie doch, dass ich so fit aussehe. Nach den Strapazen der vergangenen Wochen haben wohl alle ein ausgemergeltes Knochengerüst erwartet. Aber ganz im Gegenteil, ich bin robuster und muskulöser denn je.

Für meine Lieben ist diese Welt ganz neu, während für mich der Iran bereits zum Alltag geworden ist. Im Gegensatz zu meiner Familie bin ich hier langsam angekommen und habe Kopf, Herz und Körper erlaubt, sich »schockfrei« anzupassen. Auch dafür bin ich dem Rad dankbar, denn ich darf jede Veränderung, jeden Geruch und jedes Geräusch in erfassbarer Geschwindigkeit erfahren.

Gemeinsam verbringen meine Familie und ich zwei wunderbare Tage hier und werden von der Familie Mehmad liebevoll umsorgt. Wir nutzen die Zeit, Shiraz zu erkunden, die einem Wein den Namen gegeben haben und Heimat des schönsten Persisch des ganzen Landes sein soll. Bekannt ist diese Stadt auch besonders für ihre schönen Gärten und die Dichter Hafis und Saadi, deren Mausoleen in »Paradiesgärten« liegen, in denen Wasserbecken, Springbrunnen und kleine Bäche, prächtige Rosen und stolze Zypressen eine Atmosphäre der Ruhe und Beschaulichkeit erzeugen.

Goethe bezeichnete den Dichter Hafis als seinen »geistigen Zwillingsbruder«. Dieser inspirierte Goethe auch dazu, den »West-östlichen Divan« zu verfassen. Hier ein Ausschnitt:

»Du bist der Freuden echte Dichterquelle,
Und ungezählt entfließt dir Welle auf Welle,
Zum Küssen stets bereiter Mund,
Ein Brustgesang der lieblich fließet,
Zum Trinken stets gereizter Schlund,
Ein gutes Herz, das sich ergießet.«

Es ist erstaunlich, dass die Dichtkunst der beiden persischen Dichter nach wie vor allgemein bekannt und beliebt ist. So überrascht es kaum, dass Menschen einfach am Straßenrand stehen, Gedichte rezitieren oder ihre Umgebung besingen. Besonders beliebt scheint dies bei den Alten zu sein, die des Abends in den Teehäusern sitzen und sich mit den Versen die Zeit vertreiben. Bereits der Abenteurer Bouvier schrieb (S. 231, s. Literatur): »So können sie einander stundenlang ablösen, im Einklang schwingend wie die Basssaiten der Laute; und hin und wieder unterbricht sich der eine, um seinen Selbstmord anzukünden, und ein anderer, um Tranksame zu bestellen oder uns ein paar Verse zu übersetzen.« Aber es gibt auch nur wenige Sprachen, die so wohl klingen wie das melodische Persisch, mit einem Hauch von Melancholie.

Am Nachmittag gehe ich mit Reza, einem Freund der Mehmads, in den Eram-Gärten spazieren. Während wir unter großen Zypressenbäumen wandeln, sehen wir ein junges Paar, das auf einer Bank sitzt. Plötzlich erscheint hinter einem Busch ein Mullah, welcher auf die beiden einzuschimpfen beginnt. Reza erklärt mir, dass die beiden nicht verheiratet seien und es verboten sei, mit einem unverheirateten Mädchen unterwegs zu sein. Nur in der Gruppe sei dies möglich.

Wenige Augenblicke später beobachten wir, wie das Mädchen fortgebracht wird.

»Was wird nun mit den beiden geschehen?«, frage ich Reza.

»Sie werden wahrscheinlich eine Warnung bekommen und die Eltern werden informiert. Meistens ist das schlimmer für das Mädchen, denn sie kann unter Umständen ihre Ehre verlieren.

Man muss hier sehr vorsichtig sein, denn die Mullahs haben ihre Augen überall. Wir mögen sie nicht, denn viele sind falsch und machtgierig. Aber denke nicht, dass wir nicht doch unseren Spaß haben. Das geschieht dann hinter verschlossenen Türen.«

Freigeister im goldenen Käfig

Dieses Erlebnis geht mir noch lange durch den Kopf. Und Aussagen wie die von Reza sind mir nicht zum ersten Mal zu Ohren gekommen. Trotz der starken Repressalien habe ich den Eindruck, dass dieses Land in einer Aufbruchsstimmung ist, denn die jungen Leute und alle »Freigeister« scheinen das alte Regime ändern zu wollen. Sie verlangen mehr Freiheit und Bewegungsraum, während die konservativen Kräfte krampfhaft den Status quo bewahren wollen. Das nicht zuletzt deshalb, weil sie vermutlich wissen, was ein Machtverlust für Folgen hätte. Ein junger Mann sagte einmal zu mir: »Sie wollen das System nicht ändern, da sie gut daran verdienen. Für viele ist alles nur eine Frage des Geldes und nicht der Religion.« Man darf schließlich nicht vergessen, dass der Iran ein sehr ölreiches Land ist. Nach den Aussagen eines Geschäftsmannes in Shiraz wird der iranische Export zurzeit zu 85% durch Erdöl bestritten. Das führt natürlich zu unterschiedlichen Problemen.

So kann diese einseitige Ausrichtung zu wirtschaftlicher Abhängigkeit führen, unzählige Arbeitsplätze sind bei einer Ölkrise gefährdet. So war es auch die Ölkrise, die während der zweiten Hälfte der Siebzigerjahre den Gegnern des Schah-Regimes schließlich ermöglichte, offen auf die Barrikaden zu steigen. Sie konnten die öffentliche Meinung auf ihre Seite bringen, worauf der »Schah von Persien« im Januar 1979 gestürzt wurde und aus dem Land floh. Im Jahre 1979 wurde der Iran unter der Führung von Ayatollah Khomeini zur islamischen Republik proklamiert. Viele der verbliebenen Befürworter des Schah-Regimes wurden entweder ausgewiesen, getötet oder eingesperrt. Khomeini führte in den zehn Jahren ein »ultrakonservatives« Regime, bis er im Jahre 1989 starb, worauf Rafsanjani die Nachfolge antrat.

Als man im August 1997 den Reformer Sayed Mohammed Khatami zum Staatspräsidenten wählte, setzte man große Hoffnungen in seine »Reformfreundlichkeit«. Leider sind Khatami die Hände gebunden, denn auch die Kontrolle jeglicher Gesetzgebung liegt in den Händen des konservativ-religiösen Wächterrates.

Es mag auch kaum überraschen, wie rigoros freiheitlich denkende Politiker verfolgt und fortschrittliche Publikationen unterdrückt werden. »Innerhalb des Jahres 2001 wurden noch 60 reformorientierte Publikationen verboten und 60 Abgeordnete gerichtlich verfolgt.« (Der Fischer Weltalmanach, S. 393, hrsg. von Mario v. Baratta)

Ich denke, dass diese »islamische Revolution« nur dann von Dauer sein kann, wenn sie sich anpasst und den Menschen den Spielraum lässt, den sie zur Entfaltung brauchen. Viele versuchen auch aus dem Land zu fliehen. So wie Mahady, ein Restaurantbesitzer in Mianeh: »Nach Polen und von dort über die grüne Grenze Richtung England wollte ich«, erzählt er mir. »Aber es kam alles anders. Ich heiratete, eröffnete dieses Hotel und mein Leben schlug eine andere Richtung ein.«

Aber bei allem Negativen muss man auch vorsichtig sein, nicht übereifrig zu urteilen. Materiell scheint es den meisten Menschen gut zu gehen und das Land macht auf den ersten Blick einen stabilen Eindruck. Positiv beeindruckt bin ich von der Sicherheit. Selbst in den Städten scheinen Diebstähle eine äußerste Seltenheit zu sein. So kommt es häufig vor, dass ich Qaswa jemandem anvertraue, meinen Erledigungen nachgehe und das Rad bei meiner Rückkehr unangetastet wieder vorfinde.

Ironischerweise scheinen die sehr harschen Aussagen von Präsident Bush am 29.1.02 zu einer Stärkung der konservativen Kräfte im Iran geführt zu haben. Er zählte den Iran zur »Achse des Bösen«, genauer gesagt zur »Achse des Teufels«, denn er sprach schließlich von der»Axis of evil«. Unabhängig davon, was man über den Wahrheitsgehalt dieser Aussage denken mag – wie sehr der Iran tatsächlich in den Terrorismus verstrickt ist – so frage ich mich doch ernsthaft, ob man sich anmaßen darf, so über ein ganzes Land zu urteilen. Sind da nicht noch die einzelnen Menschen? Ich halte Verallgemeinerungen nicht nur für oberflächlich, sondern auch für gefährlich.

Ich muss an meine Engel Ali oder Mohammed oder Ezetelah denken und dann wird mir klar, dass viele Menschen im Herzen gut sind. In meinem Alltag, hier draußen in der Wüste hat sich die Aussage von Diwans Freund Pandit bewahrheitet: »Wer das Gute sucht, dem wird das Gute widerfahren.«

Persepolis

Nach wenigen Tagen verlassen meine Familie und ich Shiraz. Auf dem Weg nach Esphahan halten wir in Persepolis, der Wiege des persischen Reiches.Was von der alten Königsstadt übrig ist, füllt ein großes Rechteck am Fuße des Berges, der über der Ebene von Marwdascht thront. Was heute eine staubige Anlage ist, war zur Blütezeit ein majestätischer Palast, umgeben von grünen Feldern und großen Parks. Mit dem Untergang des Königssitzes verschwanden auch die ausgeklügelten Bewässerungssysteme und damit das Grün.

Persepolis war einst die zweite Hauptstadt des Achaemenidischen Reiches. Im Jahre 512 v.Chr. wurde dieser gewaltige Palastkomplex unter Darius I erbaut. Es dauerte 150 Jahre, bis die Arbeiten an diesem Palast beendet waren. Theorien zufolge diente dieser »Wüstenpalast« nur für die Feierlichkeiten des »No Ruz« (Jahreswechsel).

Bei Betreten der Stadt muss man damals wirklich gedacht haben, im Paradies anzukommen. Nach langen Wochen in der persischen Wüste stand man mit einem Male vor dieser grünen Oase. Man stieg über die große Treppe hinauf, Fanfaren begrüßten die Neuankömmlinge. Man schritt durch das »Tor der Nationen« und betrat zunächst den Xerxes-Palast. Die wichtigen Delegationen wurden im Ardana-Palast empfangen, andere im »Palast der hundert Säulen«.

Die Besucher müssen von weit her gekommen sein, wie die feinen Reliefs auf der Treppe des Arakana-Palastes verraten: Sie zeigen Äthiopier,

Araber, Inder, Partahnen, Kappadokier, Elamiten, Griechen und Medianer, Persepolis wurde schließlich 330 v.Chr., während eines Aufenthaltes von Alexander des Großen, durch einen Großbrand zerstört. Es ist nach wie vor nicht bekannt, ob es Absicht oder Versehen war.

Vom Tor der Nationen kann ich eine große Gruppe Frauen im schwarzen Tschador ausmachen. Als sie über den Vorplatz gehen, wirken sie wie schwarze Schatten, die über den hellen Stein huschen. Der Kontrast zwischen ihren dunklen Gewändern und der hellen Umgebung hat etwas Malerisches und gleichsam Geheimnisvolles an sich.

Das Blau von Esphahan

Noch am selben Abend erreichen wir Esphahan, auf Grund der berühmten Architektur als die »Perle Irans« gepriesen, getüncht in einzigartiges Blau. Ihre Blüte erlebte die Stadt im 17. Jahrhundert, als sie die Hauptstadt des persischen Reiches war. Damals lebten hier rund 600 000 Menschen.

Ihren Glanz spürt man noch in ihrem alten Stadtkern mit den gewaltigen Moscheen, den langen Brücken und den Palästen, die von üppigen Gärten umgeben sind. Rundherum beherrschen einfache Betonbauten und ein Gewirr von Straßen das Stadtbild. Die alten Prunkbauten wollen nicht mehr so recht ins Bild passen. Und doch strahlen diese alten Überbleibsel aus der safawidischen Zeit einen solchen Zauber aus, dass sie der ganzen Stadt ihre Schönheit aufdrängen.

So ist in meinen Tagebuchaufzeichnungen vom 23. Februar zu lesen: »Ich gehe eine lange hellbraune Fassade entlang, schreite durch einen großen Torbogen und habe mit einem Mal das Gefühl, Allah ganz nah zu sein. Mit einem Schritt stehe ich im gigantischen Hof (Madsched-e Schah) der königlichen Moschee. Wen wundert's, heute heißt dieser natürlich Emam Khomeini Platz. Ich kann meinen Augen kaum trauen, denn der Platz ist so groß, dass ich ihn kaum überblicken kann – er ist der größte der Welt.

In alten Zeiten wurden hier gewaltige »Chogran« – Spiele, eine Art von Polo ausgetragen. Der Shah betrachtete von der Terrasse des angrenzenden »Ali Qapu Palastes« an die Spiele. Und als ich kurz darauf selbst dort stehe, kann ich mir vorstellen, dass die Spieler kaum größer als kleine Figuren gewirkt haben müssen.«

Der wohl wichtigste Ort in Esphahan ist die Emam Moschee, die zu Beginn des 17. Jahrhunderts erbaut wurde und mit leuchtend blauen Kacheln überzogen ist. Die Kacheln sind meist mit geometrischen Formen, Blumen oder Tierdarstellungen verziert. Personendarstellungen sind im religiösem Zusammenhang im Islam nicht erlaubt. Das hat gewisse Vorteile, denn dadurch kann sich jeder sein eigenes Gottesbild »ausmalen«.

Wegen der Kacheln nennt man sie auch die »blaue Moschee«. Dieses Blau findet man in ganz Persien und doch leuchtet es nirgends so wie hier in Esphahan. Es ist ein Blau, »das die Seele freut, das mit der Zeit leuchtender und tiefer geworden ist wie die Palette eines großen Malers.« (Bouvier, S. 220, s. Literatur)

Aber man begreift auch, dass dieses persische Blau nur in Persien schön ist. Wenn der eifrige Tourist nun eine Vase im schönsten Blau kauft, so wird die Farbe in einem anderen Umfeld einen Teil ihrer Kraft verlieren. Hier in Persien, wo es tausend Braun- und Grautöne gibt, ist es der Kontrast mit dem Umfeld, was dieser Farbe Leben einhaucht. Außerdem ist das Licht der arabischen Städte genau richtig für diese Farbe – es ist nicht zu stark und auch nicht zu schwach.

Man betritt die Moschee durch ein gigantisches Tor und gelangt zunächst in einen dunklen Vorhof. Dann steigt man weiter durch eine, wie es scheint, zu klein geratene Holztür und gelangt schließlich ins Innere. Im ersten Augenblick wird man geblendet von all den Eindrücken eines Bauwerkes, dessen Architekt Allah selbst gewesen sein muss.

Über all dem schwebt die Kuppel, die wie ein Heißluftballon wirkt, der nur darauf wartet, dem Himmel entgegenzustreben. In der Mitte der Moschee befindet sich ein großes Becken, das für Waschungen verwendet wird. Das ist in den Moscheen üblich, denn hier wäscht sich der Gläubige vor jedem Gebet. Manche machen sich nur die Hände nass, andere hingegen scheinen die (zu Hause nicht vorhandene) Waschmöglichkeit ausnutzen zu wollen. Nader Rami, ein iranischer Moslem, erklärt mir: »Ich bete drei Mal am Tag. Zuvor jedoch muss ich mir die Hände, Füße und das Gesicht waschen. Ich kann überall beten, am Freitag sollte ich jedoch in der Moschee beten. Während des Gebetes sollte ich mich völlig von der Umwelt lösen. Meine Gedanken sollen Allah gehören.«

Voller Ehrfurcht streife ich durch die gigantische Moschee und entdecke stets neue Schätze. Hier eine Spiegelung, dort neue Ornamente und an den

Wänden hocken die Männer, unterhalten sich oder beugen sich Richtung Mekka.

Diesem Gebetsritual zuzusehen, versetzt mich immer wieder in Erstaunen, denn das Ganze ist auch als eine Art »Beweglichkeitsübung« anzusehen. Man steht auf, beugt sich vor, wirft die Arme zurück, kniet nieder, berührt mit der Stirn den Boden, steht wieder auf, beugt sich vor … Wie immer man das sehen mag, einen Vorteil hat diese Art des Betens sicher: Man bleibt beweglich, denn jeder (Mann), ob jung oder alt, macht mit.

Als wir am späteren Nachmittag das »Armenische Holocaust Museum« nahe der armenischen »Vank Kathedrale« besuchen, treffen wir auf eine Gruppe junger iranischer Frauen. Eine der jungen Frauen – Christina, wie ich kurz darauf erfahre – geht sogar so weit, dass sie mich um meine Telefonnummer und E-Mail-Adresse bittet. Sie möchte mich gerne treffen. Das mag auch damit zusammenhängen, dass es seit dem Iran-Irak-Krieg einen echten Männermangel gibt und eine Heirat mit einem »Westler« auch als Eintrittskarte ins Ausland gesehen wird.

Als Mann und Liebhaber der Ästhetik muss ich schon sagen: Diese Perserinnen sind die schönsten Frauen, die ich je gesehen habe. Schmale ovale Gesichter, magische Augen, gute Figuren und ein freundliches Wesen. Tatsächlich ruft die junge Christina noch am selben Abend an. Ich bewundere sie für ihren Mut, denn das ist sehr unüblich hier. Sie fragt mich, ob wir uns zum Kaffee treffen könnten, ich schlage jedoch die Einladung ab. Selbst ein unverfängliches Gespräch könnte uns beide in große Schwierigkeiten bringen, wie ich bereits aus nächster Nähe in Shiraz erfahren habe.

Die Zeit mit meiner Familie verstreicht schnell und es gibt noch so viel zu erzählen. Ich fühle, dass sich viel in mir bewegt hat, ich es jedoch nur schwer mitteilen kann. Wie mag sich wohl der einsame Nomade fühlen, welcher nach Monaten aus der Unendlichkeit der Wüste zurückkehrt? Aber zum ersten Male seit Monaten fühle ich mich wirklich sicher. Im Kreise der Familie gibt es keine Gefahren – das tut gut, wenn man schwierige Situationen über längere Zeit völlig allein zu bewältigen hatte. Als wir eines Nachmittags am Zayandeh Fluss entlangspazieren, frage ich meine Mutter, was die Menschen zu Hause wohl über mein Vorhaben denken. »Die meisten bewundern es, aber sie bewundern auch besonders die Eltern, dass sie das aushalten.«

Nach wenigen Tagen ist es dann so weit und meine Familie tritt wieder die Heimreise an. Sie werden schon bald wieder in der Schweiz sein, für mich werden dagegen noch Monate vergehen.

Als ich abends zu unseren Gastgebern, den Daneschs zurückkehre, erfahre ich, dass der »Wall Street«-Journalist Daniel Pearl von seinen Entführern umgebracht worden ist. Er ist zur selben Zeit entführt worden, als ich mich in Pakistan befand. Noch lange sitze ich allein in meinem Zimmer und bin ein wenig bedrückt. So schreibe ich am 25. Februar in mein Tagebuch: »In solch melancholischen Momenten muss ich an meine Lehrerin, die Wüste denken. Sie hat mich Geduld und Ausdauer gelehrt.

Meine Mission verlangt, dass ich mich selbst oft hintenan stelle. Ich bin nicht der Hauptteil dieser Aktion. Das Wichtigste bei *Bike for Help* sind die Menschen, denen Lepra das Leben schwer macht. Ich muss lernen, mich mit Geduld meinem Ziel zu nähern. So weit ist es noch bis nach Hause. Ich muss noch mehr lernen, den Augenblick so zu nehmen, wie er ist. Es gilt eben das Positive in jeder Situation zu sehen und das Beste daraus zu machen.

Yazd, eine uralte Stadt

Ich hänge heute einen zusätzlichen Tag an, lasse mein »Kamel« zurück und nehme den Bus nach Yazd, eingeklemmt zwischen alten Weibern und übermütigen Kindern. Die Landschaft rast am Fenster vorüber, scheint sich jedoch nicht zu bewegen: sozusagen rasender Stillstand in dieser sich nicht ändern wollenden Einöde.

Es wäre eine Schande gewesen, den Iran zu verlassen, ohne die alte Stadt Yazd zu besuchen, die zwischen der Dasht-é-Kavir (Wüste Kavir) und der Dasht-é-Lut (Wüste Lut) liegt. Diese Stadt ist etwas Besonderes, denn ihre Mauern sind alt, sehr alt sogar. Yazd wird als eine der ältesten Städte der Welt angesehen. Deshalb wurde sie auch von der UNESCO zum Weltkulturerbe erklärt. Yazd war und ist ein wichtiger Ort auf der Handelsroute nach Indien. Sogar Marco Polo kam hier 1272 auf seinem Weg nach China durch.

Schon wenige Augenblicke, nachdem der Bus mich auf einer verlassenen Kreuzung der Innenstadt ausgespuckt hat, kommt ein junger Mann auf mich zu. Wie der Zufall so spielt, sitze ich eine halbe Stunde später in der Universitätskantine und esse mit ihm zu Mittag. Hiwah, so sein Name, ist 24 Jahre alt und Student an der hiesigen Kunstakademie. Er spricht zwar nicht viel Englisch, aber dies wird bald durch die anderen neugierigen Studenten wettgemacht, die sich zu uns gesellen.

»Du in Kunstklasse kommen?«, fragt mich Hiwah, nachdem wir unser Huhn mit Reis verdrückt haben. Natürlich sage ich Ja, denn das möchte ich mir nicht entgehen lassen.

Hiwah und Farhod, ein Architekturstudent, gehen mir voraus. Orientierung in den engen Gassen scheint fast unmöglich – sie sehen alle genau gleich aus und Straßenschilder scheinen hier nicht üblich zu sein. Nur wenig Menschen bewegen sich durch die Gassen, denn das Leben spielt sich hinter den hohen Lehmmauern ab, die die oft großzügigen Häuser von der Straße abgrenzen.

Es geht immer wieder links, rechts, dann wieder durch einen niedrigen Torbogen und schließlich treten wir durch eine unscheinbare schwarze Türe. Es ist interessant zu sehen, dass viele der alten Türen zwei unterschiedliche Türklopfer haben. Farhod, der junge Architekturstudent, erklärt mir: »Der eine ist für weibliche und der andere für männliche Besucher. Es wurde früher sehr strikt darauf geachtet, dass Frauen nur von Frauen empfangen und Männer nur von Männern empfangen wurden.«

Plötzlich stehen wir inmitten einer Schar junger Leute, die sich angeregt unterhalten. Auffallend ist, dass die Frauen wesentlich leichter bekleidet sind als auf der Straße. Ich staune, denn Yazd gilt als eine der konservativeren Städte des Landes. Man vertrete hier drinnen liberale Ansichten, erwähnt der junge Farhod. Ein mir wohl bekannter Duft von Ölfarbe liegt in der Luft. Wir betreten einen hohen Raum, in dem es keine Fenster gibt, nur von ganz oben dringen einige Sonnenstrahlen in das Innere. Hier stehen und hängen viele Bilder. Die meisten Motive scheinen von abendländischer Kunst geprägt zu sein. Dort kann ich eine Art persischen Picasso entdecken und da eine Abwandlung von Warhol, alles gemischt mit einem Schuss Orient – eine interessante Kombination.

An die Wand hat man eine Sonne gemalt mit einem lachenden Gesicht. Besonders auffallend sind die leuchtenden Farben in den Bildern: wahrscheinlich das verstärkte Bedürfnis, die Eintönigkeit der Umgebung aufzulockern und Kontraste zu schaffen.

Ich kenne das von meinen eigenen Bildern. Farben ziehen mich in ihren Bann und so versuche ich alle Varianten der Palette zu ergründen: Grün, Beige, Rot, gepaart mit einem Schuss Himmelblau und indischem Gelb lassen mein Herz höher schlagen.

Einen Moment später betritt Professor Yazadi den Raum. Ich stelle mich vor und er lädt mich ein, seiner Vorlesung über »British Pop Art« zu folgen. Nun bin ich kaum eine Stunde in der Stadt, kenne bereits einige Leute, nehme an einer Vorlesung teil und erhalte einen Eindruck von moderner iranischer Kunst. Ist denn das Leben nicht voller Farbe?

Nach einem ausgiebigen Abendessen singen mir meine neuen Freunde ein Lied, überreichen mir getrocknete Datteln und verabschieden sich. Lange noch streife ich schlaflos durch die engen Gassen.

Die Straße ist wieder mein Heim

Nach zwei Tagen kehre ich nach Esphahan zurück. Zwischen einer ganzen Einheit stinkender Soldaten sitzend, sehe ich erneut dieselbe Landschaft an mir vorüberziehen. Gott im Himmel, diese Kerle müssen lange keine Waschmöglichkeit gehabt haben, denn auch die Stunden inmitten ihrer verschwitzten Achselhöhlen helfen mir nicht, mich an den Geruch zu gewöhnen. Noch ein Interview mit einem Reporter spät am Abend und dann falle ich todmüde ins Bett. Morgen werde ich wieder auf der Straße sein. Diese Woche ist meine längste Pause gewesen, doch es hat gut getan, Körper und Geist zu stärken.

Auch Qaswa geht es wieder besser: Ein neuer Seitenständer ist montiert, die Kette penibelst mit der Zahnbürste gereinigt und der Staub vom Rahmen gewischt. Nun ja, meine Beine sind leider nicht mehr so geölt, denn nach den Tagen der Rast spüre ich den »Rost«, der sich an meinem »Fleischmotor« angesetzt hat. Traurig verlasse ich meine liebenswürdigen Gastgeber, die Familie Danesch. Ein Straßenschild mit der Aufschrift »Teheran 419 km« lässt mein Herz jedoch höher schlagen. Leider verfliegt diese Euphorie rasch, denn der Wind stemmt sich mir wieder voll entgegen.

Diese ersten Tage allein sind immer besonders schwer. Belastend ist weniger der Wind, der mir ins Gesicht bläst, als die Gewissheit, wieder alleine in die Unsicherheit zu rollen. Da wiegt die Melancholie oft schwerer als die Packtaschen. Diesen Zustand bezeichne ich als »Reisedepression«, die jedoch auch schnell wieder verfliegt. Wichtig ist nur, sich nicht von den negativen Gefühlen überwältigen zu lassen, sondern positiv nach vorne zu sehen, die Nase in den Wind zu strecken und sich zu sagen: Das Leben wartet mit neuen Überraschungen auf dich.

Nach der eintönigen Wüste Lut komme ich nun durch die aufregende Wüste Kavir, die wesentlich pittoresker ist. Als ich frühmorgens den kleinen Ort Natanz verlasse, steht der Mondball majestätisch über der unendlichen Weite dieser Wüste. Dann fahre ich durch eine Landschaft von hellbraunen Hügeln, die wie weibliche Brüste aussehen. Es hat etwas für sich, durch solch ein »Meer gigantischer Busen« zu fahren ...

Am Straßenrand steht ein Mann und hilft seiner Frau, ihren Magen zu erleichtern. Diesem scheint die Fahrt auf den holprigen Straßen wohl nicht so zugesagt zu haben.

Trotz allem sind die Straßen im Iran die reinste Wohltat. Im Gegensatz zu Indien oder Pakistan kann man tatsächlich von »asphaltierten Straßen« sprechen. Das ist auch angenehm für das »Sitzfleisch«, denn in Pakistan waren die Straßen oft so holprig, dass sogar manchmal mein Allerwertester blutete. Außerdem gibt es hier sogar so etwas wie einen Mittelstreifen, obwohl die wenigsten Straßenteilnehmer seine Bedeutung zu verstehen scheinen.

Hinter einer Hügelgruppe treffe ich auf eine Gruppe Lastwagenfahrer, die, auf den Fersen hockend, Tee trinken. Sie rufen mir zu und ich geselle mich zu ihnen. So sehr ich ihre großen Maschinen hasse, so sehr schätze ich ihre Herzlichkeit. Im Iran fährt man diese großen amerikanischen »Trucks«, die man in Australien auch »Roadtains« (Straßenzüge) nennt, da sie oft mehrere Anhänger haben. Der Wind, den diese verursachen, kann einen armen Radfahrer wie mich ganz schön ins Schwanken bringen. Am ärgsten sind sie, wenn sie mir entgegenkommen. Kombiniert mit dem mir gewohnten Gegenwind schlagen sie mich wie mit Ohrfeigen; ich habe das Gefühl, als würde ich in eine unsichtbare Wand hineinfahren. Da tröstet es mich nur wenig, dass, wie ein Trucker mir erklärt, sie sehr viel Bewunderung für einen Radfahrer empfänden, der solche Strapazen auf sich nimmt.

Die Pilgerstadt Qom

Obwohl es 110 km von Kashan nach Qom sind, erreiche ich die Stadt bereits am frühen Nachmittag, da mich heute ausnahmsweise kein Gegenwind beglückt. Schiitische Pilgerscharen aus der ganzen Welt kommen nach Qom, dieser konservativ-religiösen Stadt, in der die islamische Revolution begann. Hier liegen die sterblichen Überreste von Fatame, der Schwester von Emam Reza. Dieser war der achte Enkel des Propheten Mohammed. Emam Reza selbst liegt in Mashhad, der wichtigsten Pilgerstätte des Landes begraben, wo er im Jahre 817 n. Chr. mit Trauben vergiftet worden sein soll.

Qom erinnert mich an christliche Pilgerorte wie Lourdes oder Fatima mit all den Souvenirshops, den Süßigkeiten, den Fotogeschäften und den Pilgern. Das muss ein gutes Geschäft hier sein. Obgleich es Nicht-Muslimen untersagt ist, das Heiligtum zu betreten, füge ich mich in meiner Unwissenheit in den Strom der Pilger ein, der sich um den silbernen Schrein bewegt. Nach rund fünf Minuten kommt ein Mullah herbeigelaufen und geleitet mich höflich nach draußen.

Nicht unweit von dem großen Heiligtum findet man die Gedenkstätte für die Märtyrer. Hier liegen Frauen auf dem Boden und schluchzen. Sie betrauern ihre verlorenen Ehemänner, Väter, Brüder und Söhne, die alle »Helden« wurden, im Krieg mit dem Nachbarn Irak starben. In einem der vielen sinnlosen Kriege, in denen auch Kinder als Kanonenfutter dem Feind entgegengeschickt wurden. Innerlich wühlt es mich auf, diese Trauer und dieses Leid zu sehen. Kann man so einen Tod überhaupt als heroisch bezeichnen, oder ist das nicht einfach nur eine Ausrede und ein billiges Trostpflaster, ihn durch Religion zu legitimieren?

»Parlare Italiano?«

Am nächsten Tag geht es in Richtung Teheran weiter. Rund 50 km vor den Toren der Stadt finde ich einige Blümchen am Straßenrand. Die muss ich förmlich in mich aufsaugen, denn Wochen sind mittlerweile vergangen, seit ich die letzten Blumen gesehen habe und nun stehen sie hier so einfach in dieser endlosen Einöde.

Von weitem kann ich bereits die schneebedeckten Alborz-Berge sehen, die hoch über der Metropole thronen. Deren höchste Erhebung, den Berg Damavand mit 5671 Metern, nennt man auch den »Stern von Teheran«. Weiter unten kann ich nur die Umrisse der Stadt erkennen, denn die Sicht wird durch eine staubige »Smogdecke« getrübt. Man nimmt an, dass die Stadtbevölkerung innerhalb der vergangenen 100 Jahre auf 10 Millionen angewachsen ist. Durch die verstärkte Landflucht der vergangenen Jahre hat dieser Prozess beschleunigt. Viele Iraner, insbesondere die jungen Leute, verlassen ihre Dörfer, um hier in der Metropole ihr Glück zu finden. Die meisten enden in einem der schäbigen Vororte der Stadt, wo die Häuser kaum aus mehr als einem Stück Blech und ein paar alten Ziegelsteinen bestehen.

Rund 20 Kilometer vor der Stadtgrenze werde ich von einem Lastwagenfahrer zur Seite gewunken. Als ich anhalte, entsteigt dem Führerhaus ein schlanker Mann mit einem stoppeligen Gesicht. Wenn ich eines in den vergangenen Wochen und Monaten gelernt habe, so ist es, Menschen einzuschätzen. Das ist wichtig, manchmal vielleicht sogar lebenswichtig. Auch bei Muharam, wie er sich später vorstellt, irre ich mich nicht in meiner Einschätzung. »Ciao, comme estai? Parlare italiano?« (Hallo, wie geht es? Sprichst du Italienisch?), ruft er mir zu. Als ich direkt vor ihm stehen bleibe, reißt er voller Erstaunen seinen Mund auf: »Grande, troppo …« (groß, viel …). Damit ist sein italienischer Wortschatz auch schon fast erschöpft und er zieht eine Thermoskanne und einen Sack Nüsse unter dem Beifahrersitz hervor. So setzen wir uns in seinen Lastwagen und beobachten den Verkehr, der mittlerweile sehr dicht geworden ist.

Mit Handbewegungen gibt er mir zu verstehen, dass ich das Rad hinten aufladen soll. Ich verneine, doch er lässt nicht locker: »Grande Camione, multo traffico e Mafiosi … multo multo pericoloso.« (Große Lastwagen, viel Verkehr und Mafiosi … viel, viel Gefahr.) Wenige Augenblicke später überblicke ich die Straße aus einer ganz anderen Perspektive. Vom Beifahrersitz scheint die Welt eine andere zu sein und ich staune, wie schnell die Landschaft an uns vorüberzieht. Diese großen Fahrzeuge, die ich so oft verfluche, vermitteln mir aus dieser Perspektive ein Gefühl von Erhabenheit. So ziehen der König und ich wie in einer Kutsche sitzend, Nüsse essend, Tee schlürfend, durch die endlose Dürre des Reiches, mit Blick auf die nahende Großstadt.

Seine Hilfe kam im richtigen Augenblick. Immer dichter wird der Verkehr und wir jagen über große Brücken, die wie Betonkolosse über die ersten Wellblechhütten gezogen wurden. Nach 20 Kilometern kommt unser gemeinsames »Straßenkönigtum« zu einem Ende. Muharam muss weiter nach Täbris und ich tief in den Bauch dieser »Monsterstadt«. Lange winkt er mir noch nach und ich danke Allah für eine weitere wundersame Begegnung in der Wüste.

Hurra, eine Schweizer Toilette!

Noch fast 60 Kilometer kämpfe ich mich durch das endlose Gewirr der Straßen. Der Bezirk Elahie, in welchem sich die Schweizer Botschaft befindet und wo ich hin möchte, ist am oberen Ende der Stadt, am Fuße der Berge, dort, wo der Smog kaum hinaufkommt.
Im Laufe meiner Reisen habe ich schon wilde Autofahrer erlebt, aber die Iraner sind mit Abstand die brutalsten. Hier denkt jeder nur an sich und kämpft sich mit seinem blechernen Gefährt Zentimeter um Zentimeter vorwärts. Ich staune, dass es nicht öfter knallt und die Autos nicht einmal besonders verbeult aussehen. Wie schon im indischen Straßenchaos, so drängen sich auch hier Vergleiche mit dem Theater – ich sehe das Ganze als gelungene und originelle Aufführung an.

Qaswa und ich genießen das Schauspiel und die schlangenlinienartige Fahrt durch diesen Blechhaufen. Hier bin ich plötzlich der Herrscher über die Bewegung, denn mit meiner verhältnismäßig schlanken Freundin erkämpfe ich mir dieses neue Territorium mit Leichtigkeit.

Ich bin erleichtert, als ich die Botschaft erreicht habe, denn die Worte »Ambassade de Suisse« klingen wie Sicherheit und Geborgenheit in meinen Ohren. Guillaume Scheurer, André Klaus und der Botschafter Tim Guldimann freuen sich über den ungewöhnlichen Besucher.

Kurz darauf schwinge ich meinen Allerwertesten in die wunderbaren Schweizer Toiletten. Das ist ein Gefühl wie Weihnachten, denn das ist die erste Sitztoilette, die ich seit Wochen antreffe. Die wenigsten wissen wahrscheinlich, dass in vielen Botschaften Einrichtungen aus dem eigenen Land üblich sind. Sogar die Türklinken und in Extremfällen das Spülmittel werden aus der Heimat herbeigeschafft.

Die Tage hier in Teheran sind angefüllt mit diversen Arbeiten, es gibt viele Dinge, die ich erledigen muss. Wieder schreibe ich die »*Bike for Help* News«, denn die letzten Neuigkeiten kamen aus Quetta.

Obgleich ich alle ganz schön auf Trab zu halten scheine, kümmert man sich rührend um mich. Das geht sogar so weit, dass ich ein eigenes Büro mit Computer zur Verfügung gestellt bekomme. Ich habe auch viel nachzuholen und zu organisieren und fast zu wenig Zeit.

Zu meiner großen Freude werden eine Reihe von Abendessen mit spannenden Leuten organisiert. Ich genieße diese Begegnungen sehr, denn ich kann wieder meine eigene Muttersprache sprechen und in einen vertrauten Kulturkreis eintauchen. Nicht, dass ich das verzweifelt suche, aber von Zeit zu Zeit brauchten die Menschen einen Hauch von Altgewohntem. Ich möchte ja gar nicht krampfhaft an meiner weit entfernten Heimat fest halten, sondern bin hier bewusst in einem fremden Land, welches ich kennen lernen, ja erfahren will.

Es ist aber schon erstaunlich, dass man sich in der Fremde seiner Wurzeln mehr und mehr bewusst wird. Man realisiert, woher man kommt, welcher Kultur man angehört und welche Werte man mitbekommen hat. Das ist auch verständlich, denn schließlich ist der Kontrast zwischen dieser fremden und der eigenen Welt sehr groß. Ich bemühe mich, dieser Andersartigkeit mit Toleranz, Verständnis und Respekt gegenüberzutreten. Es gilt nicht zu urteilen, sondern sich bis zu einem gewissen Grad anzupassen, sich aber nicht dabei zu verlieren.

Nach einigen Tagen halte ich einen Dia-Vortrag in der Botschaft. Einer der Zuhörer, der Journalist Serge Michel, der ein Interview für eine französischsprachige Zeitung machen möchte, weiß ein wenig über Lepra im Iran zu berichten. Er erzählt mir, er habe vor Jahren einen Bericht über ein Leprosarium in Täbris gemacht.

Das klingt sehr interessant, denn es würde mich interessieren, wie groß die Problematik hier ist und wie man mit ihr umgeht. Bereits am nächsten Tag wird ein Kontakt hergestellt und man wird mich im so genannten »Leprosorium Bababaghi« in Täbris willkommen heißen.

Die zweite Hälfte meiner Woche in Teheran werde ich bei der liebenswürdigen Familie Galahey untergebracht. Am Sonntag stelle ich alle Berichte fertig, übersetze die »*Bike for Help* News« ins Deutsche und schicke alles, zusammen mit den digitalisierten Bilder los. Mit einem einfachen

Tastendruck werden diese Berichte nun viele tausend Menschen rund um die Welt erreichen können und ich hoffe, ihnen damit einen anderen Einblick in dieses Land zu geben. Zum Glück klappt alles wie erwartet, dann gebe ich noch eine Pressekonferenz am Montag, mache ein Interview mit dem iranischen Nationalfernsehen und schließlich ist wieder ein Abschied da.

Heute verlasse ich die Stadt jedoch nicht allein. Eine Radgruppe aus der Stadt mit Namen »The Green Papillon« (der grüne Schmetterling) ist gekommen, um mich aus der Stadt zu geleiten. Sie sind die ersten Radfahrer, die ich bisher im Iran gesehen habe.

An der Stadtgrenze verlässt mich die Gruppe, nur ein junger Mann begleitet mich bis nach Karaj. Ali fährt neben mir her und verliert sich in intellektuellem Fieber, das, was die Iraner Taberoschanfekri nennen. Ich denke, auch für ihn ist diese Begegnung etwas Besonderes. Er spricht über die Ziele seiner Gruppe »The Green Papillon«, die sich für die Umwelt sowie die Rechte der Radfahrer im Iran einsetzen.

Es erstaunt mich nicht, als er mir erzählt, dass Frauen im Iran nicht Rad fahren dürfen. »Aber wir haben schon einen kleinen Erfolg gehabt. In der Nähe von Teheran gibt es nun einen Park, wo auch Frauen mit dem Rad fahren dürfen. Das ist ein wichtiger Schritt.«

Aber am meisten staune ich, als er mir erzählt, dass er gemeinsam mit Freunden per Rad nach Europa gefahren ist. Sie kamen anscheinend sogar durch meinen kleinen Heimatort Buchs. Alle Achtung! Ich denke auch an ihre Visaprobleme und die gewaltigen Preisunterschiede für diese »armen« Radler.

Der Tod wartet im grünen Paradies

Als ich am nächsten Tag die Ortschaft Qazvin durchfahre, entscheide ich mich, einen Umweg Richtung Kaspisches Meer zu unternehmen. Genug habe ich von all dem Sand und der Eintönigkeit. Ali hat mir erzählt, dass es auf der anderen Seite der Alborz-Berge grün sei, da es dort vom Kaspischen Meer her regne.

Nachdem die Straße auf fast 30 Kilometer angestiegen ist, erreiche ich schließlich den Bergpass und beginne Richtung Meer hinunterzurollen.

Mit jedem Meter wird die Landschaft grüner und mein Herz begrüßt diese Veränderung mit Jubel. Mir ist, als hätte ich ein Leben lang darauf warten müssen, einen grünen Baum und eine saftige Wiese zu sehen. Die Sonne scheint mir auf den Kopf und der stahlblaue Himmel unterstreicht alle Farben. Die Sonnenstrahlen in meinem Gesicht, das Geräusch des Windes in meinen Ohren ... ich bin selig.

So geht es fast 50 km abwärts, vorbei an wilden Schluchten, Felsen, Seen und Flüssen. Manchmal trennen mich nur wenige Meter von der steil abfallenden Felswand und der todbringenden Tiefe.

Nach einigen kleineren Tunneln komme ich schließlich zu einem langen. Ich packe meine Stirnlampe aus und montiere die blinkende Leuchtdiode an der Rückseite des Rades. Der Tunnel ist schnurgerade und ein kleiner heller Punkt auf der anderen Seite markiert sein Ende. Einfach nur in der Mitte bleiben und immer den hellen Punkt im Visier behalten – das wird schon gehen.

In wenigen Augenblicken bin ich vom Schwarz umgeben. Es ist nicht nur dunkel, sondern ich habe regelrecht das Gefühl, mitten im Nichts zu sein. Der einzige Bezugspunkt ist der kleine helle Punkt, die Erlösung am Ende des langen Nichts.

Ein Auto kommt mir entgegen. Die Scheinwerfer sind so hell, dass ich nichts mehr sehe. Ich verlangsame die Fahrt. Mit einem Mal versagt meine Stirnlampe. Nun werde ich ganz verschluckt von der Dunkelheit. Zurück kann ich jetzt nicht mehr, denn ich bin schon halb durch den Tunnel. Plötzlich werde ich von einem heftigen Schlag erfasst und eine Tasche löst sich aus der Halterung. Sie fällt, ich rolle über sie und verliere die Kontrolle über das schwere Rad. Ehe ich mich versehe, kippe ich vorne über die Lenkstange und lande mit dem Kopf voran auf dem rauen Asphalt. Trotz der Schmerzen in Knien und Armen raffe ich mich auf: Gott sei Dank, es scheint nichts gebrochen zu sein.

Als ich mich aufrichte, kann ich die Scheinwerfer des Landrovers sehen, der von vorne kommt. Er sieht mich und weicht im letzten Moment aus. Aber als ich mich umdrehe, habe ich das Gefühl, dem Tod direkt in die Augen zu blicken. Vor mir erhebt sich dieses riesige Monster mit zwei großen leuchtenden Augen. Meine Hand am Rahmen festgekrallt, das Ende vor Augen, bündeln sich alle Kräfte, worauf die Muskeln explodieren und ich instinktiv zur Seite springe.

Alles geht so schnell, dass ich gar nicht realisiere, was passiert. In diesem Moment rast der Truck ungebremst an mir vorüber. Er muss mich übersehen haben, als ich auf dem Boden gelegen habe, von seinem hohen Ross aus hat er mich nicht erkennen können.

Mehrere Fahrzeuge folgen und in ihrem Scheinwerferlicht kann ich die verlorene Tasche und meine Sonnenbrille wieder finden, wie durch ein Wunder ist nichts beschädigt worden. Der Fahrradlenker hat sich verdreht, ich richte ihn, steige auf und fahre ganz langsam aus dem Tunnel, bis ich schließlich wieder ins Tageslicht eintauche.

Der Schock sitzt mir in den Knochen, meine Hände zittern und das Herz rast. Erst jetzt beginne ich langsam zu begreifen, dass ich dem Tod nur um Haaresbreite entronnen bin. Angst hatte ich da drinnen keine. Da drinnen, in dieser staubigen, dunklen Hölle habe ich nicht gedacht, sondern nur gehandelt, das Leben wollte sich offensichtlich noch nicht von mir verabschieden.

Als ich da draußen so alleine am Straßenrand sitze, muss ich an den Tod denken. Er ist immer präsent, kann mich immer dem Leben entreißen, schnell, langsam, schmerzhaft oder auch nicht. Und ich frage mich, ob ich bereit wäre, wenn er kommt. Ich versuche ja jeden Tag so zu leben, als wäre es mein erster und letzter. Ich denke, der Gedanke an den Tod hat mich gelehrt, wie wichtig es ist, intensiv zu leben und das Leben am Schopfe zu packen. Wie war das wohl früher, als die Menschen wesentlich kürzer lebten? Lebten sie dafür intensiver?

Oft kann ich des Nachts nicht einschlafen, weil mir das Leben nicht aus den Adern weichen möchte. Es ist so, als hätte man mir eine Aufgabe gegeben, die mich wie eine Droge in ihren Bann zieht. Und nach der Erledigung einer Aufgabe stürze ich mich bereits in die nächste usw. Doch wenn der Moment des Abschieds gekommen sein sollte, kann ich nicht behaupten, vom Leben nicht reichlich beschenkt worden zu sein. Es ist eben auch eine Freiheit, sterben zu können, wenn man das Leben liebt.

Von blutrünstigen Wölfen und wilden Menschen

Spät an jenem Abend erreiche ich die Stadt Rasht. Hier werde ich einen Tag bleiben und die Arbeiten abschließen, die in Teheran liegen geblieben sind. Obschon Rasht selbst mir vollkommen uninteressant erscheint, bilden die Menschen eine »kunterbunte Mischung aus Aserbaidschanern, Turkmenen, Armeniern und natürlich Iranern. Mein morgendlicher Streifzug mit der Kamera lässt mich all diese Kontraste hautnah erleben. Obwohl es hier grün ist, verblasst die anfängliche Euphorie sehr schnell, denn die Straßen sind schmal und verkehrsreich. Um nicht doch noch unter den Rädern eines Lastwagens zu enden, entscheide ich mich für die einsame Route durch die Berge. Die belebte und flachere Route kommt auch deshalb nicht infrage, weil der Umweg und damit der Zeitverlust zu groß wären. Schließlich finde ich eine dünne gelbe Linie, welche mitten durch die Berge zu gehen scheint – aber niemand scheint diese Straße zu kennen.

Trotzdem verlasse ich Rasht und fahre Richtung Masuleh, von wo aus die mysteriöse Straße in die Berge verschwinden soll. Mit jedem Meter werde ich mehr von dem Grün verzaubert. Obwohl die Wüste weniger als 100 km entfernt liegt, kann man sich nur schwer vorstellen, dass auf der anderen Seite der hohen Berge alles braun und eintönig ist. Auch die Häuser sind hier ganz anders. Viele sind aus Holz gebaut und haben Giebeldächer an Stelle der sonst üblichen Flachdächer. Auch dies wohl ein Zeichen dafür, dass es hier öfter regnen muss.

In den üppigen Feldern stehen Schafe, am Straßenrand Kühe, die mich entgeistert ansehen, und an den Hängen wachsen Bäume. Letztere haben mir besonders gefehlt, denn Bäume bedeuten Schutz, Versteck und Geborgenheit. In der Wüste kann man sich nicht verstecken, außer vielleicht manchmal hinter einem großen Felsbrocken. Aber manchmal wünscht man sich nichts sehnlicher, als sich zu verstecken und keine Menschen um sich zu haben. Die Offenheit und Schutzlosigkeit auf dem Rad ist manchmal schwer zu ertragen.

Schließlich erreiche ich Masuleh, welches auf einer Höhe von 1050 m liegt. Wegen der steilen Hänge sind die Häuser auf so engem Raum gebaut worden, dass das Dach des einen als Terrasse für das darüber liegende dient. So haben sich die einfachen Lehmhäuser elegant und praktisch der Landschaft angepasst.

Viel Zeit bleibt mir nicht, denn ich muss vor der Dunkelheit noch einen Schlafplatz finden. Meinen Berechnungen zufolge werde ich fast zwei Tage brauchen, um die Berge zu durchqueren. Das heißt, ich muss ausreichend Brennstoff (Diesel) und Nahrung einkaufen. Zwar fülle ich alle Wasserflaschen, muss jedoch darauf hoffen, Wasser in den Bergbächen zu finden. Qaswa lasse ich bei einem Teehaus zurück und gehe durch den kleinen engen Basar Masulehs: Brot links, rechts Tomaten und Gurken und am anderen Ende noch eine Dose Thunfisch. Heute stehen Spaghetti auf dem Menü.

Außerdem frage ich einige Leute nach der Route, indem ich auf die Linie auf der Karte deute. Die Antwort bleibt immer dieselbe: Kopfschütteln. Doch niemand scheint die Straße wirklich zu kennen, außer einem alten Mann: »Vor 10 Jahren bin ich da mit dem Motorrad durchgefahren. Es gibt Wölfe und wilde Menschen da oben, lass es lieber bleiben.«

Klingt interessant und einladend ... oder? Die Neugier treibt mich an, obwohl die Aussagen alles andere als motivierend klingen. Nicht, dass ich mich selbst unnötig in Gefahr bringen will, aber ich weiß, dass die Iraner ein »spezielles« Verhältnis zur Natur haben. Sie sind zwar gerne im Freien, betrachten jedoch die Natur lieber, als sich aktiv in dieser zu bewegen. Außerdem kennen die wenigsten mehr als die Grenzen ihres eigenen Dorfes. So oder so habe ich keine andere Wahl, da ich zurück auf die andere Seite der Berge muss, um in die Türkei zu gelangen.

Nachdem Qaswa mit allem beladen ist, beginnen wir die schmale Schotterstraße den steilen Berg hinaufzuklettern. Mittlerweile ist es schon spät und Nebel zieht auf. Wie ein Schleier legt er sich über die Landschaft und verschlingt alles in seinem undurchsichtigen Weiß.

Wenig später verwandelt sich die Straße in ein »Schlachtfeld« von Schlaglöchern und Schlamm. Zuweilen muss ich vom Rad absteigen und schieben. Qaswa und ich werden ordentlich durchgeschüttelt und mein Hintern erhält eine ausgiebige Massage.

Es wird immer später und die Sonne steht tief am Horizont. Jetzt ist es wirklich höchste Zeit, einen sicheren Platz zu finden. Das ist schwierig, denn überall geht es steil abwärts: keine einzige ebene Fläche, wo ich mein Zelt aufstellen könnte. Ich fahre weiter, mir bleibt nichts anderes übrig. Schließlich erblicke ich weiter oben am Berg einen kleinen Stall. Ganz in der Nähe fließt ein Bergbach durch, somit habe ich Wasser und Schutz.

Die Türe knarrt laut, als ich das Innere betrete. Der Stall muss schon seit geraumer Zeit unbenutzt sein, denn das halbe Dach ist eingestürzt. Es dauert nur wenige Minuten, bis ich einen Teil frei geräumt habe, um meinen Schlafsack ausbreiten zu können. Das wird nun mein Heim für diese Nacht sein ... ein Zimmer mit Blick in die Sterne.

Es ist ganz erstaunlich, wie schnell man lernt, sich praktisch überall wohl und zu Hause zu fühlen. Das muss man auch, denn man ist immer in Bewegung: vorgestern im Hotel (mit Dusche), gestern auf dem Boden der Polizeistation (ohne Wasser und Toilette) und heute in einem verlassenen Stall (eisiger Bergbach).

Die Kälte rät zur Eile. Auch das Abladen von unnötigem Ballast geht zügig hinter einem Baum vor sich. Somit funktioniert alles Notwendige und man ist glücklich über diesen spartanischen Luxus. Könnte man nicht fast glauben, es handle sich um ein gemütliches Chalet in den Schweizer Alpen?

Als ich am nächsten Morgen aus meinem warmen Schafsack krieche, ist die Temperatur unter den Gefrierpunkt gefallen. Ich gebe es ja nur ungern zu, aber nun wäre eine heiße Dusche doch nicht zu verachten ...

Die Straße wird steiler und steiler. Manchmal ist es schwer, das Rad im Gleichgewicht zu halten. Bei 130 kg Gewicht (inklusive mir) scheine ich hier eher ein Motorrad als ein Rad zu bewegen. Aber wo bleibt der Motor bitte schön?

Für die Mühen belohnt mich die Umgebung. Nach Überquerung der Baumgrenze kann ich erstmals das gesamte Gebiet überblicken und kann mich gar nicht satt sehen, denn die Landschaft ähnelt den heimatlichen Alpen: schneebedeckte Bergspitzen, steile Täler, raue Felsformationen, Wälder und weit unten Zeichen menschlicher Besiedlung.

Qaswa und ich kämpfen hart, denn zusätzlich zur starken Steigung hat sich ein heftiger Wind eingeschlichen. Außerdem ist die Straße vom Regen der vergangenen Tage so aufgeweicht, dass es immer schwerer wird, vorwärts zu kommen. Der Schlamm klebt an den Schutzblechen, den Bremsen und der Schaltung. Manchmal blockieren sogar die Räder. Momentan schaffen wir nicht mehr als 4 km/h und ich frage mich, wie ich so überhaupt weiterkommen soll. Ich kann nur hoffen, dass ich einen Unterschlupf finde, denn meine Karte ist zu ungenau, um zu bestimmen, wie weit es noch ist und welche Steigungen mich noch erwarten.

Nachdem das Ärgste geschafft ist, erreiche ich den höchsten Bergpass der Route. Eine Messung mit dem GPS (Satellitennavigationsgerät) ergibt eine Höhe von 3000 m. Somit habe ich innerhalb von 24 Stunden fast 2800 Höhenmeter geschafft.

Von hier aus geht es genauso steil wieder abwärts, links der Abgrund und rechts der Berghang. Ein Sturz und niemand würde mich hier je finden. Weiter unten komme ich durch einige Lehmdörfer. Die einfachen Häuser sind alle nah aneinander gebaut, zur besseren Isolation und zum Schutz vor dem beißenden Wind. Ich bin beeindruckt, dass hier Menschen unter so rauen Bedingungen auf über 2000 m leben. Und mich rührt die freundliche Art dieser »wilden Menschen«, vor denen man mich gewarnt hat. Man bestaunt den Radfahrer und der Alte, dem ich auf seinem Esel begegne, scheint geradezu in seinem Stolz getroffen, denn nun gibt es hier etwas, das noch schneller ist als sein Vierbeiner. Er bietet mir trotzdem eine seiner Zigaretten an.

Das ist schon ein besonderes Gefühl, durch Orte zu kommen, in denen man höchstwahrscheinlich der erste »Westler« ist. Es ist auch erstaunlich, dass ich bei diesen Menschen kein Misstrauen oder Angst vor dem fremden Eindringling spüren kann. Aber ich glaube, es liegt in der Eigenart des Persers, neugierig auf alles Fremde zu sein, anders als die Beluchen, die dem Fremden gegenüber misstrauisch sind. Hier oben sind allerdings auch keine brutalen, plündernden Armeen durchgezogen.

Mit leichtem Herzen, die Schuhe fest in den Pedalen verankert, lasse ich mich rollen, mich treiben von der Schwerkraft, die ich beim Aufstieg so schwer zu bekämpfen hatte. Mit über 70 km/h rausche ich über die sandige Piste, eine Staubfahne hinter mir herziehend.

Weit unten im Tal begegne ich dem ersten motorisierten Gefährt. Es handelt sich um einen jungen Kerl auf einem alten russischen Motorrad. Hinten sitzen zwei Alte, von denen jeder ein Huhn unter dem Arm hält. Das ist das lokale Taxi, denn ein Fortkommen mit einem Auto, geschweige denn einem Bus wäre undenkbar in diesem unwegsamen Gelände.

Das Motorrad bleibt stehen und als ich fotografiere, lachen die Alten herzhaft. Wie kann man vor solchen Menschen nur Angst haben, deren Augen vor lauter Herzlichkeit überquellen?

An jenem Abend erreiche ich Khalkhal, wo ich nach einem Chello Kebab (Lammfleisch und Tomaten am Spieß gegrillt, Safranreis) wie ein

enigstens brauche ich keinen Kühlschrank. Nahe Mus, Türkei, März 2002

esamt 20 platte Reifen auf der Expedition – Reifenwechsel im Schneefall, Türkei, März 2002

Offene Herzen findet man überall. Gürün, Türkei, März 2002

Ist das Leben nicht wundervoll? Kind nahe der Agia Sophia, Istanbul, Türkei, April 2002

Europa, ich komme! Blick auf den Bosporus und im Hintergrund die Agia Sophia (l.) und die blaue Moschee (
Türkei, April 2002

ein neuer Feind, der Regen. Türkei, März 2002

Ein Motel für's Kamel an der alten Seidenstraße. Nahe Kayseri, Türkei, April 2002

tte verhaften Sie mich!« Meine Nacht bei der Polizeitruppe von Bala, Türkei, April 2002

Noch ist der Weg weit und der Regen unaufhörlich. Bingöl, Türkei, März 2002

»Mein neuer Freund« – ausgesetzter Hund nahe Kayseri, Türkei, April 2002

wechslung ist das Gewürz des Lebens. Türkei, März 2002

und Spiel zum Zeitvertreib. Inçesü, Türkei, April 2002

Sauberkeit ist ein großes Gebot im Islam, Türkei, April 2002

Wo geht es weiter? Nahe Bingöl, Türkei, April 2002

«Liebestal« in Göreme. Türkei, April 2002

gibt Hoffnung für jeden.« Yasemin Akkus (13), Leprapatientin in der Lepraklinik Istanbul, Türkei, April 2002

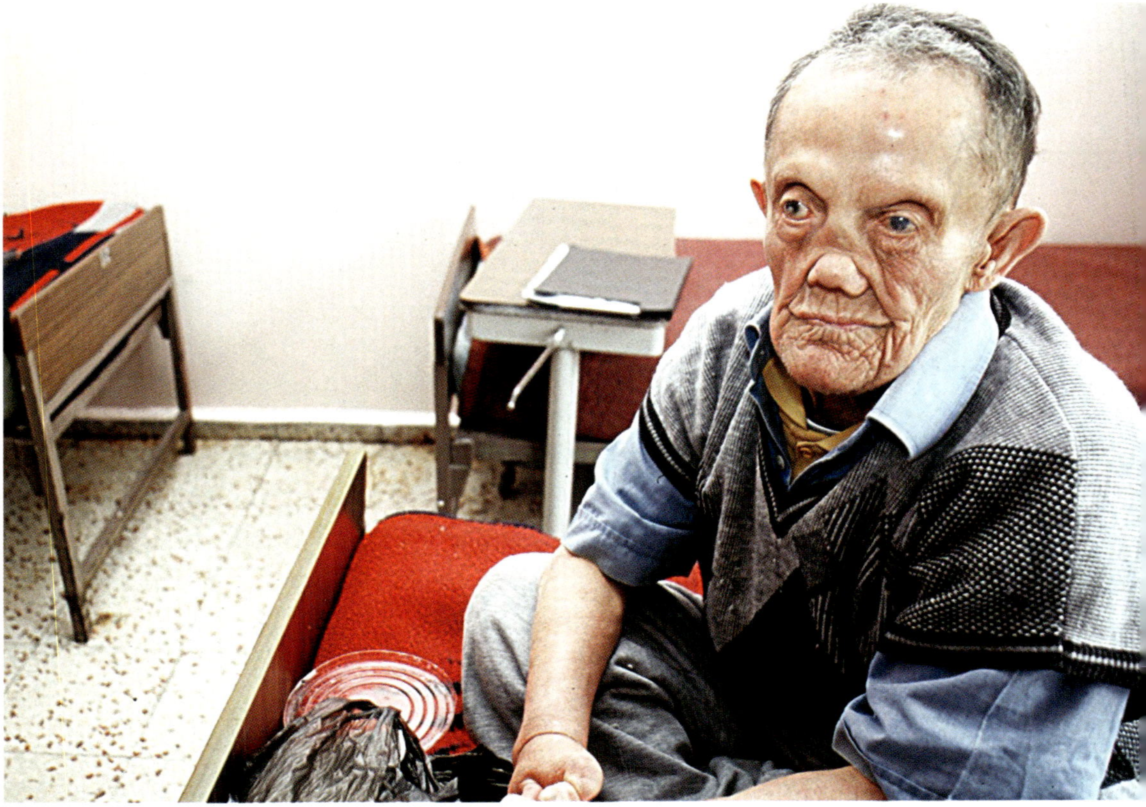

Lepra gibt es auch in Europa. Lepraklinik in Istanbul, Türkei, April 2002

Hier hat jeder einen ganz anderen Fuß. Abdrücke von Füßen der Leprapatienten, Lepraklinik Istanbul, April 20

Toter in den Schlaf sinke. Hinter mir liegen die wohl 57 härtesten Kilometer, die ich je geradelt bin.

Mein fahrendes Zuhause

Hier draußen muss ich auf alles vorbereitet sein. Ob hier in den Bergen oder in den Weiten der Wüste, immer muss ich damit rechnen, keine Unterkunft und kein Essen zu finden. In diesem Bewusstsein habe ich auch meine Ausrüstung zusammengestellt. Das schafft Freiheit und Unabhängigkeit. Außerdem ist es interessant zu sehen, wie wenig man tatsächlich braucht. Da jeder Gegenstand mit Gewicht und Volumen zu Buche schlägt, beschränkt man sich auf das absolut Nötigste und trägt keine Extras mit sich herum. Und obwohl man sich auch jede Unterhose zwei Mal überlegt, scheint man im Endeffekt doch immer zu viel zu haben.

Auch das mit dem Strom ist keine leichte Sache, denn meine elektronischen Geräte wie Psion (Computer), GPS, Satelliten-Handy und Videokamera brauchen auch ihre »Nahrung«. Obgleich Steckdosen spärlich gesät sind, gibt es eine Energiequelle in Hülle und Fülle: die Sonne. Ich kann die nötige Energie mit einer Solarzelle gewinnen, die hinten am Rad befestigt wird und mit der ich die Batterien während der Fahrt aufladen kann.

Auch bei den Reparaturen heißt die Devise: Selbst ist der Mann. In vielen der hier von mir bereisten Länder sind Räder wie das meinige unbekannt. Deshalb müssen auch Ersatzteile mitgenommen werden. Alle meine Sachen habe ich schließlich in sieben Taschen gestopft und so unterteilt, dass alles einer gewissen Ordnung folgt: Seitentaschen am Vorderrad: Kleider, Schlafsack, Videokamera, Satellitentelefon und kleine Utensilien. Lenkradtasche: Landkarte, meine beiden Leicas sowie die Digitalkamera. Seitentaschen am Hinterrad: »Büroutensilien«, Ersatzteile, Musik, Kochausrüstung, Waschsachen, Vorräte, Ladegeräte etc. Taschen (Gepäckträger hinten): Zelt, Matte, Papiere, Essen, Bücher, Solarzelle etc.

Trotz des Feilschens um jedes Gramm habe ich zwei »Luxusartikel« mitgenommen. Zum einen ein »Walkman« mit kleinen Lautsprechern und zum anderen eine elektrische Zahnbürste. Letztere ist zwar nicht »überlebenswichtig«, verschafft mir jedoch ein Gefühl von Sauberkeit. Das ist wichtig für den Geist, denn man muss bedenken, dass Duschen nur selten möglich ist. Außerdem sind gesunde Zähne hier besonders wichtig – es genügt bereits ein Blick in eine fernöstliche Zahnarztpraxis, um von einer lokalen Zahnbehandlung Abstand zu nehmen.

Meine Freundin Qaswa wirkt ohne Taschen ganz unscheinbar. Keine aufwändigen Federungen und nur ein schlichter grauer Stahlrahmen. Obwohl heutzutage die meisten Fahrräder Aluminiumrahmen haben, ist dies beim »Expeditionsrad« nicht zu empfehlen. Aluminium ist nämlich weniger belastungsfähig und sollte es brechen, so kann man den Rahmen nicht schweißen. Hier draußen zählt nicht Schönheit, sondern Funktionalität.

Ich empfinde es als Freiheit, alles Nötige bei mir zu haben und wie ein Vagabund durch die Lande zu fahren. Man braucht nur manchmal Benzin (zum Kochen), Essen, Wasser und gute Menschen. Man hat sein Zuhause bei sich und kann auf jedem Fleckchen Erde eine Heimat finden. Auch die spärliche Garderobe hat ihre Vorteile: Die tägliche, möglicherweise zermürbende Auswahl passender Kleidung fällt weg, wenn man die Wahl zwischen einer langen und einer kurzen Hose hat. Hier wird die Mode von der Temperatur und nicht von Geschmack oder Gesellschaft bestimmt.

Leprosarium Bababaghi

Nachdem ich die Berge durchquert habe, kommt es zu einem Wettersturz. Es beginnt zu regnen und zu schneien, wodurch meine Regenhose (Sponsor Gonzen Sport) zu ihrem ersten Einsatz gelangt.

Als nun die großen Tropfen vom Himmel zu stürzen beginnen, versuche ich in die Hose zu schlüpfen. Wie kann das sein, dass sie mir nicht passt? Vor meiner Abfahrt hat sie perfekt gesessen und jetzt bringe ich nicht einmal mehr die Reißverschlüsse zu. Hat jemand sie ausgetauscht? Nun ja, die Ursache ist bald entdeckt: Damals habe ich nicht bedacht, dass meine Beine an Muskelmasse und somit Volumen zulegen würden.

So schmunzle ich, versuche mich in den engen »Schlauch« zu zwängen und schaffe es nur, indem ich die seitlichen Reißverschlüsse offen lasse. In dem Falle dürfte die Aufschrift »100% Waterproof« (100% wasserdicht) allerdings wenig nützen. Zu allem Übel wird Qaswa von einem herabstürzenden Stein beschädigt und als mein Reifen wenig später noch ein

Leck bekommt, reicht's mir eigentlich für den Tag. Dennoch habe ich Glück gehabt, denn der Stein, von der Größe eines Fußballs, verfehlt meinen Unterschenkel nur um Haaresbreite. Dafür trifft er den wichtigsten der vorderen Zahnkränze und beschädigt diesen, wodurch die Kette nicht mehr richtig greift und bei jeder Umdrehung herausspringt.

In solchen Situationen, wenn sich alle Geister gegen mich verschworen zu haben scheinen, denke ich immer daran, dass es noch schlimmer hätte kommen können. Ein Rad kann man reparieren, aber mit einem verletzten Bein wäre alles wesentlich schwieriger geworden.

Leider verdichtet sich der Schneefall zunehmend und die Straße wird schmaler und schmaler. Immer wieder fürchte ich, von einem Lastwagen mitgerissen zu werden, denn sie zischen wie Geschosse an mir vorbei.

Noch am selben Abend erreiche ich, nass wie ein Waschlappen, die Stadt Täbris. Ich durchquere sie, um noch am selben Tag zum Leprosorium Bababaghi zu gelangen, welches 15 km außerhalb der Stadt liegen soll. Der Wegbeschreibung folgend, finde ich mich einige Zeit später in der Wüste wieder. Immer weiter geht es in die Einöde hinaus und ich frage mich, ob dies tatsächlich der richtige Weg ist. Plötzlich erscheint ein Auto und ein Lepröser (ohne Finger) reißt die Tür auf. Mit freudiger Stimme fragt er: »Bababaghi?« Ich bejahe. Mit seinen »Stummeln deutet er in die Ferne und rauscht davon.

Nach längerer Zeit kann ich endlich eine kleine Siedlung in einer Senke entdecken. Man hat das Gefühl, das Ende der Welt erreicht zu haben. Auch hier bin ich wieder von neuem erstaunt, wie man diese Menschen von der Zivilisation entfernt hat, als wären sie nicht Teil des Lebens.Die kleinen Häuser, auf der ganzen Senke verteilt, sind umgeben von spitzen Felsen, welche schön und gleichsam dramatisch wirken. Obwohl es nun sehr kalt ist, kann ich mir vorstellen, dass die Hitze im Sommer unerträglich sein muss.

»Bonsoir, je suis Frère François« (Guten Abend, ich bin Bruder François), stellt sich ein Mann mit grauem Haar vor, als ich das Hauptgebäude erreiche.

Bruder François ist nicht nur Geistlicher, sondern gleichzeitig auch Arzt. Er ist ein großer Mann, mit kantigem Gesicht, einer schmalen Brille und dem Ausdruck ansprechender Wärme im Gesicht. Es scheint mir sehr ungewöhnlich, einen Ausländer und Christen hier zu finden, der für eine öffentliche Institution in einem streng islamischen Land arbeitet. Auf meine Nachfrage erzählt er: »Bababaghi (der Garten des Großvaters) wurde lange vor der Islamischen Revolution erbaut. Ich kam vor diesem Umbruch und als die neue Regierung alles übernahm, wurden die Schwestern und ich gebeten, zu bleiben. Sie hatten keine andere Wahl, da sich niemand finden ließ, der hier arbeiten wollte.

Heutzutage hat sich vieles gebessert. Einheimische arbeiten nun in der Station, viele Leute kommen die Patienten besuchen und manche ehemalige Leprakranke haben sogar Arbeit in der Stadt gefunden.

Diese Institution wird vom iranischen Staat unterhalten und dank der effizienten Verteilung der Medikamente wurde die Zahl der Neufälle hier drastisch gesenkt. Im Gegensatz zu Indien und Kambodscha ist Lepra hier im Begriff, ausgerottet zu werden.«

Im Laufe meines zweitägigen Aufenthaltes erzählt mir Bruder François mehr und mehr über die schwierige Vergangenheit dieser Institution: »Als Bababaghi 1959 eröffnet wurde, zog man eine hohe Mauer um die Gebäude. Die Leprafälle aus dem ganzen Land wurden entweder hierher oder nach Mashad gebracht. Wenn die Leprösen erst einmal hier angekommen waren, durften sie nicht wieder weg. Man hielt sie wie Häftlinge fest. Ein Mal in der Woche kam ein Lastwagen, brachte Essen und Medikamente. Diese wurden durch ein Fenster von außen hereingereicht. Nur wenige Gesunde kamen je in Kontakt mit den Kranken.

Hierzu gehörte ein Team indischer Ärzte, denn ihre iranischen Kollegen hatten Angst. Außerdem hatten die Inder zu diesem Zeitpunkt die meiste Erfahrung mit Lepra. Zu dieser Zeit kamen auch 300 Mönche von überall her ins Land, um bei der Leprabehandlung zu helfen.

In der Zwischenzeit sind die Mauern verschwunden und für viele ist dieser Ort zur Heimat geworden. Es gibt Patienten, die hier seit mehr als 30 Jahren leben. Viele sind sehr alt und wir versuchen alles, ihre Versorgung so gut wie möglich zu gewährleisten.«

Ob er sich nicht manchmal einsam fühle, so fern von allen/m Vertrauten, frage ich ihn. Er schweigt für einen Moment und antwortet: »Wenn das Herz eine Aufgabe hat, dann wird man nie alleine sein.«

Die Nachricht von der Ankunft des »verrückten« Radlers hat sich schon herumgesprochen. Beim Besuch der Anlage scheint jedermann zu wissen, wer ich bin.

Im Innern ist alles sauber und gepflegt. In manchen Zimmern treffen wir auf gänzlich entstellte Menschen, denn es handelt sich häufig um schwere Fälle – jedoch nicht in jenem Ausmaß, wie ich es in Indien und Kambodscha gesehen habe. In einem Zimmer am Ende des Korridors liegt ein Mann im Sterben, vor ihm sitzt ein junger Leprakranker, der aus dem Süden des Landes kommt. Er war Mechaniker und trägt auch hier im Leprosarium nur seinen blauen Arbeitsoverall.

Heute gibt es Reis mit eingekochtem Gemüse. Als der Wagen mit den Tabletts von Zimmer zu Zimmer geschoben wird, macht sich ein Duftgemisch aus Spital und Essen breit.

Vom Gang her dringt Gelächter ins Zimmer. Ein Lehrer ist mit seinen Schülern aus der Stadt gekommen, um den Patienten Schokolade zu bringen. In den Augen der Kleinen kann ich erkennen, dass es vermutlich das erste Mal ist, dass sie einen Leprakranken sehen. Trotz der ersten Berührungsängste bringt jede(r) der Kleinen eine Hand voll Süßigkeiten zu den Patienten. Ein freudiger Gesichtsausdruck ist auf beiden Seiten zu beobachten und im Raum herrscht ein Gefühl von Menschlichkeit vor. Es wird gelacht und Lachen gilt als die beste Medizin. Es berührt mich zu sehen, dass im Iran Lepra keine Stigma mehr ist. So sollte es überall sein.

Am nächsten Tag hilft man mir, Qaswa in die Stadt Talriz zu bringen. Gebrochene Speichen müssen ersetzt werden und der verbogene Zahnkranz sollte repariert werden. Ersatzteile gibt es keine, jedoch schaffen es die Mechaniker vor Ort, den Zahnkranz gerade zu hauen. Darauf läuft er wieder ruhiger und bei nächster Gelegenheit kann ich ihn dann ganz ersetzen. Mit den Speichen sieht es schlechter aus. Es gibt keinen Ersatz und so muss ich die verbliebenen Speichen besser spannen, um das Rad einigermaßen auszuwuchten.

Ich finde endlich mal wieder Zeit, mich um die E-Mails zu kümmern, das ist auch wichtig, weil die nächste Lieferung für Ankara bereits vorbereitet werden sollte. Außerdem hoffe ich Zeit zu finden, einige persönliche Nachrichten zu schreiben. Als ich nach einem »Coffee-Net« frage, bringt man mich zu einer kleinen Poststelle. Der Innenraum ist das reinste Chaos. Papiere stapeln sich überall und hinter einem Haufen Pakete finde ich den Postbeamten versteckt, der in voller Wucht Stempel auf Briefe herabdonnern lässt. Er lächelt mich an, räumt einige Schachteln beiseite und dahinter kommt ein verstaubter Computer zum Vorschein.

Über acht Stunden verbringe ich nun hier. Der junge Postbeamte ist rührend, bringt mir Tee und schiebt mir immer wieder einige Kekse unter die Nase. Ich bin glücklich, dass ich zum ersten Mal seit Wochen ein wenig Zeit habe, persönliche Nachrichten zu lesen und zu beantworten. Für Stunden kann ich so in die Vertrautheit mit Freunden und der Heimat eintauchen. Ist diese technische Errungenschaft nicht großartig? So sehr man oft über die Computer wettert, so glücklich bin ich nun darüber.

Obwohl die Poststelle bereits um sieben hätte geschlossen werden sollen, wartet der junge Postbeamte bis acht Uhr. Mir hat er einen großen Gefallen erwiesen und den Kunden die Möglichkeit gegeben, ihre Post noch später aufzugeben. Doch seine Herzlichkeit ist noch nicht erschöpft, denn er weigert sich sogar, meine Bezahlung anzunehmen. Das ist eine rührende Geste, denn Internet ist ein teurer Luxus in diesem Land.

Schließlich verlassen Qaswa und ich in totaler Dunkelheit die Stadt. Wieder geht es hinaus in die Wüste, 15 km zurück ins Leprosorium. Es ist so dunkel, dass man kaum die Hand vor Augen sieht. Nachdem ich die Stadtgrenze erreicht habe, biege ich in die schmale Straße ein, die in der Wüste verschwindet. Es ist ruhig, als ich durch die kalte Nacht fahre.

Nach einigen Kilometern beginnt die Straße anzusteigen. Plötzlich vernehme ich Gebell im nahen Dunkel. Ob das ein wilder Hund ist? Aus einem werden viele und zu meinem Entsetzen bemerke ich, dass die Geräusche immer näher kommen. Es scheint, als würden sie von allen Seiten kommen. Ich strample schneller, aber es ist ziemlich steil und so bin ich nicht allzu schnell. Immer näher kommen sie. Ich spüre, wie etwas nach meiner hinteren Tasche schnappt. Für einen Augenblick drehe ich mich um, kann aber nichts erkennen. Alles ist schwarz. Es müssen viele Verfolger sein und sie scheinen mir ganz nah auf den Fersen beziehungsweise am Hinterrad zu sein. Ich atme schwer, gebe alles, was ich kann und vergesse den Schmerz in meiner Lunge und meinen Beinen. Ich will nur fliehen, will das Gaspedal herunterdrücken und in diesem Schwarz verschwinden. Es scheinen unendlich lange Sekunden zu vergehen, bis ich endlich die rettende Kuppe erreiche. Schließlich lässt das Rudel von mir ab und bleibt zurück.

Ich ringe nach Luft und im Mund habe ich den Geschmack von Blut.

Klein ist die Welt

Als ich am nächsten Tag weiterziehe, treffe ich in der Wüste zwei Liechtensteiner in einem Jeep. Das verwundert mich aus dreierlei Gründen: Erstens kommen sie aus einem Land mit nur knapp 30 000 Einwohnern, zweitens leben sie nur wenige Kilometer von meinem Heimatort entfernt und drittens ist es erst das dritte »Ausländer-Team«, das ich auf der Straße getroffen habe. Man kann sich vorstellen, wie gering die Chance ist, auf einer Wegstrecke von mittlerweile fast 5000 km Einwohner eines solch kleinen Staates zu treffen. Es ist so, als würde man eine Nadel im Heuhaufen entdecken.

Eine freudige Begrüßung folgt, denn für uns alle ist das ein besonderer Moment. Jan und Norman, so heißen die beiden jungen Kerle, sind auf dem Weg nach Indien. Mit ihrem alten Jeep haben sie sich aufgemacht, umso bald wie möglich am Strand von Goa zu »brutzeln«. Natürlich tauscht man Informationen über Wegstrecke, Gefahren und Witterung aus. Ich möchte alles über die Türkei wissen und über die Situation im Iran und in Pakistan. Norman warnt mich: »Sei vorsichtig, es erwartet dich viel Schnee in der Türkei.«

Die beiden haben es ziemlich eilig, da sie nur ein 10-tägiges Transitvisum für den Iran haben. Da wird mir wieder bewusst, wie unterschiedlich unsere Perspektiven sind. Ich bin seit fast fünf Wochen im Iran unterwegs und sie werden das Land in knapp zehn Tagen durchqueren …

Ich bin erstaunt, als Norman mir sagt: »Wir haben von *Bike for Help* bereits gehört und darüber spekuliert, ob du noch im Iran bist.«

Bevor sie weiterfahren, schenken sie mir noch zwei Zigarettenschachteln. Obwohl diese nicht zum »offiziellen« Teil meiner Ausrüstung gehören, gönne ich mir an manchen Abenden gerne eine Zigarette. Erstaunlicherweise ist der Genuss nach sehr harten Radtagen am größten. Aber ich denke, solche Sünden dürfen auch mal sein, und dass ich die Ablagerungen in meiner Lunge am nächsten Tag schon wieder herauskeuchen werde.

Bereits am selben Abend wird mir dieses Geschenk sehr nützlich sein.

Auf Grund der langen Unterhaltung ist es spät geworden. So strande ich schließlich mitten in der Wüste, von der ich den Eindruck habe, dass sie so kurz vor der türkischen Grenze noch einmal zeigen will, dass sie die wahre Herrscherin des Persischen Reiches ist.

Als die Sonne bereits hinter den Hügeln verschwunden ist, komme ich an einer einfachen Lehmsiedlung vorbei. Mit einem Mal wird es kalt. Und da meine Wasservorräte erschöpft sind, entscheide ich mich, in dem Dorf um Unterschlupf zu bitten.

Mit Händen und Füßen versuche ich den Leuten klar zu machen, dass ich ein Nachtlager brauche. Es dauert nur wenige Augenblicke und eine Schar kleiner Kinder umringt mich und fängt an, alles anzufassen.

In diesem Moment bin ich mir nicht mehr so sicher, ob meine Idee so gut war. Ständig muss ich den kleinen Händen folgen, die flink in meinen Taschen verschwinden und nach spannenden Dingen suchen. Schon hat so ein Fratz den kleinen Teddybär in der Hand, den mir Marie nach Delhi mitgebracht hat und der seither aus meiner Lenkradtasche schaut – so eine Art Aufpasser. Ganz verdutzt schaut mich das Kind an, als es bemerkt, dass das kleine Stofftier an der »Leine hängt«. Ich habe mit diesem Fall gerechnet und meinen kleinen Begleiter mit einer Schnur an der Tasche befestigt.

Schließlich kommt ein junger Mann zu meiner Erlösung, der die Kleinen mit Gebrüll davonjagt und mir mit einem Handzeichen zu verstehen gibt, dass ich ihm folgen solle. Erneut muss ich mich vollkommen fremden Menschen anvertrauen und hoffen, dass sie es gut mit mir meinen … für diese gilt das natürlich auch.

Am Ende des Dorfes bleiben wir vor einer etwas größeren Lehmhütte stehen. Es ist das Haus des Häuptlings und Dorfoberhauptes Karam Ahmadi und seiner Familie. Er begrüßt mich mit einer herzlichen Umarmung und noch bevor wir das Haus betreten, deutet er voller Stolz auf seine weiß gestrichenen, doppelt verglasten Fenster. In diesem Dorf ist er der Einzige, der Glasfenster hat. Man kann sich nun vorstellen, welches Ansehen ihm das verschaffen muss. Wie in den meisten »einfachen« Häusern im Iran, so gibt es auch hier keine Möbel. Die Böden sind mit Kissen und Decken ausstaffiert.

An jenem Abend schreibe ich in mein Tagebuch:

»Gaplog, 22. März: Nach meiner Ankunft werde ich in ein größeres Zimmer gebracht. Das halbe Dorf quetscht sich in den Raum und an der Türe wird fast gekämpft, weil es keinen Platz mehr gibt.

Ungefähr 40 Personen sitzen um mich herum und glotzen mich an. Niemand spricht ein Wort Englisch. Zum Glück habe ich meine »Kommunikationshilfe«, die Postkarten und Fotos von Familie und Heimat. Das hilft immer, das Eis zu brechen. Außerdem hat sich mein Schweizer Taschenmesser in solchen Situationen als hilfreich erwiesen. Wenn ich beginne, dieses kleine Wunderding Werkzeug für Werkzeug aufzuklappen, dann fallen den Zuschauern die Augen aus dem Kopf. So normal dieses Gerät für einen Schweizer sein mag, so einmalig ist dies hier draußen, wo schon eine Coca-Cola-Flasche etwas Besonderes ist. Großes Erstaunen erweckt ein Foto von Marie, meiner schokoladebraunen Freundin. Kein Wunder, denn diese Menschen haben noch nie zuvor jemanden gesehen, der eine andere Hautfarbe hat. Sie selbst »tragen« das elegante persische Elfenbein.

Ich bemerke, dass der Hausherr selbst gedrehte Zigaretten raucht. Da erinnere ich mich an die »Marlboros«, die mir Norman vor wenigen Stunden geschenkt hat. Feierlich überreiche ich dem »Häuptling« die Schachtel. Er schaut mich mit glänzenden Augen an und kann sein Glück kaum fassen. Eine Schachtel amerikanische Zigaretten – ein Stück der großen weiten Welt.

Natürlich muss ich nun eine seiner wilden Zigaretten rauchen, denn in diesem Land gibt es kein Geschenk ohne Gegengeschenk.«

Nachdem die Dorfbewohner sich die Augen ausgeglotzt haben, jagt sie der Hausherr davon. Ob sie ihre Neugier nun befriedigt haben oder nicht, das kann ich nicht beurteilen, denn ich kann nicht viel mehr, als mich selbst offerieren. Kurz darauf setzt sich die Familie zusammen und teilt ihr Abendessen mit mir. Es gibt Spiegeleier, besonders »geißigen«, intensiv schmeckenden Ziegenkäse, Grünzeug und die Überreste meines heutigen Salates.

Die Menschen sind rührend, aber manchmal denke ich daran, dass ich ihnen letztlich ausgeliefert bin und es ein Leichtes wäre, mir die Sachen aus den Taschen zu stehlen, meine wenigen Kostbarkeiten zu rauben. Auch ich wäre schnell erledigt, im Schlaf ermordet und in der Wüste verscharrt. Niemand würde es merken. Trotz all dieser grausamen Möglichkeiten bin ich immer voller Vertrauen, nicht zuletzt weil ich ein Gast bin. Und dem Gast würde nie ein Haar gekrümmt werden.

Als ich wenig später in den Schlaf falle, denke ich darüber nach, wie viel Kraft mir solche Begegnungen geben. Da danke ich meiner Freundin Qaswa für ihre Behäbigkeit. Mit dem Auto hätte ich es sicherlich in die nächste Stadt geschafft, aber was hätte ich nur versäumt!

Als ich am nächsten Tag auf mein Rad steige, ist die Familie traurig, ihren Gast aufbrechen zu sehen. Außerdem beginnt es wie aus Kübeln zu schütten. Die rührende Ahmad (Karams Frau) deutet auf den Himmel, dann auf das Haus. Es ist klar, was das bedeutet. Doch ich muss weiter, denn die Türkei wartet auf mich.

Mein Plan war, nahe der Stadt Khoy über die Grenze zu gehen. Dort hoch oben in den Bergen soll es einen kleinen Grenzübergang geben, die Straße dorthin ist jedoch nicht asphaltiert. Leider habe ich nur wenige Informationen, in Ankara sagte man mir jedoch, dass man dort die Grenze passieren könne.

Die Leute in Khoy sind da anderer Meinung: Der Grenzübergang sei geschlossen und es gäbe Probleme mit Schmugglern. Trotz allem möchte ich es versuchen und fahre weiter. Aber bereits nach wenigen Kilometern werde ich von einem Fahrzeug angehalten. Drei schwarz gekleidete Gestalten steigen aus und bitten mich inständig, nicht dort hinaufzufahren.

Dieses Mal glaube ich ihnen, denn sie scheinen wirklich besorgt zu sein und wahrscheinlich auch allen Grund dazu zu haben. Aus Erfahrung weiß ich, wie vorsichtig man in den Grenzregionen sein muss. Außerdem habe ich meine Schutzengel in den vergangenen Tagen und Wochen genug strapaziert. So wende ich und beschließe, weiter südlich, nahe dem Irak, die Grenze zu passieren.

Obwohl ich traurig bin, Persien zu verlassen, so hat es doch auch seine Vorteile. In den vergangenen Wochen habe ich eine ernst zu nehmende Dattelsucht entwickelt und sollte nun zur Entziehung in ein »dattelarmes« Land fahren.

Mitten in den »anatolischen Alpen« befindet sich die »Serow-Grenze«. Bis auf 1800 m mühe ich mich ab, bis ich schließlich das einfache Grenzgebäude inmitten großer Schneefelder erreiche.

»Khoda Hafes«, Auf Wiedersehen, Iran!

6. TÜRKEI

Glück im Schnee gefunden

Blutige Spaltung

Es bläst ein beißend-kalter Wind, als ich mich mit einem ersten Pedaltritt in die ostanatolischen Alpen der Türkei begebe. Stunden später erreiche ich die Stadt Yüksekova, die eher einer osteuropäischen Stadt zu gleichen scheint. Die Umgebung ist trist, das Stadtbild von halb verfallenen Plattenbauten beherrscht und die nicht asphaltierten Straßen haben sich durch Schnee und Regen in Schlammpisten verwandelt. Da Yüksekova nur 50 km von der Grenze zum Irak entfernt liegt, leben viele irakische Kurden hier, die über die »weiße Grenze« (Berge) ins Land gekommen sind. Tausende leben nun in dieser Region und erschweren die ohnehin schon angespannte Situation. Die Arbeitslosigkeit ist sehr hoch und die Landflucht ein Problem. So suchen viele der Jungen ihr Glück in einer der großen Städte des Landes und landen dort meist in schäbigen Vororten, wo sie in der Hoffnung auf Arbeit ausharren. Bis vor kurzem verirrte sich kein Reisender in diesen Teil der Türkei. Während der 80er- und 90er-Jahre wurde die Türkei in Auseinandersetzungen zwischen der Kurdischen Arbeiterpartei (PKK) und der türkischen Armee zerrissen. Touristen wurden entführt und Bomben in Istanbul und einigen Fremdenverkehrsorten gelegt.

Diese Unruhen führten landesweit, aber besonders im Osten, zu einem schwer wiegenden Einbruch im Tourismus.Schließlich wurde der Führer der kurdischen PKK Abdullah Öcalan 1999 festgenommen und die PKK verkündete im Jahr darauf ein Ende des gewalttätigen Aufstandes.

Obwohl die meisten Kurden die Gewaltanwendung der PKK ablehnten, leiden sie doch unter der Unterdrückung und Benachteiligung und erwarten wenigstens die Einräumung gewisser Rechte wie Pressefreiheit, Anerkennung der eigenen Sprache ... Bis vor kurzem erkannte die türkische Regierung nicht einmal die Existenz der Kurden an, obwohl sie mit 20% ethnischen Kurden die größte Minderheit im Lande darstellen.

Erlebnis Supermarkt

Bald nach meiner Ankunft in der Türkei erreiche ich die westlich anmutende ostanatolische Hauptstadt Van. Einige Unterschiede zum Iran stechen mir sofort ins Auge: Die Frauen tragen ihr Haar offen und unbedeckt. Obwohl von den Frauen mehr zu »erblicken« ist, können sie meiner Meinung nach den wunderschönen, schlichten und eleganten Perserinnen nicht das Wasser reichen.

Außerdem fällt mir die Verbreitung von Statussymbolen auf, insbesondere von Mobiltelefonen, Designermode und Autos. Als ich am ersten Abend von einer Gruppe Studenten in eine Bar eingeladen werde, sind alle mit ihren kleinen Telefonen beschäftigt, schicken Textnachrichten, spielen mit den Klingeltönen und unterhalten sich über die neuesten Modelle – Unterhaltungen untereinander oder mit mir finden praktisch nicht statt.

Als ich ihnen meinen »Ziegelstein« (das Satellitentelefon) zeige, können alle nur die Nase rümpfen. Gegen ihre kleinen Mobiltelefone mit buntblinkenden Bildschirmen kann ich nicht konkurrieren. Tatsächlich sieht mein Satellitentelefon wie ein Mobiltelefon der ersten Generation aus. Es hat ungefähr die Größe von zwei Zigarettenschachteln, ein kantig-schwarzes Gehäuse sowie eine »phallusartige« Antenne, die man ausziehen kann. Letztendlich bin ich froh, dass es wenig Interesse weckt, denn es braucht keiner zu wissen, welch außergewöhnliche Technik sich hinter der »alten« Fassade verbirgt.

Obwohl der Abend mit den Studenten kaum als spannend zu bezeichnen ist, komme ich immerhin in den Genuss meines ersten Bieres seit Indien. In den islamischen Ländern Pakistan und Iran ist nämlich Alkohol verboten. Wieder bin ich ein Fremder in einem fremden Land, wenn auch die Unterschiede zu meinem Land geringer geworden zu sein scheinen. Aber nachdem ich bereits seit über fünf Monaten in »einfachen« Ländern unterwegs war, habe ich sogar meine Probleme mit der Ankunft im »westlichen Schlaraffenland«.

Da ist zum Beispiel das einschneidende Erlebnis in einem Supermarkt. Als ich auf das hell erleuchtete Gebäude zugehe, öffnen sich vor mir die Schiebetüren wie von Geisterhand: »Sesam öffne dich«. Mit einem Male stehe ich in einer Schatzkammer, jener Schatzkammer mit übermächtiger Auswahl. Im Innern herrscht lebhaftes Treiben – Kassen klingeln, das

Rascheln der Einkaufstaschen, Musik im Hintergrund, ein schreiendes Baby und Leute, die an mir vorüberhuschen, ohne ihren Blick zu heben.

Langsam schreite ich durch die Regalreihen und glaube meinen Augen nicht trauen zu können. In meinem Leben bin ich schon unzählige Male durch einen Supermarkt gegangen und jetzt erscheint es mir als völlig neue Erfahrung. Über eine halbe Stunde gehe ich so umher und lasse diese unendliche Vielfalt auf mich wirken. Was sich wohl die Leute denken, die mich hier so sehen? Ich muss zugeben, dass mich der Anblick all dieser Dinge fast überfordert. Und obwohl es bislang kaum Auswahl gegeben hat, so litt ich nie Hunger oder hatte das Gefühl, etwas Wichtiges entginge mir.

Als ich dabei bin, Van zu verlassen, begegne ich den ersten Tourenradlern, die mir seit Beginn der Reise über den Weg »geradelt« sind. Justin (England) und Miuiki (Japan) sind seit einem Jahr von Japan aus unterwegs. Ihre Route führte über die Mongolei nach Tibet, von wo aus sie schließlich nach Ankara geflogen sind.

Mit einer gewissen Genugtuung stelle ich fest, dass sie in einem Jahr rund dieselbe Kilometerzahl zurückgelegt haben, die ich in knapp drei Monaten geschafft habe. Trotz allem bin ich voller Bewunderung, besonders für die zarte Japanerin, die ihre ganze Ausrüstung selbst mitschleppt. Doch nun scheinen die beiden müde der Reise zu sein und werden versuchen, so bald wie möglich nach England zurückzufliegen.

Als wir uns verabschieden, reicht mir Justin noch einige Ersatzspeichen. Ich werde sie noch bitter nötig haben, denn nach wie vor sind mehrere meiner Speichen gebrochen.

Mineralhaltige Spaghetti

Mit der Sonne im Gesicht geht es den Van Gölü (Vansee) entlang. Ein fröhliches Liedchen pfeifend, strample ich gemütlich dahin und blicke über die blaue Oberfläche dieses gigantischen Sees, welcher fast 100 km lang und 60 km breit ist.

Gestern hat man mir erzählt, dass er entstanden sei, als der Vulkan »Nemrut Dagi« bei einem Ausbruch den natürlichen Abfluss verstopfte. Das sei auch der Grund für das stark mineralhaltige und ungenießbare Wasser.

Leider verabschiedet sich der Sonnenschein bald, erlaubt mir aber noch ein Picknick am Wasser. Bei der Ortschaft Gevas verlässt die Straße den See und führt in die Berge.

Als ich wenig später schwer atmend einen Bergpass erklimme, höre ich plötzlich Rufe. Ich blicke zur Seite und sehe einen Schafhirten, der den Hang hinunterrennt, direkt auf mich zu. Er gibt mir mit seinen Armen zu verstehen, dass ich stehen bleiben soll. Nach wenigen Augenblicken steht er vor mir. Es ist ein von Wind und Wetter gezeichneter Mann, voller Narben im Gesicht und einem stoppeligen Bart.

»Cigarette, Cigarette«, bittet er mich. Gar kein Problem, denn ich habe noch immer die Zigaretten, die mir »meine Liechtensteiner« im Iran gegeben haben. Ich reiche dem alten Kerl zwei Stück, er reißt sie an sich und bedankt sich nicht einmal.

Dann steige ich wieder auf mein Rad, aber als ich losfahren möchte, beginnt er mich um Geld anzubetteln. Schließlich rennt er sogar hinter mir her und gibt erst nach der nächsten Kurve, vollkommen außer Atem, seine Verfolgungsjagd auf.

Es dauert keine zwei Stunden und das selbe Szenario wiederholt sich noch ein Mal. Nur dieses Mal bleibe ich gar nicht erst stehen, sondern trete voll in die Pedale. Dieser Kerl will sogar handgreiflich werden, aber meine Flucht gelingt. Wieder ein Stück weiter werde ich von Kindern mit Steinen beworfen und von einem Rudel Wildhunde gejagt. In beiden Fällen kann ich sie jedoch mit lautstarkem Gebrüll vertreiben.

Zum Glück sehe ich muskulöser und damit eindrucksvoller aus als noch zu Beginn der Fahrt. Vor drei Monaten war ich noch ein dünnes »Würstchen«, aber in der Zwischenzeit hat der Körper seine Muskeln aufgebaut: fast schon ein zweiter Arnold Schwarzenegger, oder?

Komisch, den ersten Tag in einem neuen Land empfinde ich immer als schwierig – neue Kultur, andere Menschen und Gebräuche und das Gefühl, noch sehr fremd zu sein.

Auch meine selbst gekochten Spaghetti können die Stimmung nicht heben, denn sie schmecken fürchterlich. Der Grund hierfür ist schnell gefunden, denn ich habe den Fehler gemacht, das mineralhaltige Wasser des Sees zum Kochen zu verwenden.

Leider verschlechtert sich das Wetter zunehmend. Zusätzlich kommt sturmartiger Wind auf, der in diesen engen Tälern besonders stark wird. Als ich in jener Nacht am Vansee mein Zelt aufschlage, kommt ein solcher Sturm auf, dass ich ständig befürchte, mitsamt meiner Behausung ins Wasser geblasen zu werden.

Die wohl schmerzhafteste Erfahrung des Abends ist das kurze Bad im eiskalten See. Zu allem Übel bläst der Wind meine Kleider davon, worauf ich splitternackt meinen Sachen hinterherspringen muss. Zusätzlich entlädt sich ein Gewitter über mir und ich überlege, ob Qaswa mit ihrem Stahlrahmen eine zusätzliche Gefahr darstellt. Die ganze Nacht wackelt und rüttelt das Zelt dermaßen, dass ich kaum Schlaf finde.

Auch während der nächsten Tage bessert sich die Lage nicht. Ganz im Gegenteil, es beginnt heftig zu regnen und schneien. Aber schließlich ist es immer noch März und ich befinde mich auf über 1700 m.

Was mit einigen unschuldigen Flocken beginnt, verdichtet sich bald zu einer weißen Hölle. Leider lässt auch meine Sicht zu wünschen übrig: Ich sehe nur »Nebel«, da sich meine Brillengläser beschlagen. Doch ohne Brille ist es auch nicht besser, denn dann stechen die Schneeflocken wie Nadeln in meine Augen.

Die Sicht wird immer schlechter und schließlich kann ich die Straße vor mir kaum noch erkennen. In der Zwischenzeit ist es so kalt geworden, dass meine Hände an der Lenkstange festgefroren sind. Nun ein Sturz oder der Verlust des Bewusstseins und es wäre aus mit mir. Trotz allem treten die Beine weiter und der Kopf kämpft gegen die Erschöpfung an: Jetzt nur stark sein und nicht aufgeben! Schließlich taucht wie aus dem Nichts ein Kleintransporter auf. Dem entspringt ein Traktorenhändler, der mich in sein warmes Fahrzeug einlädt. Nur Momente vergehen im warmen Sitz und ich bin eingeschlafen: Die Erschöpfung hat mich überwältigt.

Vom Glücklichsein

Als der Schneefall etwas nachgelassen hat, setzt mich der Traktorenhändler in einer kleinen Ortschaft ab, wünscht mir Glück und zieht seiner Wege. Spät an diesem Nachmittag erreiche ich die Stadt Muş. Der Schnee liegt hier knietief auf den Straßen und alles ist vereist. Ich muss vorsichtig auf Qaswa balancieren, da ich sonst Gefahr laufe, die Kontrolle über meine schwergewichtige Freundin zu verlieren.

Endlich habe ich mich in einem kleinen Hotelzimmer einquartiert, in dem sofort das Chaos ausbricht. Meine Sachen sind dermaßen durchnässt, dass ich sämtliche Taschen entleeren muss, um alles zu trocknen.

Als sich die Dunkelheit über die Stadt senkt und ich müde werde, spüre ich, wie mich die Melancholie ergreift. Diese kann sich langsam oder auch plötzlich einschleichen, nimmt Besitz von mir und raubt mir die Kräfte. Doch bin ich heute nicht ganz allein, sondern kann meine Gedanken auf elektronische Weise mit der Welt teilen. An diesem Abend schreibe ich in einer E-Mail an meinen Freund Claudio:

»Lieber Claudio, 26. März 2002

leider hat mich das Wetter wirklich nicht lieb. Es ist s..kalt und der Regen nimmt kein Ende. Das Vorankommen ist mühsam und ich muss viel innere Energie aufwenden, um in diesen Momenten stark zu sein.

Aber es gibt immer wieder so schöne Begegnungen und ich bin gerührt, wie viel Großartiges das Leben mir beschert.

Gestern z.B. hatte ich eine Panne und wegen der Reparatur war ich noch sehr spät unterwegs. Irgendwann wurde es so dunkel, dass ich die Straße nicht mehr richtig sehen konnte. Auch meine Taschenlampe war nicht stark genug, um mir die Schlaglöcher zu zeigen.

Da hielt ich in einem kleinen Dorf mit Lehmhäusern an. Zuerst waren die Leute ein wenig skeptisch, doch dann wurde ich liebevoll aufgenommen, man gab mir zu essen und ein Bett für die Nacht.

Meine Schutzengel meinen es doch immer wieder gut mit mir ...«

Als ich spät abends durch den tiefen Schnee zu meiner Herberge stapfe, da glitzern die Sterne über mir und ich spüre eine stille Kraft, die sich in mir regt. Da spüre ich wieder das Glück in mir und bin plötzlich ganz sicher, dass morgen alles besser sein wird. Dann werden mich die negativen Gefühle verlassen haben. Trotz allem sind Melancholie und Traurigkeit fruchtbare Böden für Reflexion und Veränderung:

Ich empfinde es als ein großes Geschenk, so viel Zeit zu haben, um über Fragen des Lebens nachzudenken. Hier oben auf dem Sattel sind Kopf und Geist oft seltsam frei. Und besonders in extremen Momenten, wenn die körperliche und geistige Herausforderung am größten ist, scheint der Geist zur Höchstleistungen fähig zu sein.Und selbst wenn ich sehr traurig bin, versuche ich optimistisch nach vorne zu schauen. So schreibe ich am 28. März in mein Tagebuch: »Lass dich nicht fallen, sondern kämpfe weiter. Bleib nicht stehen und denke praktisch und positiv. Lass nicht zu, dass sich deine Gedanken im Kreise drehen, ohne Gewinn zu bringen.«

Obwohl es mir nicht immer gut geht, denke ich viel übers »Glücklich sein« nach. Je mehr ich nach dem Glück suche, desto mehr lerne ich zu verstehen, dass es stets da ist. Ich muss nur offen dafür sein.

Trotz dieser Gewissheit habe ich manchmal melancholische Gedanken, empfinde Trauer und Verzweiflung. Das hat aber auch seinen Sinn, denn diese Gefühle helfen mir, das Glück erkennen zu können. Gäbe es nur das Glück, dann könnte ich es ja gar nicht erkennen ...

Aber ist es nicht müßig, über die Komplexität des menschlichen Glücks nachzudenken? Das mag vielleicht stimmen, aber ein Ziel meiner »gedanklichen« Reise ist es auch, simple Antworten auf komplexe Fragen zu finden. Und dieses Abenteuer, das in erster Linie einen humanitären Zweck verfolgt, führt mich immer wieder in unbekannte Seelenlandschaften. Und dann, wenn ich an meine Grenzen und darüber hinaus getrieben werde, bemerke ich, dass das Glück immer in mir selbst ist und nur darauf wartet, gefunden zu werden. Das ist jedoch nicht einfach und bedarf ständiger Anstrengungen.

Doch das größte Glück finde ich, wenn ich anderen etwas geben kann. Immer wieder sehe ich diese Menschen vor meinen Augen, die ein schweres Schicksal haben und denen ich ein wenig helfen kann. Das ist Glück, denn ich denke, der Mensch ist nicht dazu gemacht, ausschließlich für sich und sein Wohl zu leben.

Glücklich sein entsteht auch durch innere Freiheit, denn selbst wenn mir der eisige Regen die Kleider durchnässt und die Hände sich nicht mehr bewegen wollen, so scheinen mir diese Übel unwichtig (sofern sie nicht lebensbedrohlich sind). Ich habe die Freiheit gefunden, sie zu akzeptieren, zu ertragen und so mit Gelassenheit zu überstehen. Und Glück liegt auch in der Freiheit, einfach meinen Träumen zu folgen und mit den Konsequenzen fertig werden zu können.

Sicherlich wünsche auch ich mir oft ein wenig mehr Komfort, vielleicht eine heiße Dusche oder eine sichere Tür, die ich hinter mir verschließen kann. Trotz allem fehlen mir diese »Annehmlichkeiten« des Alltags erstaunlich wenig. Der Dalai Lama schreibt in »Ancient Wisdom, Modern World«, S.62: »Wenn wir nicht unmittelbare Befriedigung suchen, wenn wir auf ein Ziel hinarbeiten, werden Hunger, Müdigkeit oder Unbequemlichkeit plötzlich erträglich. In anderen Worten ausgedrückt, Altruismus ist eine essenzielle Komponente jener Aktivitäten, welche zum wahren Glücklichsein führen.«

Jeden Tag wache ich auf und wieder fällt Regen oder Schnee vom Himmel. Jeden Tag schlummere ich im feuchten Schlafsack ein und schlüpfe morgens wieder in die nassen Kleider, die nicht trocken werden wollen. Jeden Tag vermisse ich meine Lieben in der Heimat, doch jeden Tag habe ich auch Freude daran, für andere etwas tun zu können.

Da sind die Bilder und Begegnungen in meinem Kopf, die Wunden der Leprakranken am Körper und in der Seele. Es ist ihre Verzweiflung und ihr Durchhaltewillen, die mir Kraft geben. Denn ich weiß, sollte ich nun aufgeben, so werden die auf den Erfolg meiner Tour gesetzten Spenden nicht eingezahlt werden. Wäre dies nicht eine sehr egoistische Handlung gegenüber Menschen, die nicht Monate, sondern ein Leben lang sich einer schweren Herausforderung stellen müssen?

Ganz egal, wie aussichtslos eine Situation auch scheinen mag, im Endeffekt bleibt mir immer die Hoffnung. An ihr muss ich fest halten und dementsprechend handeln. Daraus erwächst Glück und ich möchte mir nicht den Vorwurf machen müssen, mich nicht voll eingesetzt zu haben.

Ein Bier gefällig?

Gegen sechs Uhr morgens stehe ich an der Rezeption der Herberge in Muş, um Qaswa aus der Waschküche zu holen und meinen Schlüssel abzugeben. Der Hotelier liegt auf seinem Stuhl, die Beine auf dem Tresen. Er schnarcht laut. Zuerst versuche ich ihn sanft zu wecken, nach mehreren erfolglosen Versuchen werde ich jedoch energischer. Erst als ich mit voller Wucht auf den Tresen klopfe, öffnet sich ein Auge. Vor Schreck verliert der arme Mann fast das Gleichgewicht und kann sich nur mit einem gekonnten Griff vor dem sicheren Fall bewahren. Mürrisch-verachtend blickt er mich an, denn welcher »Menschenfeind« erlaubt es sich, zu solch früher Stunde aktiv zu sein.

Tja, alle meine Gastgeber müssen mich hassen. Der Tag beginnt früh für mich, denn ich brauche viel Zeit, um die weiten Distanzen zu überwinden und kann mir nur wenig Schlaf leisten. Dafür versinke ich dann in eine Art

Delirium und es könnten wohl Bomben neben mir einschlagen, ohne dass ich aufwachen würde.

Außerhalb von Muş durchquere ich überschwemmte Landschaften. Die starken Niederschläge der vergangenen Tage haben die Flüsse zum Übertreten gebracht. So weit das Auge reicht, sieht man eine Seenlandschaft. Wolkenfetzen ziehen eilig vorüber und spiegeln sich in der Wasseroberfläche wider. In meinem Gesicht spüre ich einige Sonnenstrahlen, die mir das Gemüt erhellen. Am Straßenrand sitzen Lastwagenfahrer und verneigen sich nach Mekka. Es ist Gebetszeit.

Die Landschaft belohnt mich für jede Mühe. Obwohl sie karg ist, wächst hie und da ein Baum. Überall gibt es weiß bedeckte Berge. Dieser Teil der Türkei ist nur sehr spärlich besiedelt. Ab und zu kommt man an einem einfachen Bauernhof vorbei, vor dem einige Kühe im frischen Schnee stehen und aus dessen Kamin eine spärliche Rauchfahne aufsteigt. Ich staune, dass man dieser »Wildnis« etwas abgewinnen kann. Wie der Iran, so liegt auch die Türkei auf einem Hochplateau, auf 800 bis 3000 m Höhe.

Dann weiter oben, hoch in den Bergen begegne ich den wilden Hirten, die meist ganz zerfurchte Gesichter haben. Vor ihrer Genügsamkeit ziehe ich den Hut, denn sie ziehen mit ihren Herden weit umher, nur ein kleines Bündel über der Schulter tragend.

Viele Straßen führen knapp am Abgrund vorbei, sie sind den Gegebenheiten der Landschaft angepasst. Wie Schlangen kriechen sie über die Berge, durch Täler und Schluchten. Kaum bin ich oben, geht es schon wieder herunter und dies etliche Male am Tag. Diese enorme Hochebene, die sich so weit hinzieht, scheint aus einer Anreihung von steilen Hügeln zu bestehen. Man sieht am Horizont die Scheinwerfer eines Fahrzeuges verschwinden und wieder auftauchen, nur um Augenblicke später wieder zu verschwinden. Dieses Spiel wiederholt sich so lange, bis wir schließlich aneinander vorbeifahren.

Die Berge scheinen sich endlos dahinzuziehen. Jeden Tag fahre ich bis zum Einbruch der Dunkelheit und werde das Gefühl nicht los, doch nur in Schneckengeschwindigkeit voranzukommen. Außerdem jagt ein Sturm den anderen und an manchen Tagen fällt so viel Schnee, dass ich fürchte, nicht weiterzukommen. Einmal, während eines Schneesturms, bleibe ich bei einer Locanta, einem einfachen türkischen Restaurant stehen, um mich aufzuwärmen und etwas zu essen.

Neugierige Gesichter von allen Seiten mustern mich, als ich das Lokal betrete. Sogleich offeriert man mir einen Tisch – auf Deutsch: »Setz dich, Junge, musst durchfroren sein.«

Zu meiner großen Verwunderung spricht mich ein anderer Mann ebenfalls auf Deutsch an: »Mein Freunde und ich gehn Deutschland jede Jahr für Arbeit.« Nach kurzer Zeit fügt er noch hinzu: »Nicht Arbeit genug in Türkei …«

So wie dieser Mann strömen tausende Türken Jahr für Jahr als Saisonarbeiter nach Westeuropa, um sich ihr Geld in schwerer Arbeit zu verdienen, unsere Häuser zu errichten und Straßen zu bauen. Man sagt mir, die wirtschaftliche Lage in der Türkei sei schlecht. Viele Leute seien arbeitslos und der größte Erwerbsweg, besonders in diesem Landesteil, sei die Landwirtschaft. Awy schreibt in der Neuen Züricher Zeitung (s. Literatur): »Der Hauptgrund für die wirtschaftliche Krise war wohl der Krieg gegen die Kurden in Ostanatolien. Er forderte nach offiziellen Angaben 36 000 Tote, zudem kostete er den Staat über 100 Milliarden Dollar; das entspricht fast der Hälfte der Staatsschuld von 260 Milliarden.«

Die Sonne versteckt sich weiterhin, aber die Begegnungen mit den Leuten sind wie Sonnenstrahlen für die Seele. Einmal, als ich nahe der Stadt Bingöl im heftigen Regenfall unterwegs bin, hält plötzlich ein Auto neben mir. Ein junger Mann kurbelt das Fenster herunter und reicht mir eine Flasche Bier. Ich nehme einen Schluck und ehe ich mich versehe, ist der junge Mann wieder verschwunden. Wohl nicht das richtige »Sportlergetränk«, aber sicherlich eines der besten Biere meines Lebens.

Mein neuer Freund

Heute ist ein besonderer Tag, denn es ist Ostersonntag. Vermutlich sitzen meine Lieben gemütlich beisammen und suchen Ostereier. Noch ist es fast dunkel, als ich die deprimierende Stadt Malatya verlasse, die von Plattenbauten beherrscht wird, der Himmel in düsteres Grau getüncht. Leider sieht es in den meisten Städten so aus, denn die alten Häuser werden abgerissen, da es zu teuer ist, diese zu renovieren.

Als ich eben die Stadtgrenze passiere, höre ich auf einmal ein sonderbares Geräusch. Neugierig drehe ich um, kann jedoch nichts entdecken.

Als mein Blick weiter über den Boden streift, sehe ich einen winzigen braunen Hundewelpen, der im Dreck sitzt. Er ist kaum größer als eine Honigmelone und hat eine schwarze Schnauze. Als ich mich nähere, verschwindet er voller Furcht in einer kleinen Kartonschachtel, in der er offensichtlich ausgesetzt wurde. Lange kann er noch nicht hier sein, denn die Temperaturen sind so niedrig, dass er das sonst sicherlich nicht überlebt hätte.

Hinten in der Tasche habe ich noch einige Kekse, die ich ihm anbiete. Obwohl er erst zögernd aus seinem durchweichten Heim hervorkriecht, stürzt er sich voller Eifer auf die Kekse. Ich will weiterfahren, doch er hopst mir vertrauensvoll hinterher. Es bricht mir das Herz, aber ich muss ihn zurücklassen, denn für einen zusätzlichen Passagier habe ich wirklich keinen Platz. Nachdem ich einige Kilometer gefahren bin, holt mich das schlechte Gewissen ein, ich fahre zurück und nehme den kleinen Kerl mit. Dieses kleine Bündel Leben ist so rührend, dass ich den Gedanken nicht ertragen kann, ihn dort im Dreck sterben zu lassen. Eines steht fest, an dieser einsamen Straße würde ihn kaum jemand finden. So liegt er ganz vertrauensvoll in meinem Arm, als wüsste er, dass er einen neuen Freund gefunden hat.

In der nächsten Ortschaft entdecke ich einen großen Bauernhof, wo ich den Hund zu den anderen Tieren bringe. Ich bin sicher, man wird sich um ihn kümmern und ihn in die Gemeinschaft der Tiere aufnehmen. Erleichtert und doch ein wenig traurig, diesen Freund zurücklassen zu müssen, ziehe ich meines Weges.

Auf der Seidenstraße

Nach einigen Tagen Regen und vielen hohen Bergpässen erreiche ich die Stadt Kayseri. Nur 10 km vor der Stadtgrenze führt die Straße unmittelbar an einer alten Karawanserei vorbei. Schon von weitem kann ich spitze Ecktürme erkennen. Aus der Nähe sehe ich dann die wunderschönen Verzierungen, die den dunklen Stein der hohen Außenmauer zieren.

Plötzlich kommt eine alte Frau herbeigelaufen, die mir das große Tor aufsperrt. Ich drücke ihr einige Tausend Lira (1 Euro = ca. 1700 Lira) in die Hand und dann betrete ich das Innere. Ihre beiden Kinder kommen schreiend herbeigelaufen und spielen in den vielen Räumen des großen Gebäudes Fangen.

Auf einer kleinen Tafel an der Wand steht geschrieben, dass diese Karawanserei »Karatay Han« heißt und von 1219 bis 1236 erbaut wurde. Ich staune sehr, denn das ganze Gebäude ist in einem solch guten Zustand, als wäre es erst gestern verlassen worden. Sogar die aufwändigen Steindächer sind erhalten geblieben und nicht eingestürzt. Ich bin schon an vielen Karawanen vorübergezogen, doch von den meisten war nur noch eine Ruine übrig.

Viele der Karawansereien wurden während der seldjukischen Zeit (11.–13. Jhd.) erbaut und dienten dem Handel innerhalb Asiens und der Verbindung zu Europa. Zu jener Zeit baute man Karawansereien in Abständen von circa 45 km, was ungefähr der Tagesstrecke einer Karawane entsprach. Man kann so eine Unterkunft mit einem heutigen Motel vergleichen, denn »Parkmöglichkeiten« waren inbegriffen. So gab es innerhalb der Karawanserei einen bestimmten Bereich jeweils für die Tiere, die Ladung und die Reisenden. Viele Kaufleute waren seit etlichen Wochen unterwegs, hatten die Wüsten Afghanistans und des Irans durchquert und führten wertvolle Güter wie Stoffe, Gewürze, Schmuck und andere Kostbarkeiten mit sich. Das waren wahrhaftige Abenteurer, die ständig in der Gefahr lebten, überfallen zu werden, die Orientierung zu verlieren oder in der Wüste zu verdursten.

Ich fühle mich ihnen verbunden, denn auch mein »Kamel« ist mit vielen Dingen beladen und auch wir kommen nur langsam vorwärts. Nur mit dem kleinen Unterschied, dass mein Kamel außer einigen Spritzern Öl praktisch keine Bedürfnisse hat. Man kann sich nun vorstellen, welche Erleichterung diese Reisenden gefühlt haben müssen, als sie eine Karawanserei vor ihren Augen erblickten. Dies bedeutete Sicherheit, Gesellschaft und Essen. Im Laufe der Zeit ist die Bedeutung der Karawansereien im Rausch der Geschwindigkeit sowie der guten Straßen verloren gegangen.

Ein verrückter Bildhauer

Nach Wochen in der Kälte und Nässe erreiche ich schließlich Göreme in Kappadokien. Man hat mir bereits viel von dieser wundersamen Landschaft erzählt, aber meine Erwartungen werden von der Realität übertroffen. Dieser Teil der Türkei ist wirklich atemberaubend. Ich denke, nur jemand, der Kappadokien mit eigenen Augen gesehen hat, kann glauben, dass es so wilde Steinformationen, Felskirchen und Höhlen tatsächlich gibt. Man glaubt fast, dass ein verrückt gewordener Bildhauer hier sein Unwesen getrieben hat.

Kappadokien verdankt diese wilden Felsformationen den Ausbrüchen von drei Vulkanen vor ca. 10 Millionen Jahren. Auf Grund dieser Eruptionen wurde das gesamte Gebiet von einer dicken Schicht vulkanischer Asche überzogen. Im Laufe der Zeit verdichtete sich diese und festigte sich zu so genanntem Tuff-Gestein. Auf Grund der Porosität des Gesteins wurden die lockeren Teile durch Erosion abgetragen. Zurück geblieben sind die so genannten Märchentürme. Dies sind spitze Türme, die wie graue Eiszapfen aus dem Boden ragen.

Als sich Menschen in dieser Region ansiedelten, entdeckten sie, dass dieses Gestein mit einfachen Werkzeugen bearbeitet werden kann. So begannen sie Höhlen herauszuschlagen, die bald zu komplexen Wohnungen, Siedlungen und sogar Palästen erweitert wurden. Bei Bedarf konnte man einfach noch zusätzliche Räume in den Felsen schlagen.

Als das Christentum in Kappadokien Einzug hielt, schlugen die Mönche ganze Kirchen und Klöster aus dem Felsen. Innen dekorierten sie die Wände mit wunderbaren Fresken und kunstvollen Verzierungen. Als die Araber im 7. Jhd. Kappadokien einnahmen, wurde das Christentum langsam verdrängt und später durch den Islam ersetzt. Viele der Höhlen waren bis Mitte des 20. Jahrhunderts bewohnt, die Regierung siedelte deren Bewohner dann wegen des schlechten Sicherheitszustandes des Gesteins in Häuser um. Mittlerweile wurde diese Region von der UNESCO zum Weltkulturerbe ernannt.

Zwei Tage bleibe ich hier, genieße die Landschaft und arbeite viel. So lebe ich zwischen Computer und spannenden Ausflügen, da hier jedes Tal, jede Formation einzigartig ist. Im so genannten Liebestal ragen die Felsen wie riesengroße Phallussymbole aus der Erde. Man hat das Gefühl, in einer

Armee erregter Penisse zu stehen. In Pashabag gibt es Türme, die aussehen wie riesengroße Pilze mit einem hellen Stiel und einem dunklen Kopf. Im »Openair Museum« von Zelve kann man stundenlang durch die schmalen Gänge der Höhlen kriechen und eigenen Leibe erleben, wie die Menschen hier gelebt haben müssen.

Ich selbst habe mich in einer so genannten »Höhlenpension« niedergelassen. Von meinem Zimmer (das aus dem Stein gehauen wurde) kann ich sogar die Märchentürme von Göreme überblicken. Normalerweise ist hier viel los, aber jetzt ist es ruhig, denn die Winterzeit ist sehr kalt. Auch ich fröstle neben dem kleinen Gasofen, der in meiner »Höhle« ein wenig Wärme spendet.

Bitte verhaften Sie mich

Vom faszinierenden Kappadokien sind noch 300 km bis nach Ankara zu meistern. Glücklicherweise hat der Regen nun endlich aufgehört, aber dafür sind die Temperaturen noch weiter gefallen. Durch weitläufige Hügellandschaften radelnd, sehe ich unendlich viele Felder. Das erinnert mich an ein gigantisches minimalistisches Kunstwerk mit geometrischen Formationen in Gelb, Braun, Grün und Beige.

Natürlich meldet sich auch mein alter Freund, der Wind, zurück und, wen überrascht es, er kommt natürlich von vorne. Hier saust er ungebremst über die Ebene, lässt die Haut erstarren und entzieht ihr ein Mehrfaches an Wärme. Dies wird auch »Wind-chill Faktor« genannt, anhand dessen man die Auskühlung durch den Wind berechnet, die wesentlich stärker ist als ohne. »Insofern entspricht eine Außentemperatur von 0 °C mit einer Windgeschwindigkeit von 30 km/h multipliziert durch den ›Wind-Chill Faktor‹ einer effektiven Temperatur von ca. -15 °C«, wie ich im Internet vom National Weather Service Australia erfahre. Da die Temperaturen nachts auf -20 °C sinken, ist das Übernachten im Zelt zu gefährlich.

Meistens komme ich irgendwo unter, als ich jedoch eines Abends in einem Bergort namens Bala ankomme, ist nichts zu finden. Mittlerweile ist es dunkel geworden und die Temperatur noch weiter gefallen. Schließlich entscheide ich mich, zur Polizei zu gehen. Eine Gefängniszelle wäre jetzt schöner als eine Nacht im engen, kalten Zelt.

Als ich das Büro betrete, starren mich alle mit großen Augen an und scheinen nicht zu wissen, was sie von mir halten sollen. Bald darauf bricht eine wilde Debatte aus, man telefoniert herum und zwei Polizisten brechen auf, um ein Quartier für mich aufzutreiben. Als man nach einer halben Stunde immer noch nichts gefunden hat, bitte ich, dass man mich hier behält. Im Scherz meine ich nur: »Bitte verhaften Sie mich doch.« Allgemeines Gelächter bricht aus, man bringt Tee und wenig später breite ich meine Matte unter dem großen Tisch in einem Verhörzimmer aus. Hier bin ich doch in Sicherheit, oder?

Am nächsten Tag erreiche ich Ankara, wo ich in der Schweizer Botschaft unterkomme. Ich bin zwar nicht besonders patriotisch, fühle jedoch jedes Mal beim Anblick des weißen Kreuzes auf rotem Grund, dass ich dem Ziel ein wenig näher bin. Außerdem fühle ich mich hier, auf diesem Fleckchen Heimat so fern der Heimat, sicher.

Konsul Ernst Hofstetter und seine iranische Frau Melahat nehmen mich liebevoll bei sich auf. Wieder verbringe ich die meiste Zeit am Laptop, erledige wichtige Dinge, schreibe die »*Bike for Help-News*« und halte wieder ein Referat in der Botschaft. Es rührt mich sehr, als sich Botschafter Kurt Wyss bei mir mit den Worten: »Sie sind ein wahrer Schweizer Botschafter« verabschiedet.

Schließlich verlassen Qaswa und ich an einem regnerischen Tag Ankara, in Begleitung des »türkischen Triathlon Champion Teams«. Die Sportler sind so freundlich, mir den Weg aus der Stadt zu zeigen. Verglichen mit ihren schnittigen Anzügen und schmalen Rennrädern wirke ich wie ein plumper Gaul.

An der Stadtgrenze kehren sie um und wieder bin ich alleine. 6000 km liegen nun hinter mir, vom Ziel bin ich jedoch noch weit entfernt. Meine Route wähle ich gezielt entlang kleiner Landstraßen. Das ist sicherlich nicht die einfachste und bequemste Variante, dafür schöner und ruhiger. Wieder finde ich warmherzige Menschen – oder finden sie mich?

Leider bleibt das Wetter regnerisch, aber die Landschaft verändert sich auf wunderbare Weise. Zum ersten Mal seit Monaten komme ich durch Wälder. Einmal halte ich spätabends bei einem kleinen Bauernhof, um Wasser zu erbitten. Nach kurzer Zeit erscheint die ganze Familie und alle schütteln mir die Hand. Schließlich verlasse ich sie wieder, obwohl sie mich für die Nacht eingeladen haben. Aber mein Weg ist noch weit und so ziehe ich weiter – nicht nur mit Wasser beschenkt, sondern auch mit Schafskäse und frischem Brot. Sie bestehen darauf, dass ich einen Teller und ein Messer mitnehme.

Weiße Bestien

Auf meiner langen Reise bin ich vielen Feinden begegnet. Sie kamen in allen möglichen Formen und Farben, in Form von Stimmungen oder auch ganz real. Im Norden Irans und hier in der Türkei ist dieser Feind weiß und fast so groß wie ein Kalb. Es handelt sich um die so genannten »Kangal Hunde«, die speziell für Schäfer gezüchtet werden. Wenn sie noch Welpen sind, schneidet man ihnen Ohren und Schwanz ab. Der Grund hierfür ist die Eigenart von Wölfen, den Gegner im Kampf besonders an diesen Körperteilen zu packen.

Jedes Mal, wenn wieder so eine »Bestie« zu einem Angriff auf mich ansetzt, denke ich mit Horror an die nächtliche Attacke nahe Täbriz in der Wüste Irans. Bei den Kangals werde ich das Gefühl nicht los, dass sie mich schon lange vor meiner Ankunft riechen – ob das wohl an meinen Ausdünstungen liegt? Wenn sie dann zur Verfolgungsjagd ansetzen, muss ich all meine Kräfte einsetzen, um ihnen zu entkommen. Leichter gesagt als getan, wenn man mit 130 kg Gewicht (inkl. mir) plötzlich auf »Turbo« schalten muss.

Im Laufe der Zeit habe ich mir eine Theorie über dieses aggressive Verhalten zurechtgelegt. Da es mittlerweile weniger Wölfe gibt, haben die Kangals begonnen, sich zu langweilen. Also sind unschuldige Radfahrer ein gefundenes Fressen oder zumindest eine Abwechslung im »wolfarmen« Alltag dieser »Kämpfer«.

Nach einigen haarsträubenden Szenen habe ich begonnen, mich zu bewaffnen. Um den Hals trage ich eine Trillerpfeife wie die eines Schiedsrichters. Ihr Getrillere ist so laut, dass die Hunde für kurze Zeit abgelenkt werden – entscheidende Momente für eine Flucht. Wenn diese Methode versagt, dann greife ich zu meiner Munition (Steine), welche ich in Griffnähe aufbewahre. Glücklicherweise sind meine Beine noch dran …

Willkommen in Europa!

Schließlich erreiche ich am 21. April »Marmara Denizi«, die See von Marmara. Es ist die erste Begegnung mit dem Meer seit Indien. In Yalova besteigen Qaswa und ich die Fähre nach Istanbul und nach zwei Stunden erreichen wir die europäische Seite des Bosporus. Das ist der erste Schritt auf den heimatlichen Kontinent.

Istanbul, so denke ich mir, ist die wohl wichtigste Stadt der Welt, zumindest aus geografischer Sicht. Gelegen an der Wasserstraße, die das Meer von Marmara mit dem Schwarzen Meer verbindet, ist Istanbul das Tor zu Asien und zu Europa. Dies ist sicherlich auch einer der Hauptgründe für die turbulente Geschichte der Stadt.

Gegründet im Jahre 657 v. Chr. durch den megairanischen Entdecker Byzas, nannte Kaiser Konstantin im 4. Jhd. n. Chr. die Stadt Konstantinopel und erklärte sie zum »neuen Rom«. Was einmal ein kleiner Fischerort gewesen war, wurde nun die Hauptstadt der Welt. Das byzantinische Reich existierte von 330 n. Chr. bis 1453 (beeindruckende 1123 Jahre) und endete mit der Eroberung Konstantinopels durch die Türken. Damit wurde das christliche Konstantinopel zum muslimischen Istanbul, wodurch die meisten Kirchen zu Moscheen umfunktioniert wurden.

Das wird mir vor Augen geführt, als ich unmittelbar nach meiner Ankunft der Aya Sophia, der ehemaligen Sankta Sophia, einen Besuch abstatte. Dort hatte man einfach christliche Fresken übermalt und Statuen entfernt. Heute hat man die Fresken wieder freigelegt und daraus ist eine interessante Kombination aus Islam und frühem Christentum entstanden. Die Sancta Sophia, welche im 6. Jhd. erbaut wurde, galt lange als die größte Kirche der Welt. Einer Legende zufolge soll Kaiser Justinian, als er die Aya Sophia zum ersten Mal betrat, gesagt haben: »Gott in der Höhe, ich wurde auserwählt, solch eine große Arbeit zu vollbringen. O Salomon, ich habe dich übertroffen!«

Istanbul erlebte unter dem türkischen Ottomann-Reich erneut Weltruhm und wurde sogar »Paris des Ostens« genannt. Als jedoch 1923 die Türkei zur Republik wurde, ernannte Kemal Atatürk Ankara zur neuen Hauptstadt des Landes. Seither hat Istanbul seine politische Bedeutung verloren, ist jedoch nach wie vor das künstlerische und touristische Zentrum der Türkei.

In Istanbul gibt es viele spannende Dinge zu sehen und ich erlaube mir für kurze Zeit Tourist zu sein. So ziehe ich von einem Höhepunkt zum nächsten, der Blauen Moschee und natürlich dem obligaten Topkapi Palast, dessen Harem die Fantasien so vieler Menschen angeregt hat. Doch der Begriff Harem bezeichnet eigentlich die privaten Gemächer der Familie des Sultans, insbesondere der Frauen. Jeder Bereich des Harems wurde durch Regeln, Tradition, Verpflichtungen und durch das Zeremoniell bestimmt.

Trotz allem war er eigentlich wie ein Gefängnis, denn viele Frauen wurden gegen ihren Willen hier eingesperrt und erst freigelassen, wenn der Sultan verschied. Der Islam erlaubte dem Sultan sieben Frauen, er konnte sich jedoch so viele Konkubinen halten, wie er wollte. Diejenige Frau, die den ersten Sohn gebar, wurde sozusagen die »First Lady« und ihr Sohn der Thronfolger. Als ich so durch die Räumlichkeiten des Harems stapfe, werde ich das Gefühl nicht los, dass das ein schweres Los gewesen sein muss, vielleicht sogar für den Herrscher? Gleich so viele Frauen auf einem Haufen …?

Begegnungen mit dem Islam

Istanbul trennt zwei Welten und dies nicht nur im geografischen, sondern auch im religiösen Sinn. Hier endet das muslimisch geprägte Morgenland, hier beginnt das christliche Abendland.

Im Laufe der vergangenen Wochen und Monate habe ich doch schon Einblick in den Islam bekommen, denn meine Route führte mich durch fast 6000 km »islamischer Länder«. Das hat mir die Möglichkeit gegeben, diese Religion und ihre Anhänger im Alltag mitzuerleben. Die vielen Erfahrungen haben mich bereichert und Bewunderung in mir ausgelöst – für den Islam, die Warmherzigkeit und die Disziplin der Moslems. Letztere Tugend ist an sich schon im Wort Moslem verankert, was so viel bedeutet wie: der Mensch, der sich (Gott) hingibt.

Wenn man das weiß, findet man es weniger erstaunlich, dass sich die Menschen zu Boden werfen, um sich nach Mekka zu verneigen, wenn der Muezzin zum Gebet ruft – und sei es inmitten von Menschenmassen. Wenn Gott ruft, dann ruft er.

Immer wieder bin ich erstaunt gewesen, dass man in islamischen Ländern kaum Bettler auf den Straßen antrifft. Die Bilder von den Armen auf indischen Straßen im Hinterkopf, bin ich bei meinem Eintritt in die muslimische Welt sehr positiv überrascht worden.

Im Hinduismus sind die Menschen mehr ihrem Schicksal ausgeliefert, da der Zyklus der Wiedergeburt (Samsara) von den Taten und Begebenheiten (Karma) des vorherigen Lebens bestimmt wird. So ist eben auch Lepra eine Strafe, was auch vom Leprakranken selbst in einer gewissen Lethargie akzeptiert wird. Das sieht der Koran ganz anders: »Es ist nichts falsch an den Blinden und es ist nichts falsch an den Gelähmten und es ist nichts falsch an den Kranken, auch nicht an dir selbst.« (Verse 60, XXIV; vom Autor frei übersetzt nach der englischen Übersetzung von Arberry, S. 360, s. Literatur)

Obwohl der islamische Alltag von vielen religiösen Regeln bestimmt wird, so habe ich nicht den Eindruck gewonnen, dass diese »vorgeschriebene Disziplin« als Zwang oder Einschränkung der Persönlichkeit empfunden wird. Die Regeln wurden selbstverständlich in den Alltag integriert. Das bestätigte mir auch der junge Moslem Nader Rami, den ich in der Moschee in Yazd kennen lernte: »Der Koran schreibt mir vor, jenen zu helfen, die mich brauchen. Aus diesem Grund sollte jeder Moslem einen Teil seines Einkommens an ›Arme‹ weitergeben. Wenn du nun an meine Türe klopfst und um Hilfe bittest, so werde ich dir helfen, da du ein Gast, ein Geschenk Allahs, bist. Außerdem schreibt der Koran vor, gut zu dem Reisenden zu sein.«

Sicherlich ist der Islam für mich als Christ einfacher nachzuvollziehen als der Hinduismus, da beide Religionen monotheistisch sind. Das kann aber auch Schwierigkeiten schaffen, denn beide sind »Offenbarungsreligionen, die einen absoluten Wahrheitsanspruch erheben. Wer sind wir, Christen oder Muslime, dass wir von diesem Absolutheitsanspruch etwas wegnehmen wollten. Und trotzdem müssen wir lernen, uns zu tolerieren.« So Ruth Pfau, S. 158, s. Literatur.

Einmal saß ich in einer Moschee in Qom und ein alter Mullah kam zu mir, nahm meine Hand und legte mir einige Münzen hinein. Dann ging er, ohne eine Wort gesagt zu haben. Im Laufe der Wochen sind mir viele solcher Begegnungen widerfahren, ohne dass ich mit den Menschen reden konnte. Aber ich habe das als ein Ausdruck von Wertschätzung gesehen. Diese Erfahrungen haben meinen unerschütterlichen Glauben in die Menschen gestärkt, der mithilft, die Furcht und das Misstrauen vor dem Unbekannten zu überwinden.

Ich denke, um einen wirklichen Zugang zueinander zu finden, muss man »Mensch« sein, den anderen annehmen und sich einer offenen Begegnung »aussetzen«.

Es ist natürlich illusorisch zu erwarten, dass man diese Differenzen nur durch Offenheit füreinander aus dem Weg räumen kann, da viele Aspekte einzelner Religionen so grundverschieden sind, dass man sie nicht miteinander vereinbaren kann. Ruth Pfau schreibt in' ihrem Buch »Verrückter kann man gar nicht leben«, S. 161: »Dass wir einander bereichern, ist nur möglich, weil wir verschieden sind. Freilich: Weil wir verschieden sind, leiden wir auch aneinander.«

Ich merke, wenn ich mich mit dem spirituellen Hintergrund anderer befasse, entdecke ich leichter meinen eigenen. Ich frage mich auch, ob nicht der Glaube gelebt werden muss, an Stelle ihn zu predigen. Die Religion oder besser gesagt die Heiligen Schriften geben uns ja nur eine Richtung an, aber wie wir diesen Weg beschreiten, das liegt ganz an uns. Und genau das ist der Punkt, der mich am Islam so beeindruckt: Ich habe das Gefühl, dass er den Menschen Halt, Disziplin und ein Ziel gibt. Im Abendland, wo das traditionelle Christentum immer »unpopulärer« wird, genießen »alternative Kirchen« und Sekten regen Zulauf, denn sie wissen das spirituelle Bedürfnis der Menschen zu ihrem Vorteil zu nutzen.

Da muss ich auf einmal an die Worte meines Freundes Dr. Jeyabalan (Leprosarium Peikulam Indien) denken: »Hier in Asien fehlt uns der westliche Wissensdrang und die Neugierde und im Westen fehlt es euch an unserer Spiritualität.«

Obwohl ich mich selbst nicht als tief gläubigen Menschen bezeichnen würde, so hat diese Reise mich doch zu den Wurzeln meiner Existenz geführt, allein schon durch jene Extremsituationen, denen ich mich immer wieder stellen muss. In dem Gedanken, dass das ganze Leben eine Entdeckungsfahrt ist, finde ich immer wieder die Kraft, auf andere zuzugehen. Dadurch lerne ich auch das Leid bei so vielen kennen und kann es nicht übersehen. Ich denke, dass der Mullah in der Moschee von Qom mir sein Almosen aus gelebter Barmherzigkeit gegeben hat, und nicht, weil eine Schriftstelle ihm dies befahl. Und genau in Taten, an Stelle der hilflosen Worte, glaube ich Gott nahe sein zu können. Denn wie heißt es so schön in der Bibel: »Was ihr für einen meiner geringsten Brüder getan habt, das habt ihr mir getan.« (Matthäus Evangelium 25,40.)

Lepra in Europa

Am Abend vor meiner geplanten Abfahrt halte ich noch einen Vortrag, der von der Schweizer Konsulin Anne-Marie Chapius arrangiert wird. Sie ist auch so freundlich, mich während der Tage in Istanbul zu beherbergen. Unter den Gästen des Abends ist unter anderem auch die 70-jährige Leiterin der Lepraklinik in Istanbul, Frau Professor Türkan Saylan. Hier zu Lande ist sie eine bekannte Persönlichkeit und eine Pionierin im Bereich der Leprabehandlung und -forschung. Die Jahre haben sie gezeichnet, sie geht am Stock und ihre Kräfte haben nachgelassen. Das hält sie jedoch nicht davon ab, täglich in die Lepraklinik zu gehen. In ihren Augen finde ich dieses rastlos-glückliche Strahlen, das ich schon bei Gerhard Fischer gesehen habe. Eines kann man wohl sicher sagen: Solche Menschen werden nicht aufgeben, bis der Tod ihrem Schaffen ein Ende setzt.

»Auch in Europa«, so erklärt mir Frau Prof. Saylan, »gibt es noch vereinzelte Leprafälle.« Ich dachte bisher, dass es lediglich vereinzelte Fälle von »importierter Lepra« gibt, die aus dem Ausland eingeschleppt wird.

Frau Prof. Saylan holt etwas weiter aus: »Im Mittelalter stellte die Lepra in Europa eine weit verbreitete Seuche dar. Zu dieser Zeit galt ein Leprakranker als unheilbar verloren und war gezwungen, in ein »Haus für Aussätzige« zu gehen. Wollte er nun in die Stadt gehen, so musste er sich mit einer »Lepraklapper« bemerkbar machen, damit die Gesunden ihm ausweichen konnten. Das verminderte das Risiko der weiteren Verbreitung der Krankheit.« In einer Broschüre der Leprahilfe Emmaus, S. 20/1 heißt es: »Sogar in der Schweiz gab es Lepra bis ins 20. Jahrhundert und verschwand erst 1927 mit dem Tod des letzten Lepraopfers.«

Frau Prof. Saylan weiter: »Es gibt in der Türkei ungefähr 2500 Leprapatienten, jedoch verzeichnen wir nur ein bis zwei Neufälle pro Jahr. Als ich vor 25 Jahren mit dem Lepraprogramm begonnen habe, war dies anders. Dies ist ein wirklicher Erfolg und ein Zeichen dafür, dass diese Krankheit kontrolliert werden kann, sofern das Problem systematisch angepackt wird.«

Ehe sich die Professorin verabschiedet, bittet sie mich am folgenden Tag in die Klinik zu kommen. Ich nehme die Einladung gerne an und beschließe meine Abfahrt aus Istanbul um einen Tag zu verschieben.

Lange dauert die Fahrt durchs Straßengewirr, als ich am nächsten Tag von einem Wagen abgeholt werde, der schließlich in eine kleine Seitenstraße einbiegt und vor dem schneeweißen Klinikgebäude hält. Es ist ein schöner Ort und das Auge erfreut sich an den bunten Blumen, die auf dem ganzen Gelände wachsen. Das passt zum Motto des Spitals: »Merhaba Yasamak« (Hallo Leben).

Vor dem Hauptgebäude sitzen viele Patienten, die die wärmenden Strahlen der Vormittagssonne genießen. Heute ist einer der ersten schönen Tage und die Natur scheint nun doch mit Zögern aus dem langen Winterschlaf zu erwachen.

Da Prof. Saylan zu einem Notfall eilen musste, werde ich von Dr. Reyhan Uzdil herumgeführt. »Wir haben mittlerweile so wenige Neuerkrankungen, dass wir in der Lage sind, Patienten während ihrer Zeit hier sowie danach zu unterstützen.« Sie zeigt uns daraufhin ein Album mit einzelnen Patienten. Da ist zum Beispiel ein Foto mit Tieren und einem Farmer. Die Klinik hat dem ehemaligen Patienten Tahan Gülü (35) geholfen, einen kleinen landwirtschaftlichen Betrieb aufzubauen. Ein anderer steht vor seinem Gemüseladen, ein weiterer ist Lieferant geworden, ein anderer wieder arbeitet als Schneider usw. All diese Bilder erzählen berührende Geschichten von Menschen, denen man wieder eine »Stimme gegeben hat«.

Als wir durch einen langen Korridor gehen, kommt uns auf einmal die kleine Yasemin Akkus (13) entgegengesprungen. Sie nimmt mich bei der Hand und führt mich in ihr Zimmer. Dort zeigt sie mir voller Stolz eine Reihe von Zeichnungen. Da sind bunte Blumen, ihre Familie, eine Farm mit vielen Pferden, ihre Freunde ... Auch sie hat Lepra und musste ihre Familie, arme Bauern in Van verlassen, um hier zur Behandlung zu kommen. Zu ihrem Glück hat man die Krankheit frühzeitig erkannt und so wird sie ohne größere Komplikationen geheilt werden können.

Auf meine Frage, wie sie mit der Krankheit zurechtkomme, antwortet sie: »Ich war am Anfang sehr unglücklich. Hierher zu kommen war schwer, da ich meine Familie sehr vermisse. Außerdem sind die meisten Leute hier alt, aber mittlerweile habe ich mich an sie gewöhnt und nun mag ich sie.« Sie beeindruckt mich wirklich sehr, denn sie strahlt so viel positive Energie und

ute :muss es ein wenig schneller gehen. Auf der Autobahn nahe Tessaloniki, Griechenland, Mai 2002

Farbenrausch! Mohnblumen, Griechenland,
i 2002

Wer filmt nun wen? Mein neuer Kameramann bei der Arbeit, Griechenland, Mai 2002

Waren da nun wirklich Mönche oder nicht doch Freeclimber am Werk? Blick auf Kloster Nikoloa, Meteora, Griechenland, Mai 2002

undersame Lichtspiele in der Dämmerung. Griechenland, Mai 2002

n Ende eines langen und heißen Tages verabschiedet sich die Sonne. Griechenland, Mai 2002

Qaswa und ich verschwinden gleich im Bauch der Fähre. Hafen von Igumenitsa, Griechenland, Mai 2002

In der Ferne leuchtet weiß das Castel del Monte. Italien, Mai 2002

eine rührenden Gastgeber, die Testas. Jelsi, Italien, Mai 2002

le Wege führen nach Rom. Italien, Mai 2002

Leider keine Zeit für Sightseeing. Rom, Italien, Mai 2002

Ein »atemberaubendes« Interview. Flüelapass, Schweiz, Juni 2002

hristoph von Toggenburg wird von Freunden begleitet, Schweiz, Juni 2002

ıkunft in der Heimat. Nahe Wildhaus, Toggenburg, Juni 2002

Begleitet von Olympiasiegerin Maria Walliser: Christoph von Toggenburg am Ziel, Alp Gamplüt, 15. 6. 2002

Englische Bike for Help-*Tafel für das Fahrrad*

Optimismus aus. »Sie tut den Alten gut«, meint Dr. Uzdil. »Außerdem ist sie wie ein Wirbelwind und bringt alle zum Lachen.«

Als wir uns verabschieden, frage ich Yasemin, ob sie eine Botschaft für die Welt habe. Sie schaut mich an und sagt mit Überzeugung: »Es gibt Hoffnung für jedermann.« Diese Begegnung bewegt mich sehr und ich frage mich, ob nicht jede Erfahrung, selbst eine negative (wie z.B. Krankheit), positiv sein kann, wenn wir die Hoffnung nicht aufgeben.

Als Nächstes besuchen wir die Schuhwerkstatt. In der Luft liegt der Geruch von Gummi, Leder und Klebstoff. An einer Werkbank sitzen zwei Schuhmacher, die so eifrig in ihrer Arbeit versunken sind, dass sie uns nicht bemerken. Dr. Uzdil erklärt mir, dass die beiden Schumacher der Schweizer Hilfsorganisation von Emmaus ausgebildet worden seien.

Auf einmal muss ich an die Werkstatt im Leprosorium von Troeung (Kambodscha) denken, wo ich Monate zuvor gewesen bin. Dort war alles ein wenig einfacher, aber mindestens genau so kreativ. Auch hier gibt es keinen Standardschuh, da jeder Patient andere Verletzungen und Verkrüppelungen hat.

Kurz darauf schließen wir uns einer Gruppe von Medizinstudenten an, die einen Leprapatienten begutachten. Der Mann leidet an der starken Lepraform (multi-bacillär) und ist am ganzen Körper voller Flecken. Das Gesicht ist sehr entstellt und die Ohren aufgebläht. Die Ärzte nehmen Hautabstriche und anschließend werden die Proben unter dem Mikroskop untersucht. Das gibt auch mir die Möglichkeit, das »Mykobakterium Leprae« zum ersten Mal mit eigenen Augen zu sehen. Es sieht in der tausendfachen Vergrößerung wie ein langes Zäpfchen aus, dessen bösartige Natur sich aus diesem Blickwinkel nicht unbedingt erschließt.

Am nächsten Tag verlasse ich Istanbul und mache mich auf den Weg nach Griechenland. Im Nacken spüre ich zarten Rückenwind – Heimat, ich komme!

7. GRIECHENLAND

Eine Orgie der Farben

Wie im Drogenrausch

Der Frühling ist nun doch gekommen, die Sonne strahlt verschwenderisch über die grüne Landschaft und mit ihren warmen Strahlen scheint der Gedanke an nasse Momente im Nebel der Vergangenheit zu schwinden. »Farborgasmus« könnte man direkt das Glücksgefühl nennen, das mich mit meiner Ankunft in Griechenland überkommt. Es sind so viele Farben, dass man sie in ihrer Individualität kaum noch aufnehmen kann.

Wenn ich an die eintönige Wüste zurückdenke, so sind die seltenen Kontraste besonders ins Auge gefallen. So z. B. die faszinierend-bunten Saris der Frauen im indischen Radjasthan, die erotischen Augen der Iranerinnen, umhüllt vom Schwarz der Tschadors, vereinzelte Blumen am Straßenrand, eine Karawane am Horizont, die bemalten Lastwagen in Pakistan, die feuerroten Bärte der Stammesangehörigen, das milchige Braun des indischen Chai ...

Ich denke, nur wer lange in der Wüste war, kann verstehen, was es bedeutet, plötzlich Farben in solcher »Verschwendung« vor Augen zu haben. In meinem ganzen Leben lechzte ich noch nie so sehr nach einem Baum, einer grünen Wiese, einer bunten Blume. Im Rausch dieser bunten Farben scheint mir der Himmel nahe zu sein. Bin ich denn im Paradies angekommen? In meinem Tagebuch schreibe ich einige Gedanken hierzu:

Heiße Tage und Nächte

Meine Route nach Thessaloniki führt durch liebliche Hügellandschaften, Olivenplantagen und bunt gemusterte Felder; mittendrin kleine orthodoxe Kirchen, die wie weiße Punkte aus der Landschaft ragen. Nach über 6000 km in islamischen Ländern sind sie die ersten sichtbaren Anzeichen dafür, dass ich wieder in christlichen Gefilden bin. Leider wird die grüne Harmonie durch den vielen Müll gestört, der die Straßenränder säumt. Von Plastikflaschen, Dosen, Autowracks bis hin zum Kühlschrank, alles endet hier in »Mutter Natur«. Besonders irritierend finde ich, dass es die meisten Leute nicht zu stören scheint, solange die Sachen nicht im eigenen Vorgarten herumliegen.

Schließlich erreiche ich Thessaloniki. Da ich Schwierigkeiten habe, mich in dieser Stadt (zweitgrößte Griechenlands) zurechtzufinden, bitte ich einen Polizisten auf einem Motorrad, mir zu helfen. Der gute Mann, Typ »Macho« mit seiner spiegelnden Pilotenbrille, thront auf seinem großen Motorrad und sieht Qaswa und mich mitleidsvoll an: »Nur das Beste für dich, mein Freund. Willkommen in Griechenland.« Dann legt er los und eskortiert mich durch die Stadt.

Zwischen Pressekonferenz und Vortrag ist nun endlich auch meine Freundin Marie eingetroffen. Fast vier Monate sind vergangen, seit wir uns das letzte Mal in Indien gesehen haben. Ihr gehört wahrlich ein Orden für die lange Zeit verliehen, die sie nun schon auf mich wartet.

Ich kann mir gut vorstellen, wie schwer das Warten für meine Lieben in der Heimat sein muss – stets mit dem Gedanken im Hinterkopf, dass mir etwas zustoßen könnte. Diese Expedition ist ja auch tatsächlich nicht immer ungefährlich gewesen.

Marie und ich verbringen einige Tage in Litochoro am Fuße des Berg Olympus. Mit einer Höhe von fast 3000 m ist dieser die höchste Erhebung im Lande und wurde von den alten Griechen als der Sitz der Götter verehrt. Beeindruckend ragt dieser große Berg in die Höhe, umgeben vom dichten Grün der Nadelwälder. Mystisch wirkt die Wolkenhaube, welche die Bergspitze meist grau verhüllt. Der Fuß des Berges endet direkt vor dem Meer, was die Verbindung der Elemente untereinander – Wasser, Luft, Erde – hervorhebt.

Leider vergeht unsere gemeinsame Woche sehr schnell, Marie kehrt nach Belgien zurück und ich wieder auf die Straße … aber diesmal wird es nicht so lange dauern, bis wir uns wieder sehen.Nun scheint mir doch, ich könnte noch ein wenig Geschwindigkeit zulegen, die Beine fester anspannen, den Kopf ans Lenkrad pressen, die Griffe fest in die Hand nehmen und den niedrigsten Gang wählen. Diesmal geselle ich mich zu den Schnellen auf die Autobahn, um Thessaloniki zu verlassen.

Es wird schon ein wenig komisch ausgesehen haben, als ich mit meinen 25 km/h an einer Tafel, die eine Geschwindigkeitsbegrenzung von 120 km/h anzeigt, vorbeifahre. Immerhin dürfte man mich wohl kaum wegen zu schnellen Fahrens herauswinken... Die Landstraße ist mir einfach zu eng und gefährlich, der Pannenstreifen wirkt dagegen wunderbar ruhig und sicher.

Das Ägäische Meer hinter mir lassend, erreiche ich bald die Berge, durch die ich in direkter Route zur Durchquerung des Landes fahre. Ich muss zugeben, dass die Bergstrecken härter werden als erwartet. An manchen Tagen überwinde ich mehr als 2500 m und radle oft bis zu 140 km. Nun habe ich nicht mehr mit der Kälte zu kämpfen, sondern mit der Hitze. Das Wetter ist, im Gegensatz zur Türkei, wunderbar und die Temperaturen sind sommerlich hoch.

Ich will mich zwar nicht über diesen Wetterwechsel beschweren, doch finde ich die Kälte letztendlich leichter zu ertragen, da man sich mit der richtigen Kleidung gegen diese besser schützen kann. Außerdem erhitzt sich der Körper mit zunehmender Anstrengung, wobei man bei Kälte anderseits ständig in Bewegung sein muss, um nicht zu erfrieren. Bei dieser Hitze kann ich etwas ausziehen, aber das hilft nur bedingt. Nun ja, das nächste Mal werde ich mir das Rad doch mit »Klimaanlage« liefern lassen.

Die Hitze führt auch zu einem hohen Flüssigkeitsbedarf. Mein Wasserkonsum steigt pro Tag auf zehn Liter und mehr, wodurch ich sehr viel Salz verliere. An den Abenden zeichnen sich dann weiße Ränder an meiner Kleidung ab und von der Stirn kann ich mir die Salzkristalle kratzen. Das erklärt auch, weshalb sich meine Lust auf süße Sachen gänzlich verabschiedet hat. War ich in der Türkei noch ganz wild auf Kekse und süße Sesamgebäcke, so »lechze« ich nun nach salzigem Fetakäse, nach Schafskäse mit einem knackigen Salat.

Von Schlangen und mobilen Waschmaschinen

Die Tage hindurch kämpfe ich mich schwitzend von Bergkuppe zu Bergkuppe und wenn es dunkel wird, verschwinde ich hinter einigen Bäumen und schlage mein Zelt auf. Ich muss nur ein wenig vorsichtig sein, da es hier viele Schlangen gibt. Diese sind so gut getarnt, dass man sie kaum sieht und man leicht Gefahr läuft, auf ein Exemplar zu treten. Aber glücklicherweise sind sie hier nicht so giftig wie die Kobras in Indien und die kleinen braunen Schlangen in der Wüste. Dort könnten solche Begegnungen tödlich ausgehen.

Die Furcht vor Schlangen ist nur teilweise begründet, da sie sehr scheu sind und den Menschen meiden. Schlangen greifen eigentlich nur an, wenn man sie überrascht, dann verteidigen sie sich. Deshalb stapfe ich immer schweren Schrittes durch die Landschaft, denn Schlangen »hören« durch Vibrationen und verschwinden, wenn sich jemand nähert.

Übrigens ist mein Campen durchaus nicht als »wild« oder gar »primitiv« zu bezeichnen. Bevor ich mich nämlich zurückziehe, besorge ich mir etwas zu essen und lasse meine Wassersäcke auffüllen. Sofern es meine Kräfte zulassen, koche ich mir noch eine gute Sache und tippe brav meine Erlebnisse in den kleinen Computer.

Dann, bevor ich todmüde in den Schlafsack krieche, hänge ich den Wassersack an einen Baum, stehe splitternackt in der Natur und wasche mir Salz und Dreck vom Körper, worauf ich dann wohl duftend im Schlafe versinke. Natürlich ist das keine heiße Dusche, aber auch kaltes Wasser reinigt. Manchmal, wenn es das Glück so will, finde ich sogar eine gute Seele in den Bergen, die mir heißes Wasser anbietet, wodurch ich sogar in den Genuss einer heißen Dusche komme – beinahe wie in einem Luxus-Hotel, oder?

Die Hygiene ist mir ganz besonders wichtig und so habe ich es mir zur Regel gemacht, die Kleider jeden Tag zu wechseln, mir die Zähne drei Mal am Tag zu putzen und mich alle 24 Stunden zu waschen. Das ist nicht nur angenehmer für die Mitmenschen, sondern auch für das eigene Gemüt, denn ein Tag beginnt bereits gut, wenn man in frische Kleider schlüpfen kann.

Man muss sich natürlich die Frage stellen, wie man das bei vier T-Shirts, drei Unterhosen und vier Paar Socken schaffen kann. Zu diesem Zweck habe ich ein neues System einer mobilen Waschmaschine entwickelt. Diese zeichnet sich nicht nur durch sparsames Volumen, sondern auch durch günstige Anschaffungskosten aus und lässt sich auf der ganzen Welt anwenden, ohne dass irgendwelche Adaptionen notwendig sind. Hierzu nimmt man einen reißfesten Plastiksack, legt die schmutzigen Kleider hinein, fügt Wasser und Waschpulver dazu und beginnt heftig zu schütteln. Das macht man so lange, bis der Inhalt sauber ist. Natürlich darf man nicht vergessen, dass der »Sauberkeitsgrad« der Wäsche in direktem Verhältnis zur Kraft der eigenen Arme steht.

Dabei habe ich feststellen müssen, dass Plastiksack nicht gleich Plastiksack ist. Jene aus den Supermärkten sind billig, haben oft kleine Löcher und sind nicht robust genug. Insofern empfiehlt es sich, ein edles Kleidergeschäft aufzusuchen und dort einen zu erbitten oder ihn zu »entwenden«, während die Verkäuferin beschäftigt ist. Diese würde wahrscheinlich sowieso nur mit Missmut feststellen, dass man mit seiner zerlumpten Hose zufrieden ist und nicht gewillt ist, eine neue in ihrer Boutique zu erstehen.

Rad-Gedanken

Oben auf dem Sattel denkt man viel und arbeitet hart. Man »lauscht« einer Landschaft, den Vögeln, dem Wasser, dem Wind und den Menschen, wodurch man eins wird mit der Umgebung. Man ist der Erde nah, denn der Hintern spürt jede Bodenwelle, jedes Schlagloch, jeden Stein. Lautlos dahinrollend saugt man alles in sich auf und darf Zeuge großer und kleiner Wunder werden. Von ihnen darf man lernen und das Rad wird Teil des Ganzen.

Sich unablässig drehend, trägt das Rad eine Person. Wie das Rad, so dreht sich vieles im Leben im Kreise. Ursprung und Ende, Geburt und Tod … Alles kehrt zu seinem Ursprung zurück, alles wiederholt sich, gleich und doch anders – alles ist Teil eines großen Ganzen. So beeinflusst jede Tat, jede Bewegung, also auch jeder Pedaltritt die Welt. Für mich gilt es hier ausdauernd zu sein, Durchhaltewillen zu zeigen, um schließlich langfristige Befriedigung erfahren zu dürfen.

Das Rad birgt eine unermessliche Freiheit. Es bedarf nur eines Herren und dessen Willen, dann wird es zum treuen Diener. Ohne diesen Herren ist es nichts als ein starres Metallgestell. Rad fahren mag zwar härter sein, als nur das Gaspedal zu drücken. Aber man ist frei, da man nicht durch eine äußere Kraft angetrieben wird. Der Körper wird selbst zum »Motor« unabhängig von einem künstlichen »Metall-Motor«.

Auch ein Auto, sogar das schnellste, ist nur ein Stück Blech, das ohne Motor/Benzin nutzlos ist. Im Auto wird man zum Sklaven einer Maschine,

Untertan einer Fortbewegungsart, die viele Auswirkungen auf Mensch und Natur hat. Diese Art der Fortbewegung hat sicherlich viele Vorteile, doch man beginnt allzu leicht, sich auf diese menschenfremde Maschine zu verlassen. Die eigene »Maschine« leidet darunter, die Muskeln schrumpfen und das Fettpolster wächst.

Im Gegensatz zum Autofahren ist der Radler den Elementen schutzlos ausgeliefert, er bewegt sich durch Hitze, Kälte, Regen, Sturm, Hagel, Sonnenschein ... So erfährt man wahres Glück, wenn der erste Sonnenstrahl nach Tagen des Regens kommt. Wie man in Kerala (Indien) die Ankunft des Monsuns feiert, so wird ein solcher Moment zum besonderen Ereignis. Man zelebriert die Wunder der Natur.

Auf dem Rad kann man sich nicht verbergen oder schnell verschwinden. So frei und ungeschützt wird man verletzlich. Keine trennende Tür, kein Schloss und Riegel und keine Knautschzone. Man ist Steine werfenden Kindern, bissigen Hunden und schweren Fahrzeugen ausgeliefert. Es bedarf viel Vertrauen in die Menschen. Immer wieder muss ich mein Leben anderen Menschen anvertrauen.

Die Geschwindigkeit erhält auf dem Fahrradsattel eine neue Bedeutung. Die vorbeizischenden motorisierten Fahrzeuge erreichen ihr Ziel in kurzer Zeit. Ein Tag auf dem Rad kann einer Stunde Autofahrt entsprechen. Diese Tatsache kann für den Radfahrer frustrierend sein, bis man lernt, die Dinge anders zu betrachten. Aus der Sicht des Fußgängers ist ein Radfahrer wiederum schnell ...oder erst aus der Sicht einer Ameise!

Die einsamen Stunden werden durch die wenigen kostbaren Begegnungen unterwegs verschönt. Eine Karawane in der Wüste, einfache Bauern, lachende Gesichter – und das Rad wird zum engen Freund. Man spricht mit ihm, ohne Antworten zu erwarten. Gemeinsam teilt man viele Momente, die guten und die schlechten. Und schließlich fühlt man sich eins mit dem Rad, der Straße, der Natur und dem Wind, der einem das Wasser in die Augen treibt.

Von tanzenden Männern und Vogelnestern

Eines Abends, nachdem ich 1500 Höhenmeter mit Qaswa erklommen habe, erreichen wir das kleine Bergdorf Poliminos. Es liegt in einer Senke, umgeben von hohen Bergspitzen, die wie gigantische Wächter das ganze Gebiet überblicken. Mein Magen knurrt lautstark und meine Beine fühlen sich wie leblose Holzstecken an.

Als ich am »Hauptplatz« eintreffe, sehe ich eine Ansammlung von Männern. Ich gehe zu ihnen und frage, ob es eine »Taverna«, ein einfaches Restaurant im Dorf gibt. Sie schütteln den Kopf, aber ich muss ihnen Leid tun, denn es dauert kaum fünf Minuten, da kommt schon jemand mit Essen herbeigerannt. Die anderen haben mich in der Zwischenzeit zum Bier eingeladen. Der Abend wird lange. Immer mehr Männer kommen zusammen, man singt und tanzt für mich. Es sei hier noch erwähnt, dass sich an diesem Abend keine einzige Frau blicken lässt. Die abendlichen gesellschaftlichen Aktivitäten außer Haus scheinen den Männern vorbehalten zu sein.

Schließlich verlasse ich meine freundlichen Gastgeber, leicht schwankend, nachdem ich einige Biere zu viel genossen habe. Die Männer lassen es sich nicht nehmen, mir noch Brot und Gemüse mitzugeben.

Zwei Tage später erreiche ich die berühmten Meteora-Klöster. Man staunt nicht schlecht, wenn man diese Klöster sieht, die hoch oben auf die steil aufragenden Felsen gebaut wurden – wie Vogelnester, die über dem Tale schweben. Seit dem 11. Jhd. leben Mönche in dieser Region. Da das Byzantinische Reich im Verlaufe des 14. Jhds. seine einstmalige Stärke verlor, kam es in dieser Region vermehrt zu Invasionen fremder Armeen.

Die Mönche, die in aller Ruhe ihren Gebeten nachgehen wollten, bauten ihre Klöster höher und höher auf die Felsen, um vor Plünderungen und Zerstörungen geschützt zu sein. Die Unzugänglichkeit der Felsen war ein idealer Schutz gegen fremde Eindringlinge.

Anfangs konnten die Klöster mit Leitern erreicht werden. Später wurden diese durch Netze ersetzt, die mittels einer Seilwinde nach oben gezogen wurden. Einem Gerücht zufolge soll ein neugieriger Tourist einen Mönch gefragt haben, wie oft die Seile erneuert würden. Dieser habe gelacht und erwidert: »Erst wenn der Herr sie reißen lässt.«

Ein Blick über die Mauer des Klosters »Moni Agiou Nikolaou Anafpasa« lässt erahnen, welch fantastische Freikletterer diese Glaubensmänner gewesen sein müssen. Aus dieser Perspektive scheint es fast unglaublich, dass man 300 m über Grund bauen konnte, auf einer verhältnismäßig kleinen Fläche, die von senkrecht abfallenden Wänden abgegrenzt ist.

Nach einem halben Rasttag in diesen Schwindel erregenden Höhen ziehe ich weiter auf den Katara Pass (1700 m). Lange schlängelt sich die Straße dort hinauf, durch weite Täler, dichte Wälder, bis man dort oben steht und weit über dies »grüne Meer« blicken kann. Unterwegs werde ich von Hunden gejagt, begegne vielen Schlangen und ergötze mich an der lieblichen Landschaft.

Nahe der Ortschaft Trigona treffe ich eine Schildkröte, die die Straße zu überqueren versucht. Niemand scheint das langsame Tier zu bemerken. Es ist viel Verkehr und in meinen Gedanken sehe ich das Tier bereits zerquetscht auf dem Asphalt kleben. Zum Glück erreiche ich sie noch rechtzeitig, fasse sie am Panzer und trage sie ins nächste Feld. Als wäre nichts gewesen, streckt sie ihren Kopf und die kurzen Beinchen in die Welt und trottet weiter. Andere hatten weniger Glück. Unterwegs habe ich viele ihrer Artgenossen in »Flachversion« angetroffen. Wer weiß, vielleicht wird die Evolution den Panzer der Schildkröten so hart werden lassen, dass er irgendwann einmal einem 14-Tonner standhalten kann.

Schließlich erreichen Qaswa und ich am 12. Mai Igumenitsa, von wo aus wir die Fähre nach Italien besteigen. Eingequetscht zwischen Containern und Sattelschleppern verschwinden wir im Bauch des großen Ungetüms. Für die Überfahrt wählte ich die »Luxusklasse« und verbringe die Nacht an Deck, dick in meinen Schlafsack gehüllt und mit Blick auf den unendlichen Sternenhimmel.

Ich hatte befürchtet, seekrank zu werden, aber das Meer ist ruhig und die Fähre liegt wie ein Brett auf dem Wasser.

Nach rund neun Stunden haben wir die Adria überquert und als ich aufwache, kann ich das graue Band der italienischen Küste im morgendlichen Dunst ausmachen. Dann, Momente später, lichtet sich der Nebel und vor mir erscheint die Stadt Bari: Bella Italia, ich komme!

8 ITALIEN UND SCHWEIZ

Ein Traum wird wahr

Pizza und Cappuccino

Als ich so durch die unendlichen Weiten der Wüste gefahren bin, da hat mich ein Traum verfolgt, der wie eine »Fata Morgana« immer wieder meiner Fantasie entsprang. Es war der Traum von einer Pizza und einem Cappuccino. Man kann sich vorstellen, welch außergewöhnliche Abwechslung dies gewesen wäre zwischen einem öligen Dhal und nach einem öligen Dhal.

So schreite ich kurz nach meiner Ankunft zu einer symbolischen Tat: Eine Pizzeria aufzusuchen und einen Cappuccino zu schlürfen. Als ich genüsslich diesen »Brotfladen« mit Mozzarella und Schinken kaue, habe ich das Gefühl, dass jeder Bissen eine neue und zugleich gewohnte Erfahrung ist. Als ich anschließend einen Cappuccino trinke, gleitet der milchige Kaffee sanft durch den Gaumen und der Schaum bleibt wie ein »Schnauzer« an meiner Oberlippe kleben. Es sollte hier noch erwähnt werden, dass ein Cappuccino nach zehn Uhr morgens als Sünde angesehen wird, der nur Touristen verfallen – aber mit diesem Makel kann ich dieses Mal leben.

So sitze ich also in aller Gemütlichkeit auf der Piazza der Stadt Trani, wo das Leben nur so brüllt. Zwischen schreienden Kindern sitzen die Alten, reden, lesen Zeitung und genießen das »Dolce Vita«. Weiter rechts, nahe der Strandpromenade, findet ein Spektakel statt, das ich als »Moden- und Brautschau« bezeichnen möchte. Frauen und Männer kokettieren voreinander und natürlich gehören zu diesem Schauspiel auch die geeigneten Kostüme. Jeder der Akteure ist bestens gekleidet, mit feinem, jedoch nicht aufdringlichem italienischen Schick. Nicht wegzudenken sind dabei die so genannten »Motorinos«, die Motorroller, die die Beine der italienischen Teenager zu ersetzen scheinen.

Die ganze »Balz-Show« ist gut inszeniert und ich denke, am Ende des Tages wird die beste Vorstellung gewinnen und so manch einer/eine wird vielleicht mit einem weiblichen oder männlichen Wesen nach Hause gehen.

Nein, so einfach ist das auch wieder nicht, denn die meisten jungen Leute leben bei ihrer Familie, bis sie heiraten. In vielen Fällen kann das bis in die späten Dreißiger gehen. Vermutlich wird die »Mamma« keine Eindringlinge in ihr »Reich« erlauben ...

Wir kaufen nichts!

Nach einer Fahrt durch die engen Gassen Tranis verlasse ich die Stadt, entferne mich vom Meer und fahre ins Landesinnere. Die Landschaft ist lieblich mit weiten Ebenen, die landwirtschaftlich genutzt werden, hier und da sieht man einen Bauernhof. In der Ferne kann ich die Berge des Appenin erkennen.

Plötzlich färbt sich der Himmel pechschwarz. Was mit einigen Tropfen beginnt, entwickelt sich in Kürze zu einem sintflutartigen Gewittersturm: Blitze zucken im Dunklen, der Donner grollt und die Wassermassen fluten den trockenen Boden. Ich liebe diese Gewitter, selbst wenn das Wasser in all meine Taschen dringt und mir von der Nasenspitze rinnt. Diese Gewitter sind ein solches Kräfteringen der Gewalten, eine Entladung des himmlischen Zornes. Und mögen Gewitter noch so dramatisch sein – die Sonne wird bestimmt wieder scheinen.

Als der Abend naht, lege ich einen kurzen Zwischenhalt an einer Tankstelle ein: Einmal Wasser – und bitte kein Bleifrei! Zum Glück finde ich bald ein verlassenes Gebäude, das inmitten lieblicher Ölhaine liegt. Inzwischen bin ich bis auf die Unterhosen durchnässt und die Dunkelheit beginnt sich über das Land zu legen.

Im Inneren finde ich sogar trockenes Holz, womit ich ein Lagerfeuer entfachen kann, um mich und meine Kleider zu trocknen.

Als ich wenig später in einem nahe gelegenen Haus um Wasser bitte, sehen mich die Leute schockiert an, brüllen: »Wir kaufen nichts!« und schlagen mir die Türe vor der Nase zu. Habe ich denn etwas zu verkaufen?

Diese Reaktion beeindruckt mich, denn wie oft habe ich bereits dieselbe Bitte angebracht und in wie vielen Fällen bekam ich nicht nur Wasser, sondern eine Unterkunft und auch Essen angeboten.

Im Allgemeinen habe ich die Erfahrung gemacht, dass mir in den ärmeren Ländern am meisten geholfen wurde. Außerdem habe ich bemerkt, dass ich oft mehr Glück und Freude bei jenen Menschen fand, denen es am schlechtesten ging. Sie zeigten oft einen außergewöhnlichen Sinn für Humor, selbst wenn ihre Lebensumstände sie eigentlich traurig stimmen müssten.

Da denke ich zum Beispiel an die seelischen und körperlichen Qualen, die ein Leprakranker erleiden muss. Er hat eine Krankheit, die ihn langsam auffrisst, und kämpft mit der Einsamkeit, die der Aussatz mit sich bringt. Auch wenn er eines Tages geheilt sein wird, so wird er doch immer ein Gezeichneter bleiben.

Aber es gibt Menschen wie mein Freund Bangaraia, den ehemaligen Leprakranken, aus Dehra Dun (Indien): ein beeindruckender Mann, so voller Lebenskraft und Tatendrang. Ein Mensch, der das Leid am eigenen Leibe erfahren hat und deshalb anderen helfen möchte. Ein Mensch mit wenigen Ansprüchen, der mit seiner liebenswerten Frau in zwei Zimmern lebt, inmitten des Leprosoriums. Bangaraia hat die »Flinte nicht ins Korn geworfen«, sondern hat gekämpft, sich weitergebildet und so für sich wie auch andere einen Weg geebnet. Doch was hat all dies mit uns Europäern zu tun, die wir Leid in dieser krassen Form kaum noch kennen?

Es mag vielleicht zum Nachdenken darüber anregen, inwiefern Glück überhaupt mit materiellen Dingen zusammenhängt. Außerdem kann man sich doch die Frage stellen, was man hier in den wohlhabenden Regionen für die Armen und Kranken der Welt tun kann. Wege und Mittel gibt es immer, doch die Bereitschaft zur Hilfe am Nächsten muss da sein.

Ich glaube, diese Bereitschaft sollte keinem Pflichtgefühl entspringen, sondern einhergehen mit Offenheit für andere, Liebe, Mitleid und Tatendurst. Und damit wäre nicht nur den anderen, sondern auch einem selbst geholfen. Ich glaube, dass der Mensch im Westen eher Gefahr läuft, unter einer gewissen »Sinnlosigkeit« zu leiden. Das hat sicherlich auch mit dem Komfort und der Sicherheit zu tun – ein Überlebenskampf ist nicht mehr nötig. Dadurch ist zwar Spielraum für persönliche Entwicklungen geschaffen, aber ich frage mich, ob es nicht einer enormen (Selbst-)Verantwortung bedarf, diesen bestmöglich zu nutzen. So stelle ich mir Tag für Tag die Frage, ob ich heute mit mir, den Menschen, der Welt und meinen Taten zufrieden bin.

Ich habe immer wieder die traurigen Gesichter vor Augen, die ich in vielen Großstädten dieser Welt angetroffen habe. Man sitzt in einem öffentlichen Verkehrsmittel, schaut umher und hat das Gefühl, in einem Bestattungsinstitut gelandet zu sein. Es wird kaum geredet und jedes Lachen wird mit unfreundlichen Blicken erstickt, als hieße es: »Hier wird nicht gelacht, denn das Leben ist eine ernste Sache.« Dann verstummen auch die wenigen Lacher und schließlich ist wieder Stille und Friedhofsruhe eingekehrt. Die Nasen bohren sich in die Zeitungen und die Augen starren in die Leere.

In dieser Gesellschaft scheint mir der lebendige Austausch so sehr zu fehlen. Da denke ich dankbar an meine Freundin Qaswa, die mich immer wieder dazu zwingt, diesen Austausch mit der Außenwelt zu suchen und mich zu öffnen.

Gerade jetzt fahre ich durch die lieblichen Ölhaine Süditaliens und preise das Leben für all seine Schönheit. Und ich rufe mir jeden Tag wieder in Erinnerung, dass es da draußen eine Welt gibt, die weit über meine eigene, verschwindend-kleine Existenz hinaus geht.

Bella Italia

Man kann viele Lieder über Italien singen und doch wird es keinem ganz gelingen, die Schönheit und den kulturellen Reichtum dieses Landes in Worte zu fassen. Schon gar nicht, all die kulinarischen Köstlichkeiten hinreichend zu würdigen, denen man an jeder Straßenecke begegnet.

Hier wird das Leben nicht einfach hingenommen, sondern zelebriert. Dolce Vita, Süßes Leben – so empfinde ich es Tag für Tag und mit jedem Bissen, mit dem ich mich begeistert durch die Vielfalt der Gaumenfreuden durchesse. Welch ein Glück, dass ich so viel Gelati und Pasta in mich hinein stopfen kann, wie der Magen zu fassen vermag – alles wird verbraucht und verbrannt.

Eine besonders schöne architektonische Perle ist das »Castel del Monte«, das nicht allzu weit von Trani entfernt weiß-strahlend auf einem Hügel thront. Es wurde um 1250 von Friedrich II (Staufferkönig) erbaut. Als Qaswa und ich uns dem großen Bau nähern, kann ich erkennen, dass der Kern des Schlosses sowie die Ecktürme in der Form eines Oktagons gebaut wurden. Beim Gang durch die hohen Säle werde ich das Gefühl nicht los, dass dieses Schloss eher ein geometrisches Spielzeug ist. Man nimmt an, dass es vor allem als Jagdschloss benutzt wurde.

Obwohl es im Innern keinerlei Gegenstände gibt, so bin ich doch von der Unterschiedlichkeit des Gesteines fasziniert, das man für Mauern, Fensterrahmen und Säulen verwendet hat. Alten Überlieferungen zufolge soll das Schloss bis zum 17. Jhd. im Inneren mit Mosaiken und Statuen geschmückt gewesen sein. Es wurde jedoch im 18. Jhd. verlassen und bald darauf ausgeraubt. Schließlich begann der Zerfall, worauf es Hirten und Räubern als Unterschlupf diente. Erste Restaurierungsarbeiten begannen erst gegen Ende des 19. Jhd. und es dauerte fast 100 Jahre, bis diese beendet waren. In der Zwischenzeit wurde das Schloss von der UNESCO zum Weltkulturerbe ernannt.

Zwar liebe ich die Italiener für ihr leidenschaftliches Wesen, im Straßenverkehr hat das seine Tücken, da hier leidenschaftlich mit »cuore« (Herz) und weniger mit dem Kopf gefahren wird – schnell und oft unachtsam. Aus diesem Grund entschließe ich mich, die kleinen Bergstraßen zu fahren. So entfliehe ich dem Verkehr, die Steigungen verlangen jedoch meinen Beinen einiges ab.

Als ich eines Abends die kleine Ortschaft Jelsi erreiche, ist es bereits dunkel und ich halte in der örtlichen Trattoria für eine Pasta. Die Gastwirtin in »La Traglia« ist eine pummelig-freundliche Mamma, wie sie im Bilderbuche steht mit einem Lachen, das zwei Gesichter ausfüllen könnte. »Mach dir keine Sorgen, zuerst iss was und später finden wir eine Bleibe für dich«, versichert sie mir und klopft mir auf die Schulter.

Nach einer Stunde und zwei Tellern Spaghetti Bolognese kommt die Bauernfamilie Testa, um mich abzuholen. Sie gehören zu den Bauern aus der Region, die »Agriturisme« (Ferien auf dem Bauernhof) anbieten, wodurch sie sich ein kleines Zubrot verdienen. Zu diesem Zeitpunkt bin ich bereits schon fast jenseits der Müdigkeit. Es scheint, als wäre ich betrunken ... Zum ersten Mal seit fast zwei Wochen verbringe ich eine Nacht unter einem festen Dach, schlafe in einem richtigen Bett und verbrühe in einer heißen Dusche.

Am kommenden Tag verzögern dringende Reparaturen an Qaswa sowie die Gastfreundschaft der Testas meine Weiterfahrt. Das Hinterrad, das mich so viele Tausend Kilometer getragen hat, ist nun seinem Ende nahe. Speichen und Speichenhalterungen sind gebrochen. Das Rad ist völlig aus der

Form und lässt sich trotz aller Versuche nicht mehr zentrieren. Ich denke, bis Rom wird es noch halten, aber ich organisiere sofort die Lieferung eines neuen Rades. Peter, von meinem Sponsor Transa, soll die stärkste Felge schicken, die er auf Lager hat.

Nach dem Essen küsse ich meine rührenden Gastgeber, worauf Qaswa und ich im Wackelgang weiterrollen.

Alle Wege führen nach Rom

Für Jahrhunderte war diese Stadt das Zentrum der Welt und so braucht es nicht zu verwundern, dass auch mein Weg nach Rom führt. An einem sonnigen Tag ziehe ich innerlich triumphierend in die Stadt ein. Seit Ankara ist dies meine erste Weltstadt und ein wichtiger Punkt auf meiner langen Expedition. Ein Blick auf den Radcomputer verrät mir, dass bereits 8000 km hinter mir liegen. Vor mir liegen »nur noch« 1300 km – ein Katzensprung.

Während eines kurzen Besuchs der Kathedrale »San Giovanni di Laterano« kommt eine alte Frau auf mich zu und drückt mir einen Euro in die Hand. Mit mitleidigem Blick sagt sie nur: »Per mangare« (für Essen). Nun ja, ich mag wohl erschöpft wirken, aber steht es wirklich so schlimm um mich? Natürlich freue ich mich auch über diese Geste der Hilfsbereitschaft.

Als ich am Abend bei meiner Cousine Misi unter der Dusche stehe, färbt sich das Wasser schwarz in der weißen Wanne. All die Abgase, der Staub und der Schmutz der vergangenen Tage verschwinden im kleinen Abflussloch. Hier kümmert man sich rührend um mich, worüber ich besonders dankbar bin, da ich viel zu erledigen habe. Von »Sightseeing« kann leider nicht die Rede sein.

Zwischen Schreibtisch und Meetings bleibt mir ein bisschen Zeit, mir einen weiteren Traum zu erfüllen: ein eleganter italienischer Anzug. Ich will ihn in wenigen Tagen zur Hochzeit meiner Freunde Richard und Andrea in Wien anziehen. Man kann sich vorstellen, wie eigenartig das Gefühl ist, nach Monaten in fleckenübersäten Hosen wieder in eine feine Stoffhose zu schlüpfen. Als ich in den großen Spiegel blicke, erkenne ich mich fast nicht wieder.

Die Hochzeit wird schön, draußen auf dem Land, nicht unweit der Stadt. Man feiert und freut sich des Lebens, man redet viel und tauscht Gedanken aus. Für mich ist das fast eine Art Schocktherapie, denn ich habe seit Monaten nicht mehr so viele Leute auf einem Haufen gesehen. Plötzlich kommt ein Freund auf mich zugestürmt und meint scherzhaft: »Willkommen in Europa. Hier essen wir mit Messer und Gabel.«

Wieder in Rom zurück, finden in der Villa Malta sowie in der Schweizer Schule Lichtbildervorträge statt. Vorträge in Schulen finde ich besonders spannend, da die jungen Leute meist besonders direkt in ihren Fragen sind. Älteres Publikum ist da meist ruhiger, offenbar so erschlagen von der Informationsflut, dass es verstummt.

Als ich meinen Vortrag vor den 150 Schülern der Schweizer Schule beendet habe, prasseln die Fragen nur so auf mich ein. Ein kleiner Junge in der vordersten Reihe steht ganz förmlich auf und fragt: »Wie oft sind sie vom Rad gefallen?« Ich muss schmunzeln, noch niemand hat mir diese Frage gestellt. Zum Erstaunen der Kinder erkläre ich, dass ich nicht nur ein Mal, sondern mehrmals vom Rad gefallen bin.

Der Neugier der Kinder sind keine Grenzen gesetzt und so kommen Fragen wie: ob ich Tiere töten musste oder Bomben fallen gesehen habe.

Ein zierliches Mädchen in der zweiten Reihe steht auf und fragt mich sogar, wie ich denn das mit der Toilette gemacht hätte. Alle lachen und auch ich muss schmunzeln. Ich antworte ihr, dass es zwar keine Toiletten in der Wüste gäbe, dafür aber auch keine unerwünschten Zuschauer.

Diese Vorträge dienen nicht nur der Spendensammlung, in erster Linie möchte ich auf das Problem Lepra aufmerksam machen und den Zuhörern einen persönlichen Zugang zur Krankheit vermitteln. Außerdem ist es mir wichtig, besonders bei den Jungen die soziale Sensibilität zu fördern und zu zeigen, dass auch ein Einzelner viel bewirken kann.

Nachdem auch Qaswa wieder fit ist und ein neues, gleichmäßig rundes Hinterrad montiert worden ist, sind wir für den Rest der Strecke gewappnet. Zum Abschluss noch ein »Fotoshooting« vor dem Petersdom und dem Amphitheater und schon ist die Straße wieder unser Heim.

Noch am selben Abend erreiche ich Cantalupo rund 80 km außerhalb der Stadt. Als ich im Supermarket einige Dinge einkaufe, kommt eine junge Dame auf mich zu: »Ich spreche nicht sehr gut Englisch, aber dies ist für Ihre Leprakranken.« Dann überreicht sie mir 20 €, küsst mich und läuft davon, ehe ich's mich versehe. Vor lauter Rührung stehen mir die Tränen in den Augen.

Haben denn diese Menschen eine Ahnung, wie viel mir solche einfachen Gesten bedeuten? Das war auch so mit dem Ei, das mir der Mann in der Wüste schenkte. Ei und Kuss sind ein Schatz, ein wertvolles Geschenk, welches ich nie vergessen werde. Denn wenn die Tage besonders schwer sind, dann fragt man sich schon immer wieder, ob man die Menschen überhaupt mit so einer Aktion erreichen kann und ob das, was man tut, wirklich hilfreich ist.

An jenem Abend übernachte ich bei meiner lieben Tante Monia, die in einem wunderschönen Haus lebt, das auf einem kleinen Hügel über den Olivenhainen liegt. Wir sitzen beide auf der Veranda, trinken schweren Rotwein und betrachten die Sonne, die in einem Schauspiel von atemberaubender Schönheit hinter dem Horizont verschwindet. Laut meiner Tante ist der »Sonnenball« noch nie so groß gewesen wie an diesem Abend.

Eine Nacht im Himmel

Von der Region Lazio aus fahre ich weiter nach Umbrien, wo ich zwei Tage später durch Perugia komme. Nachdem ich den sehr steilen Hügel erklommen habe, auf dem die mittelalterliche Stadt erbaut wurde, fahre ich ins Zentrum. Heute findet ein religiöses Fest statt und die ganze Stadt ist bunt geschmückt.

Perugia gehört zu den großen künstlerischen Zentren Italiens und verdankt ihren Ruhm vor allem den berühmten Frescomalern Bernardo Pinturicchio und Pietro Vennucci. Heutzutage ist die Stadt weltweit durch die »Bacios« (Küsse), diese sündhaft süßen Pralinen bekannt.

So sehr ich das schöne Wetter liebe, so sehr habe ich manchmal das Gefühl, die Sonne brenne mir das Hirn aus dem Schädel. Ich schütte eine Flasche Wasser nach der anderen in mich, kann den Wasserverlust jedoch kaum ausgleichen. Mein Kopf hämmert und ich wünschte, man schickte mir eine kleine Wolke, die über mir schweben könnte.

Die abendliche Ankunft am »Lago di Trasimeno« (Trasimenische-See) verspricht endlich die heiß ersehnte Kühlung zu bringen. Der örtliche Campingplatz klingt wunderbar, denn dort kann ich duschen und mir die Kleider waschen. Als ich jedoch zwischen den Reihen voller Campingwagen durchfahre, vergeht mir die Lust. Der Campingplatz ist so gestopft voll, dass ich mein schmales Zelt kaum aufstellen könnte. Außerdem brauche ich Ruhe und kann mir den Anblick »bierbäuchiger Touristen« durchaus ersparen. So bin ich denn ein wenig frech, fülle meine Wassersäcke mit heißem Wasser, stehle mich davon und schlage mein Nachtlager nur 100 Meter außerhalb des Campingplatzes auf. Hier herrscht Ruhe und ich habe sogar einen kleinen Strand für mich ganz alleine.

Bald verlasse ich Umbrien und komme in die Toskana, wo sich ein drastischer Landschaftswechsel vollzieht. Umbrien schien grüner und wilder, die Toskana ist dagegen lieblicher. Außerdem herrscht hier ein Licht, das man kaum beschreiben kann. Es ist ein zartes Licht, das nicht aufdringlich wirkt, das die Farbkontraste hervorhebt und feine Schatten wirft.

Hier in der Toskana begann vor rund 600 Jahren die Renaissance, die von Künstlern wie Michelangelo, Donatello und DaVinci geprägt wurde, deren Ruhm auch nach all diesen Jahrhunderten nicht verblasst ist. Und wenn man sich umblickt, hat man selbst das Bedürfnis, nach Pinsel, Farbe und Leinwand zu greifen. So schön ist die Landschaft, das Leben, das Essen, die Kleider und die Sprache, dass Worte all dies nur unzureichend auszudrücken vermögen.

Ironischerweise erwischt mich gerade hier eine heftige Erkältung. Nicht dass ich in den eisigen pakistanischen Bergen oder im Schnee bzw. im Dauerregen der Türkei krank geworden wäre, nein, hier in dieser Hitze, wo man das sicherlich nicht erwartet. In einigen Tagen wird es mir sicher besser gehen, aber im Moment fällt mir das Atmen schwer. Meine Atemwege sind so verstopft, dass ich bei starken Anstrengungen nach Luft schnappe.

Spät an einem Abend erreiche ich die Stadt Siena. Mir bleibt nicht viel Zeit, nur ein kurzer Blick in den Duomo und ein Abstecher zur Piazza Grande, die für das alljährlich stattfindende Pferderennen bekannt ist. Alt und Jung sind auf dem großen Platz verstreut und genießen den Ausklang des Tages. Die Reicheren und die Touristen sitzen in den umliegenden Cafés und die anderen genießen die günstigere Variante auf dem Boden.

Nach einer kurzen Verschnaufpause geht es weiter, denn ein Hotel liegt fern meines Budgets. Also muss ich die Stadt verlassen und außerhalb etwas finden. Als es schon Nacht geworden ist, entdecke ich ein ebenes Feld, wo ich mein Zelt aufschlagen kann. Zunächst verstecke ich hier meine Taschen und fahre in den nächsten Ort, um meine Wasservorräte aufzufüllen.

Etwa eine halbe Stunde später kehre ich zurück, beladen mit heißem Wasser. Als ich wieder das Feld betrete, glaube ich meinen Augen nicht trauen zu können: Die gesamte Fläche ist mit kleinen grell-leuchtenden Punkten bedeckt. Es handelt sich um tausende und abertausende von Glühwürmchen, die sich ihre Lichtsignale in diesem Liebesreigen zuwerfen. Um mich herum ist es so dunkel, dass ich das Gefühl habe, inmitten eines Sternenmeers zu schweben.

In solchen Momenten streckt man sich, »macht ein paar federleichte Schritte, und das Wort ›Glück‹ erscheint für das, was einem zustößt, ziemlich dürftig.« (Bouvier, S.110, s. Literatur) Heute werde ich die Nacht im Himmel verbringen, schwebend im freien Raum, umgeben von glitzernden Diamanten des Himmels.

Von Vergänglichkeit, Krisen und Schuhen

Am nächsten Tag erreiche ich im strömenden Regen Florenz. Man hat mich im Kloster Santa Maria Maggiore einquartiert, wo Pater Ruffino, ein Malteser, und seine jungen Helfer sich um mich kümmern. Auch hier sitze ich wieder viel am Computer. In zehn Tagen werde ich zu Hause erwartet. Es gibt viel zu organisieren, außerdem halte ich in fünf Tagen einen Vortrag in Bozen. Zwischen Internetcafé und Schreibtisch gönne ich mir einige Streifzüge durch die Stadt.

Florenz ist nicht nur als Hauptstadt der Toskana bekannt, sondern auch für feine Lederarbeiten, insbesondere Schuhe. Hier ist die Schuhmode eine Kunst, die den Schuh weit über seinen rein funktionellen Wert erhebt.

Am schwarz-weiß gestreiften Marmor-Dom vorbei, bewege ich mich mit den Massen der Touristen über den Ponte Vecchio und überschaue den Fluss Arno, der unter uns dahinfließt. Für einen Moment entfliehe ich dem Touristenstrom und halte inne. Als ich auf das dahinströmende Wasser blicke, muss ich an die Vergänglichkeit der eigenen Existenz denken. Dieser Fluss ist schon lange vor mir da gewesen und wenn ich nicht mehr bin, wird er immer noch dahinfließen, Geschichte erleben und die Region mit Leben beschenken.

Der Fluss fließt dahin wie das Leben, denn er lässt sich weder aufhalten noch beschleunigen. Man mag ihn zwar stellenweise in künstliche Grenzen zwängen, doch auch die wird er gelegentlich übertreten. Ein Fluss hat etwas Zeitloses. Er kann erst »sterben«, wenn seine Quelle versiegt und seine Zuströme vertrocknet sind.

Als ich schließlich die »Ponte Vecchio« überquert habe, biege ich in eine kleine Seitengasse. In einem Schaufenster erblicke ich wunderschöne schwarze Schuhe mit englischem Lochmuster – genau die will ich. Als ich den Laden betrete, der kaum größer als eine Schuhschachtel zu sein scheint, muss ich mich in eine Ecke zwängen, da eine amerikanische Familie Schuhe anprobiert. Was für riesige Menschen da vor mir sitzen! Der Vater muss mindestens 2 m groß sein, Frau und Töchter sind nur unmerklich kleiner. Außerdem hat der Mann Riesenfüße und im Gesicht der Verkäuferin sehe ich ein wenig Verzweiflung, denn die Größe 49 hat sie verständlicherweise kaum auf Lager, denn Italiener gehören bekanntlich nicht zur größten Sorte Mensch. Alle paar Minuten rennt die zierliche Verkäuferin nach draußen, um Augenblicke später mit einem neuen Paar zurückzukehren.

So kommt man ins Gespräch. Karen und David Cunningham, wie das amerikanische Ehepaar heißt, kommen aus Texas und machen die »Europe-All-Inclusive-Tour«. Das bedeutet, in zwei Wochen von einer europäischen Metropole zur nächsten zu rasen. Ein Orientierungverlust schient mir fast unausweichlich, denn kein Mensch kann so viele Eindrücke und Informationen in solch kurzer Zeit aufnehmen. Schließlich komme ich auch an die Reihe und quetsche mich zwischen David und seine hünenhafte Frau.

An sich gehöre ich zu dem Typ Mensch, für den Einkaufen eine rein praktische Angelegenheit ist, aber ich habe eine Schwäche für schöne Kleider und Schuhe, insbesondere italienische. Immer wieder ist es eine Wonne zu sehen, wie viel Kreativität für diese »Hülle« aufgebracht wird. Meine Wahl ist schnell getroffen, denn die Schuhe passen und sind hoch elegant, wenn ich auch am Anfang Schmerzen ertragen werden muss, da das Leder noch hart ist. Nun ja, welche Schmerzen muss wohl jede Frau ertragen, die Stöckelschuhe trägt?

Als ich eben dabei bin zu bezahlen, bittet David die Verkäuferin, alle Schuhe, inklusive meiner, auf eine Rechnung zu setzen. Obwohl ich versuche, ihn davon abzubringen, hat er den Beleg schon unterzeichnet. David überreicht mir die Schachtel mit den Schuhen: »Das ist unser Beitrag, damit du bei deinen Vorträgen elegant aussiehst und mehr Spenden sammeln kannst.«

Als ich ein wenig später zurück zum Konvent marschiere, mit den neuen Schuhen unterm Arm, fällt es mir schwer zu glauben, was eben geschehen ist. Wie oft kommt das schon im Leben vor, dass man von wildfremden Menschen Schuhe bezahlt bekommt?

Auf der Piazza Grande bleibe ich bei einem Zeitungsstand stehen. Auf einer englischsprachigen Zeitung prangt die Schlagzeile »Amerika drängt Pakistan und Indien, die Krise beizulegen«. Mit einem Mal werde ich fast fünf Monate zurückversetzt. Diese Krise, die ich hautnah miterlebt habe, hat sich immer noch nicht entschärft. Immer noch müssen die Menschen fürchten, dass der Krieg jeden Tag ausbricht. Und immer noch leben sie in der Angst, dass eine der beiden nuklearen Mächte »die Bombe« zuerst werfen wird.

Grüezi in Switzerland

Am nächsten Tag geht es weiter über den Appenin, hinunter nach Bologna, durch die Poebene, Verona und schließlich in Richtung Bozen. Das Wetter ist wieder schlecht geworden und ein schauerliches Gewitter jagt das Nächste. In Verona »schüttet« es gar so heftig, dass viele Keller überflutet werden und die Straßen sich in kleine Flüsse verwandeln. Leid tun mir nur die Besucher eines Jamiroquai Konzerts in der römischen Arena von Verona. Sie bekommen das Gewitter in seiner ganzen Gewalt und Nässe ab.

Je näher ich der Stadt Bozen komme, desto vertrauter wird die Umgebung. Südtirol betrachte ich als eine meiner (vielen) »Heimaten«, denn hier lebt ein großer Teil meiner Verwandtschaft väterlicherseits. Seit ich geboren bin, verbringen wir hier jeden Sommer einen Teil unserer Ferien. Nach einem Vortrag, einem Gespräch im Frühstücksradio und mehreren Zeitungsinterviews geht es weiter.

Der letzte Abschnitt dieser Reise hat für mich eine ganz besondere Bedeutung, denn dies ist die Strecke, die ich im Zusammenhang mit meinem Projekt *Run for Help* im Jahre 1998 zurücklegte, allerdings in umgekehrter Richtung. Damals rannte ich 270 km in viereinhalb Tagen, um Geld für obdachlose Straßenkinder in Rumänien zu sammeln. So schrieb ich damals am Abend vor meiner Ankunft in Bozen: »Dieser Lauf lehrt mich erneut, Kilometer für Kilometer anzugehen, ohne an die ganze Strecke zu denken, denn dies würde mir die Kräfte rauben.« So durfte ich damals lernen, dass es die kleinen Schritte sind, die große Veränderungen hervorrufen können. Dieser Gedanke spornte mich auch dazu an, *Bike for Help* ins Leben zu rufen.

Ich kenne jeden Meter dieser Strecke in- und auswendig, aber nun heißt es schwer keuchen, denn innerhalb der kommenden 72 Stunden gilt es, Höhendifferenzen von mehr als 5500 m zu überwinden. Im Vinschgau verbringe ich noch eine wunderbare Nacht in der aus dem Mittelalter stammende Churburg. Diese gehört zu den besterhaltendsten Burgen Südtirols mit der größten privaten Rüstkammer im Alpenraum und einem märchenhaften Arkadengang aus der Renaissance.

Schließlich erreiche ich am 12. Juni die Schweizer Grenze. Von weitem kann ich bereits das Zollhaus erkennen, dann noch 100 Meter, dann 10 und schließlich stehe ich vor dem Zöllner und halte ihm meinen roten Pass mit dem weißen Kreuz entgegen.

Er winkt mich durch, ohne auch nur einen Blick auf diesen zu werfen, staunt aber nicht schlecht, als ich einen lauten Freudenschrei in die Welt entlasse – am Straßenrand ein Schild mit der Aufschrift: »Grüezi in Switzerland«.

Geschafft!

Nachdem ich das Münstertal durchfahren habe, erklimme ich den 2143 m hohen Ofenpass. Schon während der *Run for Help*-Aktion im Jahre 1998 musste ich auf diesem Abschnitt leiden. Damals schrieb ich in mein Tagebuch: »Heute brennt die Sonne erbarmungslos auf mich nieder und es scheint, als würde der Asphalt die Hitze zusätzlich reflektieren. Ich brate, habe Kopfschmerzen und bin leicht benommen. Die weitere Strecke schütze ich mich mit einer Wüstenmütze sowie einem langärmligen Hemd, das, in Wasser getränkt, heilsame Kühle spendet.«

In der Region um den Ofenpass befindet sich der wunderschöne Schweizer Nationalpark. Hier spürt man die Mischung aus südlicher und nördlicher Vegetation, denn dies ist die Scheide zwischen der Alpensüd- und der Alpennordseite. Schon als ich 1998 hier durchrannte, war ich zutiefst fasziniert: »Wie verzaubert renne ich durch diese Landschaft, spüre nur die Gedanken in meinem Kopf ...«

Plötzlich muss ich an das leichte Heimweh denken, das mich überkam, als ich solche Alpenlandschaften auf Wandplakaten in Indien oder Pakistan sah. In diesem Moment weiß ich, dass »The dream, the impossible dream«, wie die Überschrift eines dieser Plakate lautete, nun Wirklichkeit geworden ist.

Als ich die Passhöhe erreicht habe, treffe ich meine Freunde Nippy, Scott und Claudio, die aus London angereist gekommen sind, um mich die letzten zwei Tage der Reise mit der Kamera zu begleiten. Die drei sind wirklich eine exotische Mischung: Nippy ist ein Sikh und trägt einen schwarzen Turban, Claudio fährt ein knallrotes amerikanisches Cabriolet und Scotts Kopf hat durch die starke Sonneneinstrahlung die Farbe des Autos angenommen. Diesen drei Freunden verdanke ich viel. Sie waren mir eine moralische Stütze, haben etliches organisiert und viele Spenden gesammelt.

Kurz darauf donnern wir mit 70 km/h den Bergpass hinab, sie im Cabrio und ich mit meiner treuer Freundin Qaswa. Links und rechts erheben sich massive Berge in die Höhe, deren Anblick Ehrfurcht und Entzücken erweckt. Hier ist die Landschaft besonders wild, da im Nationalpark die Wälder nicht »gepflegt« oder bewirtschaftet werden. Die Bäume bleiben so liegen, wie sie gefallen sind und aus den alten verrottenden Stämmen wächst neues Grün. Die gräulich sandige Erde im Kontrast zum Grün, dazu die Schroffheit dieser Landschaft – das alles verschafft den Eindruck, als wäre man in einer Fantasielandschaft von Tolkien.

Wie schon oft erlebt, so muss ich auch diese berauschende Abfahrt am nächsten Tag »büßen«. Wir müssen die verlorenen Höhenmeter wieder erarbeiten, denn es gilt den steilen Flüelapass (2400 m) zu erklimmen. Die Steigung ist enorm und ausgerechnet hier taucht das Schweizer Fernsehen auf. Diese lassen es sich nicht nehmen, mich ausgerechnet am härtesten Stück zu interviewen. Mir die Seele aus dem Leib keuchend, muss ich allerlei Fragen beantworten. Die Kamera fährt im offenen Fahrzeug unmittelbar vor mir und das Mikrofon ist mit einem Funksender an meinem Trikot befestigt.

Schließlich erreichen wir an diesem Abend Schloss Bothmar, wo wir von Gaudenz und Isabelle von Salis erwartet werden. Im schönsten Barockgarten der Schweiz gibt es einen kleinen Empfang für die engste Familie. Gerhard Fischer ist ebenfalls gekommen und meint nur: »Ich wusste, dass es hart werden wird, aber ich war mir sicher, dass du es schaffen würdest. Du bist ein ›Toughie‹, ein zäher Bursche.«

Morgen werde ich mein Ziel erreicht haben.

15. Juni 2002 – Alb Gamplüt – Toggenburg

Wenige Meter liegen nur noch zwischen dem Ziel und mir. Alb Gamplüt heißt dieses Ziel in der wunderschönen Bergregion des Toggenburgs, jahrhundertelang die Heimat meiner Familie. Ein schneller Schlussspurt wird nicht möglich sein, denn den Anstieg auf 1390 m zu bewältigen ist noch harte Knochenarbeit. Aber mir scheint, als würde ich über den Straßenbelag meinem Ziel entgegen fliegen.

Was geht jemandem durch den Kopf, der so lange unterwegs gewesen ist? Ich habe überlebt ... nein, ich habe es geschafft ... oder: Ich habe es geschafft für die Leprakranken. Erinnerungen und Augenblicke vergangener Monate rasen durch meinen Kopf: Begegnungen mit Leprakranken, Menschen auf meinem Weg, 225 Tage Abenteuer, atemberaubende Landschaften, Naturtoiletten, Melancholie, Einsamkeit, Kriegszonen, Schildkröten, die Endlosigkeit der Wüste, die Stürme, die helfenden Hände, die Suche (und das Finden) nach dem Guten in den Menschen, Gefühle von Liebe und Zuneigung für die Welt.

Wird es mir möglich sein, diese Momente und Gedanken fest zu halten? Werden diese mir wichtigen Erkenntnisse mich für den Rest meines Lebens begleiten? Könnte ich die Fragen des Journalisten bezüglich der Zukunft beantworten? Wäre ich in der Lage, meine Erfahrungen anderen mitzuteilen? Könnte ich noch mehr tun, als den Aussätzigen zu helfen ...? Viele Fragen, aber schnelle Antworten sind nicht möglich. Erst die Zeit wird mir helfen, diese zu finden.

Schließlich biege ich um die letzten Bäume und dann kann ich von weitem die »Alb Gamplüt« sehen. Viele Menschen sind gekommen, um diesen Augenblick mit mir zu erleben.

Nur noch wenige Pedaltritte und schließlich erreiche ich die Menschen: Klatschender Beifall von allen Seiten, ich bin wie in Trance – und dann die letzten Meter und Zentimeter einer Reise in eine andere Welt: Geschafft. In mir spüre ich tiefe Erleichterung und doch kann ich es noch nicht glauben, dass ich nun da bin.

Maria Walliser – ehemalige Olympiasiegerin und Schweizer Skistar – begrüßt mich, nimmt meine Hand und streckt sie gegen den strahlend blauen Himmel: »Heute bist du der Champion!«

Nun habe ich sie für die Leprakranken verdient, die Spenden, welche vor und während meiner Fahrt auf die erfolgreiche Beendigung dieser Expedition gesetzt wurden.

Zum letzten Male steige ich von Qaswa ab, dieser Freundin, die mich während der vergangenen Monate treu begleitet hat. Großes Aufatmen bei meinen Lieben: Meinen fantastischen Eltern, meiner Marie, meinen Freunden, Dr. Gerhard Fischer, Carlos Bauverd (Ciomal, Leprastifts Kambodscha) ... Sie und viele andere haben sozusagen hinter der Bühne entscheidend zum Erfolg dieser Aktion beigetragen.

Bike for Help ist eben doch keine »Onemanshow«, wie mein Freund Claudio sie einmal bezeichnet hat. *Bike for Help*, das waren sie alle – die lachenden Gesichter, die Leprakranken, meine Familie, meine Freundin, die Sponsoren ...

»Ist das Toggenburg das Ende deiner Reise?«, fragt mich ein neugieriger Radiojournalist.

»Hier findet diese Reise ihr Ende, aber ich werde immer unterwegs sein«, antworte ich ihm.

Und so ist es: Je weiter ich gehe, je mehr ich suche, desto mehr möchte ich wissen. Aber jetzt bin ich erst mal glücklich, einen Traum verwirklicht und mein Ziel erreicht zu haben: Realisierte Träume sind wie ein Lebenselixier.

Nachwort

Kleine Schritte verändern die Welt

Ich weiß nicht, ob das, was ich tue, richtig oder falsch ist, aber eines kann ich mit Gewissheit sagen: Ich lausche den Stimmen meines Herzens.« So schrieb ich am 25. Februar. 2002 in mein Tagebuch.

Nun da ich diese Zeilen schreibe, ist fast ein Jahr seit meiner Rückkehr vergangen. Langsam, langsam arbeite ich mich durch die Masse der Eindrücke, durch 60 Stunden Dokumentarfilm, die über 10000 Bilder, hunderte Seiten Tagebuchaufzeichnungen und all die Gedanken in meinem Kopf.

Diese Zeit hat mir nun geholfen, vieles besser zu verstehen und weitere Schlüsse zu ziehen. Für mich steht nicht im Vordergrund, ob meine Tour eine schöne Erfahrung war, sondern was ich gelernt habe und wie ich dies nutzen kann. Eines kann ich mit Sicherheit sagen: *Bike for Help* hat mein Leben verändert. Nach außen hin mögen die meisten keine Veränderung festgestellt haben. Auch die 7 kg Muskeln, die ich mir im Laufe der Expedition zugelegt habe, sind bereits wieder verschwunden. Aber in meinem Kopf beschäftigt mich die Reise noch immer. Jeden Tag arbeite ich weiter, denn die Hoffnung verlässt mich nicht, dass ich etwas Gutes bewirken kann. Ich arbeite systematisch, Schritt für Schritt und erstelle Listen, die immer länger zu werden scheinen. So viele Fragen, Gedanken und Projekte stehen bereits auf solchen Listen, dass ich es kaum bewältigen kann.

Immer wieder zeigen mir die Menschen, wie sehr sie meinen Kampf für eine bessere Welt unterstützen.

Ich denke, die größte Veränderung ist die Tatsache, dass ich meine Augen nicht mehr von dem Leid verschließen kann und dass ich gelernt habe, dass es sich lohnt, für die Hoffnung zu kämpfen. Und auch wenn man im Moment nur wenig Belohnung erhält, so darf man das Ziel nicht aus den Augen verlieren. Ich denke immer wieder an die Aussage von Riat, einem

Freund Diwans in Indien: »Gute Dinge brauchen viel Zeit, schlechte nur Sekunden«. Aber ein Ziel anzustreben, bedeutet auch, sich auf dieses zu konzentrieren. Man kann nicht allen Menschen gleichzeitig helfen. Und Hilfe ist nur dann langfristig von Nutzen, wenn sie zielgerichtet, wohl durchdacht und dosiert geleistet wird.

Aber was immer wir im Leben tun oder dieses uns beschert, wir sollten nie den Glauben an unsere innere Kraft verlieren. Dies kann uns dabei helfen, die Dinge so zu lenken, dass sie nicht nur uns, sondern auch anderen helfen – und sei es auch nur begrenzt. Man darf nicht vergessen, dass selbst ein Projekt wie *Bike for Help* nicht mehr als eine lange »Radtour« gewesen ist. Der kleine Unterschied lag nur darin, dass ich einen Weg fand, meine Freude und Leidenschaft für andere einzusetzen und meine Idee »zu verkaufen«.

Man muss eben nur den ersten Schritt wagen. Natürlich ist ein Wagnis stets mit Unsicherheit verbunden. Zu keinem Zeitpunkt wird man sagen können, dass man sein Ziel erreichen wird. Aber ist das nicht gänzlich unwichtig? Ist denn der Versuch an sich nicht schon das Ziel?

Sicherlich macht es uns »die Gesellschaft« nicht leicht. Man muss schon einen Dickschädel haben, wenn man sich konsequent außerhalb der Norm bewegt.

Trotz der vielen Zeit, die dieses Projekt in Anspruch nahm und nimmt, hatte ich nie das Gefühl, eine Pflicht erfüllen zu müssen. Mit Sicherheit kann ich sagen, dass ich meine Arbeit so gerne mache, dass ich das Leben als eine Art Urlaub betrachten kann. Soziale Arbeit sollte kein Opfer sein. Ich denke, wenn man nichts davon hat, dann sollte man es auch nicht machen. Eine Form von innerer Befriedigung ist wichtig, denn ohne diese läuft man Gefahr, sich dauerhaft zu überlasten und schließlich unter dem »Burn-out-Syndrom« zu leiden.

Auch in Bezug auf Lepra muss man sehr weit denken. Es kann noch viele Jahre, Jahrzehnte oder gar Jahrhunderte dauern, bis man diese Krankheit und das mit ihr verbundene Stigma ausgerottet hat. Bei einer Rate von jährlich 760 000 Neuerkrankungen (Statistik WHO 2002) kann man sich vorstellen, dass solche Probleme keineswegs über Nacht zu lösen sind. Da werden noch viele Menschen ihre Visionen investieren müssen und tausende Aktionen wie *Bike for Help* stattfinden müssen, um dieser grausamen Krankheit ein Ende setzen zu können.

Ich möchte noch einmal auf die interessanten Beeobachtungen an meinem Geist und Körper zurückkommen, die ich im Zusammenhang mit meinen sportlich-humanitären Projekten *Run for Help* und *Bike for Help* machen konnte.

Sicherlich mag es für viele unverständlich sein, weshalb man sich selbst freiwillig an seine physischen und psychischen Grenzen bringt. Denn man darf schließlich nicht vergessen, dass mich niemand dazu gezwungen hat, diese Aktionen durchzuführen. Aber trotz der anfänglichen Schwierigkeiten konnte ich beobachten, wie Körper und Geist sich der Belastung anpassten. Immer wieder sage ich, dass der Körper eine perfekte »Maschine« ist, wenn man ihn fordert und ihm den nötigen Respekt entgegenbringt. Natürlich geht das auch nicht ohne Schmerzen. Obwohl ich mit der Zeit kräftiger wurde, hatte ich doch oft das Gefühl, meine Muskelstränge würden unter der Belastung reißen. Aber sie taten es nicht.

Diese ständige Belastung raubte mir nicht die Kräfte, sondern machte mich nur stärker und ausdauernder. Ich lernte meine Grenzen genau kennen und wusste vor allem, wie weit ich gehen durfte, ohne die positiven Wirkungen der Belastung in negative umzuwandeln. Viele scheinen dagegen ihren Körper permanent zu unterfordern, was ihm schwächt und sicher auch anfällig für Krankheiten macht.

Immer wieder sehe ich die Bilder entstellter Leprakranker vor mir, deren größter Wunsch es wohl wäre, eines Tages wieder gesund zu sein und sich wieder normal unter Menschen bewegen zu können. Diese Menschen vor Augen, bin ich immer wieder dankbar, dass ich mit meinem Körper etwas für sie tun konnte, zu dem sie niemals in der Lage wären. Im Endeffekt ist das ein fairer »Tausch« – denn sie geben mir Einsicht und innere Zufriedenheit und ich gebe ihnen meine geistige und körperliche Kraft.

Warum Leid?

Natürlich habe auch ich mir immer wieder die Frage gestellt, welchen Sinn das Leid hat. So sehr ich auch darüber nachdachte, ich habe keine Antwort gefunden. Man wird sie wohl nie finden, sondern man muss das Leid wohl einfach so akzeptieren, was jedoch nicht bedeutet, dass man nichts dagegen tun kann.

Trotz allem glaube ich fest daran, dass jede Situation, so dramatisch und aussichtslos sie auch scheinen mag, einen Sinn hat. Denn auch im Leid weitaus mehr als nur schwarz und weiß. Es ist auch nicht grau, sondern bunt, kunterbunt sogar. Auch in einer tragischen Lebenssituation findet man immer noch einen Hoffnungsschimmer. Daran kann man sich fest halten wie an einem Rettungsring auf stürmischer See. Das ist nicht immer leicht, denn allzu oft muss man fast »blind« darauf vertrauen, dass alles besser werden wird. Außerdem habe ich die Erfahrung gemacht, dass man durch Leid – eigenes und fremdes – lernen und wachsen kann.

Leiderfahrung muss man auch in Perspektive setzen. Meine leidvollen Momente waren im Vergleich zu denen von Leprakranken von kurzer Dauer. Ihr Leid kann unter Umständen eine »lebenslange Strafe« bedeuten.

Nach meiner Rückkehr stellte man mir oft die Frage, ob es Momente gab, in denen ich ans Aufgeben dachte. Ja, es gab sie und ich denke, jede Expedition kommt früher später an einen solchen Punkt. Aber dann wurde mir bewusst, dass ich dadurch Leidenden Hilfe verweigern würde. Und mit solch einer Entscheidung wollte ich nicht leben.

Während der vielen Stunden oben auf dem Sattel dachte ich oft über den Sinn meines Lebens nach. Nach Monaten schließlich kam ich zu folgendem Schluss: Das Leben macht Sinn, wenn man sich selbst immer wieder vergessen und neu entdecken kann.

Ich finde es sinnvoll, Träume zu verwirklichen, offen zu sein, für andere da zu sein und jeden Tag so zu leben, als wäre es der Erste und zugleich der Letzte; nicht sterben, während man lebt, sondern all das Gute in der Welt zu suchen, denn Pessimismus hilft niemandem, Optimismus allen.

Trotz dieses unerschütterlichen Idealismus bin auch ich ein Realist. Im Endeffekt weiß ich, dass *Bike for Help* nur ein Tropfen auf dem heißen Stein ist. Obwohl der Stein sich auch nach diesem Tropfen kaum abgekühlt haben dürfte, so wäre die Wirkung bei vielen Tropfen schon spürbar.

Was vor fast drei Jahren als einfache Idee begann, entwickelte sich zu einem internationalen Projekt. Nach meinen Berechnungen erreichte die humanitäre Botschaft von *Bike for Help* mehr als 45 Millionen Menschen rund um die Welt, erhielt Spenden aus 14 verschiedenen Ländern, berührte Herzen und inspirierte Menschen, ihre eigenen Schritte zu wagen.

Dank der vielen Spenden aus aller Welt konnte *Bike for Help* die Arbeit der Fischer Stiftung (Indien) und von Ciomal (Kambodscha) unterstützen, indem es maßgeblich zur Finanzierung von Spitälern, Schulen, Ausbildungsstätten, Werkstätten für Prothesen, Lepra-Kampagnen, Rehabilitations- und Integrationsprogrammen wie auch der Ausbildung neuer Hilfskräfte beitrug.

Träume kommen und gehen. Dieser kam und ging nicht mehr. Ich habe meinen Traum verwirklicht und gelebt, wodurch er im Laufe der Zeit unerwartete Formen angenommen hat. Er war sicher nicht mein Letzter und ich werde nicht aufgeben, durch Taten etwas in Gang zu setzen und Gutes bewirken zu wollen.

DANKE

... allen, die direkt oder indirekt zum Erfolg dieses Projektes beigetragen haben.
Und

- Herrn Hans Huber, der bei der Finanzierung dieses Buches maßgeblich mithalf.

... den Sponsoren von *Bike for Help*
Artware Austria

- Elco – Schweiz
- Excom – Schweiz
- Hewlett Packard – Schweiz
- Hoval – Liechtenstein
- Ilford – England
- Leica – Schweiz
- Lonely Planet – England
- Motorola – Schweiz
- Nestlé – Pakistan
- Reisebüro Buchs – Schweiz
- TNT–Swiss Post – Schweiz
- Tourismus Toggenburg – Schweiz
- Transa – Schweiz

ADRESSEN

Für Informationen über Christoph von Toggenburg besuchen Sie bitte *www.vontoggenburg.com* oder für die Leprastiftung *www.colourtheworld.org.* Kontaktieren Sie den Autor direkt unter *baerlitoggenburg@hotmail.com*

Die CD zur Bike for Help-Tour

(Dokumentarfilm 40 Min., Englisch, gefilmt von Claudio von Planta und Christoph von Toggenburg, Schnitt Claudio von Planta) ist erhältlich auf CD-Rom (PC und Mac Format) gegen eine Gebühr von 8.50 Euro (inkl. Verpackung und Porto) bei Christoph von Toggenburg, Technikumstraße 6, 9470 Buchs, Schweiz oder per E-Mail *baerlitoggenburg@hotmail.com.*

Literatur

Arberry, Arthur J. (Übersetzer): *The light, from the Koran.* Oxford University Press, Oxford 1988

Awy: *Europa und die Türkei – Ein Beziehungsdrama,* in: Neue Zürcher Zeitung, 14./15. Dezember 2002, Nr. 291, S. 1

Baratti, v. Mario (Hrsg.): *Der Fischer Weltalmanach.* Fischer Verlag, Hamburg 2003

Bouvier, Nicolas: *Die Erfahrung der Welt.* Lenos Verlag, 2. Aufl., Basel 2002. Titel der Originalausgabe: L'usage du monde. Librairie Droz, Genf 1963

Dalai Lama: *Ancient Wisdom, Modern World. Ethics for a New Millenium.* Abacus, London 2001. Frei übersetzt vom Christoph von Toggenburg

Goethe, Johann Wolfgang v.: *West-Östlicher Divan.* Ausschnitt S. 25, Diogenes Verlag 1982

Gruber, Hans, in: Geo Spezial Indien, Nr. 4, August 1993, Hamburg

Hörig, Rainer, in: Geo Spezial Indien, Nr. 4, August 1993, Hamburg

Leprahilfe Emmaus Schweiz (Hrsg.): *40 Jahre für eine Welt ohne Lepra.* Broschüre. Stäheli, Bern 2000

Pfau Ruth: *Verrückter kann man gar nicht leben.* Herder Spektrum, Freiburg 1995

Rai, Raghu: *Raghu Rai in his own words.* Pocket Art Series, Roll Books, Neu Delhi 2001. Frei übersetzt von Christoph von Toggenburg Schomann, Stefan, in: Geo Spezial Indien, Nr. 4, August 1993, Hamburg

Singh, Raghubir, in: Geo Spezial Indien, Nr. 4, August 1993, Hamburg

MINSK
RUSSLAND
WARSCHAU
BERLIN
KIEW
PRAG
Dnepr
Don
München
Donau
BUDAPEST
St.Gallen
Bozen
Trient
BUKAREST
Bologna
BELGRAD
5642
Elbrus
Florenz
Adriatisches Meer
Schwarzes Meer
SOFIA
ROM
Istanbul
Thessaloniki
Fähre
Bari
Fähre
ANKARA
Bursa
Kayseri
Vansee
Elazig
TÜRKEI
ATHEN
TUNIS
DAMASKUS
Mittelmeer
TEL AVIV
AMMAN
TRIPOLI
KAIRO
Nil
LIBYEN
ÄGYPTEN
Rotes Meer
TSCHAD
NIGER
SUDAN
KHARTOUM
Tschad-
see